I

L'INTENDANCE DE LA CRÉATION

La vocation écologique de l'humain dans la théologie de Douglas J. Hall

MÉDIASPAUL

Les Éditions Médiaspaul remercient le ministère du Patrimoine canadien, le Conseil des Arts du Canada et la Société de développement des entreprises culturelles du Québec (SODEC) pour le soutien qui leur est accordé dans le cadre des Programmes d'aide à l'édition.
Le présent ouvrage a bénéficié d'une subvention de la Faculté de théologie, d'éthique et de philosophie de l'Université de Sherbrooke.

Données de catalogage avant publication (Canada)

Vaillancourt, Louis, 1961-

L'intendance de la création: la vocation écologique de l'humain dans la théologie de Douglas J. Hall

(Collection Brèches théologiques; 40)
Présenté à l'origine comme thèse (de doctorat de l'auteur — Université Laval), 1999 sous le titre: Le concept de stewardship chez Douglas John Hall comme fondement d'une théologie écologique christocentrée.
Comprend des réf. bibliogr.

ISBN 2-89420-508-2

1. Hall, Douglas John, 1928- . 2. Écologie humaine — Aspect religieux — Christianisme. 3. Service chrétien. 4. Homme (Théologie chrétienne). 5. Nature — Conservation — Aspect religieux — Christianisme. 6. Environnement — Protection — Aspect religieux — Christianisme. I. Titre. II. Titre: Concept de stewardship chez Douglas John Hall comme fondement d'une théologie écologique christocentrée. III. Collection: Collection Brèches théologiques; 40.

BT695.5.V35 2002 230'.092 C2002-940861-X

Composition et mise en page: *Médiaspaul*

Maquette de la couverture: *Summum Grafix Studio*

ISBN 2-89420-508-2

Dépôt légal — 3e trimestre 2002
Bibliothèque nationale du Québec
Bibliothèque nationale du Canada

3965, boul. Henri-Bourassa Est
Montréal, QC, H1H 1L1 (Canada)
www.mediaspaul.qc.ca
mediaspaul@mediaspaul.qc.ca

Médiaspaul
48, rue du Four
75006 Paris (France)

INTRODUCTION

«Voici le temps d'un monde fini[1].» Telles sont les paroles prononcées par un des prophètes de notre temps, le célèbre généticien et démographe Albert Jacquard. En fait, le monde, en tant qu'habitat humain, a toujours été «fini». Cependant, l'expérience des limites de notre planète, non plus géographiques mais écologiques, a conduit à une prise de conscience relativement nouvelle. Pour paraphraser Alexandre Koyré, nous sommes en train de faire le chemin à rebours «de l'univers infini au monde clos[2]», de la croyance aux capacités illimitées de la nature à la reconnaissance de multiples points de rupture dans les processus d'interaction avec la biosphère. Nous réalisons avec une acuité sans précédent que la terre ne peut plus supporter la pression et le rythme effréné de production que lui imposent nos modes de vie.

En soi, il ne s'agit pas d'une expérience purement négative. Ce constat, dans la mesure où il est occasion d'une remise en question et d'une transformation de nos rapports avec la nature, peut s'avérer un «moment de grâce». Prendre conscience de notre aliénation, de notre éloignement de la nature — et, par conséquent, de nous-mêmes, des autres et de Dieu — est le premier et indispensable pas vers une *metanoia*. Car ce n'est rien de moins qu'une «conversion anthropologique», intellectuelle, spirituelle et pratique, qui est nécessaire au rétablissement de l'«alliance avec la nature[3]». Ce changement d'attitude et de mentalité ne peut se faire sans une révision des représentations anthropo-cosmologiques qui sous-tendent la culture occidentale, culture profondément marquée par l'influence du christianisme. Aucune tentative de transformation profonde du rapport humain/

nature ne peut faire l'économie d'une sorte de «procès» de la tradition chrétienne, à travers les diverses formes historiques qu'elle a prises au cours des siècles, plus précisément de certains concepts clés (comme ceux d'«image de Dieu» et de «domination»), pas plus qu'elle ne peut négliger la contribution originale qu'offre une redécouverte de cette même tradition.

C'est à cette tâche que s'est engagé le théologien canadien Douglas John Hall. Bien qu'il soit un penseur de chez nous, il est malheureusement à peu près inconnu localement, surtout à cause de la barrière linguistique (ses écrits n'étant publiés qu'en anglais par des maisons d'édition américaines[4]). Pourtant, l'ampleur et la qualité de son œuvre théologique font foi d'une remarquable capacité d'analyse de la culture, à travers le renouvellement de la compréhension des grandes catégories bibliques que suscite la prise en compte du contexte. Parmi les «théologiens de la nature», Hall est sans contredit une figure de proue. Dans ce domaine de la réflexion, sa contribution est d'une importance majeure, tant par la radicalité de son discours sur la crise que par l'articulation théologique de la thématique. Quand on découvre la fécondité de sa pensée, on ne peut douter que ses publications sur la relation humain/nature auront un impact sur le développement de la théologie écologique. C'est pourquoi il me tenait grandement à cœur de mieux connaître et de faire connaître cet auteur.

* * *

La théologie «contextuelle» de Hall, une théologie «orientée vers le monde», m'est apparue, tant du point de vue de la méthode que du contenu, un instrument approprié pour aborder la crise écologique (une problématique fondamentalement «globale») d'une manière culturelle, anthropologique, religieuse et spirituelle, plus susceptible d'intégrer les différents éléments qui conditionnent cette réalité.

En effet, notre héritage religieux, en ce qui concerne notre rapport au monde, est marqué par l'ambivalence. D'un côté — et c'est la face plus sombre —, nous avons reçu du christianisme historique une conception de nous-mêmes en tant que «maîtres de la nature», appelés à «dominer» le monde — un monde qui n'est même pas notre véritable demeure. La culture occidentale est profondément imprégnée de cette vision dualiste et dominatrice — combinée à de puissantes idéologies comme celles de la Raison ou du Progrès. De l'autre côté, la face positive de notre héritage est que la religion chrétienne, en son fond le plus authentique, professe l'amour irrévocable de Dieu pour le monde, et donc le «matérialisme» radical de la foi biblique.

Hall, ayant reconnu dans l'ambiguïté envers le monde et dans l'élévation anthropologique (spécialement à travers la conception substantialiste de l'image de Dieu) la responsabilité du christianisme dans la crise écologique, cherche ensuite par quelles ressources inexplorées la foi chrétienne pourrait contribuer à sa résolution. Ceci l'amène à examiner le rôle qu'a joué la doctrine judéo-chrétienne dans le développement d'une image de l'humain dominatrice et à explorer une vieille image biblique, celle de l'*intendant*[5] (*steward*), pour à la fois critiquer et dépasser l'anthropocentrisme classique. Du point de vue biblique, le symbole de l'*intendant* est profondément évangélique. Il met en lien avec la substance même de l'Évangile, puisqu'il s'agit d'une figure de l'enseignement parabolique de Jésus. D'après Hall, il faut y voir «l'Évangile en miniature[6]», la mission fondamentale du Christ et de l'Église, le rôle des chrétiens dans le monde, c'est-à-dire l'«*intendance* de la vie dans le royaume de la mort[7]».

D'abord employé dans une perspective ecclésiologique, ce concept inclusif et polyvalent est caractérisé par de multiples dimensions (théologique, christologique, anthropologique et eschatologique) que Hall s'attache à faire ressortir. Ce symbole très riche, mais sous-développé, de la tradition judéo-chrétienne est aujourd'hui «mûr» (*come of age*) pour articuler une image de l'humain des plus pertinente pour notre temps aux prises avec une crise profonde sur la place et la vocation de l'humain dans le monde[8].

En effet, le concept d'*intendance* s'avère particulièrement fécond pour traiter du rapport de l'humain à la nature. Hall pense qu'il trouve son application la plus évidente et la plus pertinente en tant que «clé pour une théologie de la nature[9]». Dans *Imaging God. Dominion as Stewardship*, il développe cette idée dans une perspective biblique: si l'être humain est «image de Dieu» — et toute la question est justement de savoir ce que cela signifie —, alors la domination sur la nature à laquelle il est appelé est celle d'un *intendant*. Le concept biblique d'*intendance*, tout comme celui d'«image de Dieu» dont il est la contrepartie, apparaît comme une clé de voûte dans l'élaboration d'une «théologie écologique», présupposé fondamental à une éventuelle éthique écologique chrétienne. Le rôle de l'humain dans la création peut alors être pensé non en termes de «domination», mais d'*intendance*. Celle-ci suppose cependant une identification non seulement avec Dieu, mais avec la création. L'être humain est donc appelé à reconnaître et à accepter son état de créature afin de pouvoir remplir sa mission de représentation de Dieu dans le monde, son *intendance* de la création. Ce rôle de représentation, de médiation entre les créatures et le Créateur, trouve son accomplissement dans la personne de Jésus.

Ce dernier point, la dimension christologique de l'*intendance*, est resté chez Hall à l'état d'ébauche. En effet, notre auteur, alors qu'il se propose dans *Imaging God* de «redéfinir christologiquement la domination[10]» de l'humain sur la nature, s'arrête au seuil d'une «christologie cosmique» qui, à mon avis, peut et doit être développée davantage. À cause de l'importance centrale de cette perspective, en lien avec le fait que la crise écologique est une crise anthropologique, et que, par conséquent, sa résolution devra passer par notre identification au Christ, j'ai exploré plus en profondeur ce que cela peut signifier d'interpréter l'*intendance* à partir de la personne du Christ et le Christ à partir de l'*intendance*. Le Christ étant le paradigme de l'*intendance* humaine de la nature, une existence écologique «en Christ» implique une attitude particulière envers la création.

D'ailleurs, la référence au Christ, dans l'ensemble de la réflexion sur cette thématique, m'a semblée peu exploitée alors qu'elle est manifestement très importante. En général, l'approche explicitement christologique du rapport humain/nature est plutôt négligée, la majorité des auteurs abordant le problème écologique de façon surtout «éthique». Avec la prise de conscience de la crise écologique, «on constate que la théologie chrétienne s'ouvre peu à peu à la nécessité de reconsidérer sérieusement le rôle de la création en fonction d'une sotériologie christocentrée[11]». Mais malgré le développement récent et exponentiel de la «théologie écologique[12]», celle-ci demeure, dans une large mesure, très peu «christocentrée».

* * *

Dans le contexte de la crise écologique actuelle, notre recherche consiste à approfondir la compréhension du rapport humain/nature grâce au concept biblique d'*intendance* qu'utilise Hall pour articuler une partie importante de sa théologie, et de le développer dans une perspective christologique. Ce concept permet d'identifier et d'exposer la contribution particulière du discours chrétien: celle de repenser les représentations anthropologiques qui font problème, présupposé fondamental à l'élaboration d'une éthique écologique chrétienne.

Je propose donc d'étudier le concept d'*intendance* développé par Hall pour en montrer la pertinence dans l'élaboration d'une «théologie écologique christocentrée», mais non sans avoir au préalable exposé les idées maîtresses à partir desquelles est construite son œuvre théologique, notamment la «théologie contextuelle», la théologie de la croix, l'optimisme américain et l'espérance chrétienne.

Dans un premier temps, j'expose la problématique écologique et la pertinence des discours écologiques, pour mieux situer le discours chrétien. Le chapitre 2 présente ensuite une première synthèse de la pensée de Hall. Son œuvre étant relativement abondante (il a publié plus de vingt volumes et environ quatre-vingts articles), une recension de ses publications s'impose, à partir de laquelle est établie une bibliographie générale la plus exhaustive possible. Une lecture chronologique de l'ensemble de ses écrits permet de faire ressortir les thèmes les plus fréquemment abordés, la place et l'importance qu'ils occupent dans ce corpus, le traitement qu'il en fait et les rapports qu'il établit entre eux. On peut ensuite cerner la signification du concept d'*intendance*, de même que ses domaines d'application. Ce chapitre situe les deux thèmes centraux de mon étude (celui, plus général, de l'*intendance* et l'autre, plus spécifique, de la relation humain/nature) par rapport à l'ensemble de son œuvre théologique.

De nature plutôt descriptive, le troisième chapitre présente la théologie écologique de Hall centrée sur l'*intendance* de l'humain dans la création. Cette partie dégage les grandes articulations de sa compréhension de la problématique écologique.

Le quatrième chapitre fait état des discussions entourant l'usage du terme *intendance* comme concept approprié pour une révision anthropologique. Une appréciation de la pertinence du thème de l'*intendance* par rapport à la problématique écologique, de même que l'examen des principaux concepts auxquels Hall a recours (comme l'image de Dieu, l'être-avec, l'«ontologie de communion», la représentativité, la dialectique identification/différenciation, l'interrelationnalité, la «domination») complètent cette partie.

Les chapitres 5 et 6 développent davantage certains aspects de l'*intendance* que Hall n'a pas exploités suffisamment: d'abord les sources scripturaires et l'utilisation de l'*intendance* dans la théologie juive, puis deux traditions religieuses particulièrement sensibles au rapport humain/nature: la tradition amérindienne, fondée sur une communion entre tous les êtres, et la tradition orthodoxe, en grande affinité avec le concept d'*intendance* en raison d'une anthropologie christologique centrée sur le rôle médiateur et sacerdotal de l'humain dans la création et préparant la voie à une interprétation christologique de l'*intendance.*

Puisque le Christ est la plus haute image de l'être humain, la référence anthropologique et éthique par excellence, c'est à lui que conduit, en fin de parcours, la réflexion. J'ai de nombreux motifs de croire que le concept d'*intendant* peut s'appliquer au Christ d'une manière extrêmement féconde pour la théologie écologique. Cette réflexion constituera le dernier chapitre de la présente étude: à partir de la compréhension hallienne de l'*intendance* de la nature, je propose une élaboration christocentrée du concept d'*intendance*.

Notes

[1] Titre d'un ouvrage d'Albert JACQUARD, Paris, Seuil, 1991.

[2] *Du monde clos à l'univers infini*, Paris, Presses Universitaires de France, 1962.

[3] Titre d'un livre de Catherine CHALIER, Paris, Cerf, 1989.

[4] À l'exception de la traduction que j'ai faite d'*Imaging God. Dominion as Stewardship* publiée aux éditions du Cerf (en collaboration avec Fides) dans la collection «Cogitatio Fidei», 218, sous le titre: *Être image de Dieu. Le* stewardship *de l'humain dans la création,* 1998.

[5] Le terme anglais *stewardship* a, dans le contexte présent, une signification que le français arrive difficilement à rendre à cause de sa richesse de sens. D. Hall fait remarquer à propos de *stewardship* que «malgré que le terme ait été transposé (plutôt récemment) dans ses équivalents en langues européennes, il demeure fondamentalement un concept étranger» (*The Steward. A Biblical Symbol Come of Age*, New York/Grand Rapids, Friendship Press/Eerdmans Pub. Co., p. 4). En effet, il est porteur de plusieurs connotations interreliées autour de l'idée centrale de *responsabilité* (*accountability*).
Deuxièmement, il faut noter aussi que le terme *stewardship* s'est récemment chargé, dans les milieux théologiques s'intéressant à la crise écologique, d'un sens spécifique pour décrire la vocation de l'humain dans la création. Il se rencontre aussi de plus en plus souvent dans le langage de la philosophie moderne concernant l'éthique, en particulier celle de l'environnement. D.J. Hall cite par exemple H. Skolimowski en exergue de son livre *The Steward*: «L'époque qui vient doit être perçue comme celle du *stewardship*.» On a donc raison de croire que cette terminologie pourrait servir de charnière sémantique entre les domaines religieux et séculier de la réflexion écologique.
Troisièmement, même l'allemand, reconnu pour sa «malléabilité linguistique», n'est pas arrivé à se forger un équivalent satisfaisant. Le mot *Haushalterschaft* (littéralement, «la tenue de la maison») reste lui aussi trop collé à la connotation économique d'*oikonomia* du grec classique. Les autres substituts germaniques qui ont été proposés n'expriment qu'un aspect important du *stewardship* mais non sa signification plénière. «On tend aujourd'hui à ne plus chercher de nouveaux mots et à essayer de donner à *Haushalterschaft* un sens plus riche ou à simplement utiliser le mot anglais *stewardship*» (D.J. HALL, *The Steward*, p. 4). Plusieurs auteurs germanophones choisissent donc d'utiliser le vocable original anglais. Si l'on tient compte du fait que «*stewardship*» est en voie de devenir un terme consacré qui n'a pas d'équivalence parfaite, il pourrait paraître avantageux, pour mieux exprimer la pensée sur ce thème, de conserver l'expression anglaise et tout ce qu'elle connote — comme c'est le cas notamment pour certains mots anglais (ex.: *leadership*) maintenant devenus usuels et familiers.
Le problème avec le mot «intendance», même s'il nous renvoie plus directement à certains textes évangéliques de la traduction française de la Bible, comme par exemple la parabole de l'«intendant fidèle» (le terme choisi par les traducteurs pour *oikonomos*), est qu'il a probablement moins de potentiel évocateur en dehors du

contexte précis du vocabulaire théologique. De manière générale, il est perçu comme un terme un peu archaïque, à consonance militaire, faisant référence aux institutions et à la culture d'une autre époque.
L'autre substitut possible, celui de «gérance» (ou de «gestion»), de facture plus moderne et donc plus spontanément «parlant», a cependant le sens trop étroit d'«administration pour le compte d'autrui». La connotation surtout financière et commerciale qu'il a prise dans nos sociétés de consommation éclipse la dimension de service propre à son usage ecclésial dans la culture religieuse protestante nord-américaine.
Malgré tout cela, j'ai finalement opté, tenant compte de certaines limites herméneutiques, pour l'usage du mot «intendant» («intendance»), d'abord par souci de puiser dans le trésor de la langue française, et aussi en raison de son enracinement biblique.

[6] *The Steward: A Biblical Symbol Come of Age*, p. 51.

[7] Selon le titre de son ouvrage: *The Christian Mission: The Stewardship of Life in the Kingdom of Death*, Grand Rapids, Eerdmans Pub. Co., 1985.

[8] Parce que le thème de l'*intendance* n'a pas un sens exclusivement religieux, il est aussi compatible avec cet élément de la modernité qui souligne la responsabilité de l'humain dans le monde. Il permet donc d'articuler une réflexion signifiante non seulement pour les chrétiens et chrétiennes, mais pour l'ensemble de la culture occidentale.

[9] L'intitulé du chap. 7 de *The Steward*: «Stewardship as Key to a Theology of Nature», p. 100.

[10] D.J. HALL, *Imaging God*, p. 183.

[11] J. MCCARTHY, «Le Christ cosmique et l'âge de l'écologie», *Nouvelle Revue Théologique*, 116, 1994, p. 28.

[12] Le nombre croissant de publications est très significatif de l'importance acquise par le thème dans la réflexion théologique depuis les années 70 et surtout 80-90. Voir la bibliographie.

Chapitre 1

UN DISCOURS ÉCOLOGIQUE CHRÉTIEN: LA RÉVISION DE L'IMAGE DE L'HUMAIN

La réflexion théologique qui cherche à contribuer à la vie humaine en communauté doit être le fruit d'une rencontre entre la Parole de Dieu et la quête de sens d'une culture et d'une époque donnée, plus particulièrement des questions soulevées par les situations difficiles. Plus que jamais, le souci du théologien ou de la théologienne d'aujourd'hui est d'élaborer son discours non seulement à partir des *textes* bibliques mais aussi du *contexte* spécifique qui est le sien. En ce début de XXIe siècle, l'humanité fait face à d'énormes problèmes sur les plans économique, social, politique, ethnique, culturel, institutionnel, environnemental, etc. D'où l'émergence de théologies de plus en plus «contextualisées»: théologie de la libération, théologie féministe, théologie noire, théologie afro-américaine, etc., qui offrent des contributions mieux orientées sur des problématiques sociales nouvelles.

1. Un nouveau contexte théologique: la crise écologique

Parmi ces nouvelles théologies issues des enjeux du contexte actuel, une «théologie de la nature» ou «théologie écologique» a pris forme depuis une trentaine d'années pour penser dans une perspective chrétienne cet aspect important de la conjoncture moderne qu'il est maintenant convenu d'appeler la «crise environnementale» ou «écologique[1]». En effet, «le mot [écologie] n'est pas seulement à la mode. La préoccupation pour l'environnement est devenue l'une des caractéristiques de la culture contemporaine mondiale[2].» De façon nettement plus marquée depuis la fin des années 60 et le début des années 70, des voix[3] se sont élevées, surtout au sein de la communauté scientifique, pour lancer un cri d'alarme[4]. Depuis ce temps, non seulement les savants ou les spécialistes des sciences naturelles mais les gens de tout horizon ont commencé à percevoir les menaces qui pèsent sur l'humanité et sur la vie. La prise de conscience de celles-ci n'a cessé de croître, ouvrant ainsi la porte à des réflexions de plus en plus nombreuses et sérieuses sur notre rapport avec la nature.

Malheureusement, l'expression «crise écologique» est déjà devenue un cliché. Un regard sur l'étymologie des deux mots qui la composent peut nous aider à en saisir toute la portée. Le premier sens de «crise», qui vient du grec *krisis*, signifie littéralement «décision» et fait référence à la santé: il s'agit d'une «phase décisive d'une maladie[5]». À l'origine un terme médical, il a ensuite été transposé, par analogie, au domaine moral: «il se dit d'un moment critique [...]. De là, l'accent a été mis sur l'idée de trouble, de déséquilibre profond [...]».

> [Dans son] acception collective, sociale et économique [...], le concept peut être daté du 19e siècle: en effet, les difficultés de l'Ancien Régime n'étaient pas interprétées en termes de crises, ce type de problèmes aigus et cycliques se développant surtout après 1950 dans le cadre d'une économie industrielle capitaliste [...]. Crise continue d'être employé couramment, notamment au sens abstrait plus général de «malaise»[6].

Le dictionnaire *Littré* définit son usage au sens figuré comme «un moment périlleux et décisif», et donne l'exemple de la «crise de la nature»: «nom donné aux grandes convulsions qui surviennent sur le globe terrestre[7]». Il s'agit donc, par extension, d'une «phase grave dans l'évolution des choses, des événements, des idées[8]», caractérisée par une perturbation, un ébranlement, une rupture d'équilibre, précédant soit une amélioration, soit une détérioration de la situation.

Le mot «écologie», quant à lui, est formé du terme grec *oïkos* (maison et, par extension, habitat, milieu de vie) et de *logos* (science, discours), et signifie «la science qui traite des rapports entre les êtres vivants et le milieu dans lequel ils vivent[9]». Michel Jurdant en propose une définition plus englobante: «l'écologie est avant tout une science-carrefour où se retrouvent les scientifiques d'une vaste gamme de disciplines autour d'un objectif commun: la compréhension globale des phénomènes impliquant les relations multiples entre les êtres vivants, y compris l'être humain, et leur environnement bio-physique et social[10]». Dans le *Dictionnaire historique de la langue française*, on apprend que par extension, en 1968, écologie «a pris le sens courant de "doctrine visant à une meilleure adaptation de l'homme à son environnement", et de "courant politique défendant cette doctrine"[11]».

Une définition de la «crise écologique» pourrait s'énoncer comme suit: *ensemble de phénomènes*[12] *interreliés, bio-physiques et sociaux, d'origine humaine, qui indiquent une rupture grave d'équilibre entre les humains et l'ensemble de leur milieu de vie et qui placent l'être humain devant une décision quant à sa manière d'être au monde.*

Mais ce n'est pas tout: le mot grec *krisis* a aussi un autre sens, celui de «jugement». Cette idée de «jugement», qui est une thématique biblique majeure, est reprise par plusieurs théologiens chrétiens dans leur lecture de la crise écologique[13]. Nous vivons donc un moment critique, une situation de bouleversement, de mauvais ajustement de l'humain avec son milieu, mais qui se présente comme un *jugement* porté sur notre manière de vivre et qui appelle une *décision* radicale: soit en faveur d'un changement de direction vers le rétablissement de l'équilibre vital, soit en faveur de la poursuite de notre visée actuelle jusqu'à une éventuelle rupture complète et irréversible des équilibres bio-physiques nécessaires au maintien de la vie.

À cette croisée des chemins et dans l'inquiétude inhérente à ce moment, une question surgit spontanément: quelle est l'ampleur de l'actuelle crise écologique? Pour y répondre, il faut savoir que les êtres humains, de tout temps et en tout lieu, et comme tous les autres vivants d'ailleurs, n'ont cessé de modifier leur environnement et de produire des «déchets». C'est une loi élémentaire de la vie biologique que de transformer la matière en énergie.

D'une certaine manière, il y a donc toujours eu une sorte de tension entre la nature et l'humain, ce dernier utilisant à son profit les ressources du milieu naturel. La vie n'est possible que dans une continuelle dynamique de rupture et de recherche d'équilibre, la fragilité du système étant proportionnelle à sa complexité.

Jusqu'à récemment (c'est-à-dire il y a quelques centaines d'années), la capacité d'intervention de l'humain sur la nature était très limitée. Même si, par le passé, il a pu se produire des ruptures d'équilibre engendrées par l'humain — nous en avons des exemples dans plusieurs civilisations plus ou moins anciennes[14] —, celles-ci avaient un caractère très local. La «crise» que nous connaissons actuellement, et dont nous n'avons pris conscience que depuis quelques décennies, est d'un tout autre ordre, tant par sa gravité que par son étendue. Il n'est plus question de perturbations localisées ou passagères, mais d'un dérèglement inédit de *l'ensemble* des écosystèmes planétaires, ce qui menace non seulement la vie humaine, mais la vie elle-même. À cause de son envergure, de sa complexité et de sa gravité, la crise écologique est certainement un des défis les plus sérieux de l'histoire, en tout cas certainement le plus déterminant, puisqu'il en va de la survie même de notre espèce. La «crise» prend donc ici un tout nouveau sens.

Il va sans dire que les causes de ce désordre sont nombreuses et leur analyse très complexe. Traçons-en tout de même un bref portrait. La crise écologique est d'abord un produit de l'être humain, de son immense succès comme espèce biologique, à travers son désir de puissance et sa volonté de progrès. Elle est la résultante de deux phénomènes majeurs: l'accroissement exponentiel de la population mondiale (et sa concentration urbaine), combiné avec le développement fulgurant des sciences et des technologies qui, décuplant de façon formidable la capacité humaine de travail, a été à l'origine de l'ère industrielle et de la société de consommation. L'accélération anarchique de la croissance démographique et économique, conjuguée à l'essor technologique, a poussé les mécanismes d'adaptation de la nature au-delà de leurs capacités[15]. Les inévitables déséquilibres entre l'humain et la nature, auparavant locaux et bénins, se produisent maintenant à un rythme si élevé, avec une telle intensité et une telle amplitude, qu'ils deviennent de plus en plus destructeurs. Les écosystèmes naturels n'arrivent plus à régénérer ce qu'on y prélève ni à absorber ce qu'on y déverse. En conséquence, les processus de régulation qui servent à maintenir le fragile équilibre entre les vivants et leurs milieux sont complètement déréglés et toute une série de manifestations indiquent que l'intégrité des écosystèmes est profondément — peut-être irrémédiablement — altérée.

Les observations alarmantes des spécialistes en sciences naturelles, traduites en langage populaire, ont trouvé écho sur la place publique. La prise de conscience grandissante de la détérioration généralisée de l'environnement a suscité de multiples débats, études, hypothèses. Le discours «écologique», devenu multiple, omniprésent, politisé, et idéologique, a donné naissance à un discours «écologiste».

2. Pluralité des discours écologistes: écho de multiples crises?

À l'origine, le discours écologique émanait uniquement des sciences de la nature (climatologie, géo-physique, bio-chimie, biologie, etc.). Mais puisqu'il appelait ardemment des changements concrets, il a rapidement envahi la vie politique, autant celle des États, des municipalités, des corporations privées, que celle des partis. Il occupe maintenant de plus en plus de place dans nos sociétés, au niveau de l'économie, de la politique, de l'éducation, des habitudes quotidiennes, de la spiritualité. On a ainsi vu émerger dans nos sociétés toute une gamme de mouvements, d'organisations et de réactions sociales[16]. La cause écologique, en raison des enjeux cruciaux qui s'y rattachent, est devenue une puissante source de mobilisation. Personne ne reste indifférent aux images saisissantes que transmettent les médias de certaines catastrophes écologiques tels les déversements pétroliers (p. ex.: la fuite de l'Exxon Valdez) ou les accidents nucléaires (p. ex.: la centrale de Tchernobyl). D'où la tentation — à laquelle on succombe dans bien des cas — de se servir de cette force que représente la sauvegarde de la nature ou la promotion d'un environnement plus sain pour camoufler d'autres fins. Nous sommes témoins chaque jour — avec un tant soit peu de perspicacité! — de toutes sortes de «récupérations» idéologiques de ce thème par la publicité de certaines compagnies, les campagnes de partis politiques, la propagande anti-capitaliste, etc., qui l'utilisent afin de s'approprier une plus grande part du marché ou de l'opinion publique[17]. La cause écologique est ainsi devenue le lieu de multiples engagements et prises de parole qui peuvent servir des intérêts divers, voire opposés.

En effet, le passage du discours scientifique («écologique») au discours plus populaire («écologiste») a occasionné de nombreux glissements[18]. Un certain «écologisme[19]» militant, à la différence du discours scientifique, relève davantage de convictions qui renvoient à une vision du monde et à une idéologie — qu'elles soient consciemment identifiées ou non. Par conséquent, «la précision et la mesure des propos scientifiques sont trop souvent occultées par les techniques racoleuses du marketing, ou par l'opportunisme du discours politique qui mise sur l'ignorance des populations pour promouvoir une certaine démagogie[20]». Certains remettent en question le discours des «écologistes[21]» en les accusant «de trafiquer les faits et d'utiliser les thèmes écologiques hors de leur contexte scientifique pour justifier le retour à une idéologie ayant pour but le contrôle technocratique et bureaucratique de l'activité humaine[22]». «Ainsi assiste-t-on à un clivage entre le monde scientifique, sa prudence et sa rationalité, et le monde des écologistes politiques qui veulent transformer la société afin de la rendre plus conforme à leurs croyances et à leur vision du monde[23].» On assiste aussi, chez plusieurs scientifiques de renom (par exemple, David Suzuki), à un glissement du discours scientifique vers un discours plus philosophique, spirituel ou politique.

Malgré des consensus sur certains constats de la part de la communauté scientifique, le degré d'incertitude des données et la nécessaire réserve des hypothèses scientifiques en amènent d'autres à prétendre qu'il n'y a pas de véritable crise écologique, que ce ne sont là que perturbations périodiques tout à fait «normales» dans l'évolution de la planète. Mais ce déni est peu répandu, sinon sous forme d'indifférence et de désengagement.

L'omniprésence du discours écologiste n'est donc pas forcément le gage d'une véritable remise en question de notre rapport avec la nature. D'une part, à cause d'une multiplicité confuse et apparemment irréconciliable et, d'autre part, en raison d'une superficialité accommodante pour la masse. Paradoxalement, l'engouement pour le «vert», le «naturel», le «biologique», pourrait même nuire à la juste compréhension du phénomène en empêchant la réflexion d'accéder à un niveau de questionnement plus profond. Collectivement, on se donne bonne conscience en étant «ecologically correct[24]», mais on évite un examen en profondeur qui obligerait à revoir non seulement certaines conduites inappropriées, mais l'ensemble même de notre façon de penser. C'est pourquoi toute tentative sérieuse de réflexion exige que soit dépassé, ou du moins reconnu, le niveau des idéologies (alarmistes, optimistes, rousseauistes, anti-capitalistes, progressistes, fatalistes, etc.) que véhicule la «mode verte», pour tenter de saisir la source véritable du problème et proposer des changements en conséquence.

Entre négation et utilisation de la crise, entre panique et paralysie, entre activisme désordonné et résignation défaitiste, n'y aurait-il pas place pour une réflexion théologique et éthique où l'humain cherche à assumer la pleine responsabilité des problèmes et des solutions?

Il est un peu normal d'assister à un fractionnement du discours, chacun ayant intérêt à comprendre le sens de cette crise à partir du point de vue qui lui est propre. Mais ces multiples discours peuvent-ils encore être tenus de façon autonome et rendre compte de la complexité de la crise? Ces interprétations fragmentaires renforcent la tendance à la spécialisation excessive, caractéristique de la culture occidentale, et risquent de nous empêcher d'avoir une vision globale et de poser les questions fondamentales.

On peut soupçonner ici différents «niveaux» de discours qui, non identifiés, s'entrechoquent et entravent sérieusement la recherche de solutions en divisant la crise en de multiples problématiques de moindre envergure et en proposant autant de voies de résolution partielles et partiales. Est-il possible de dépasser la multiplicité des discours et d'accéder à une compréhension qui propose une saisie d'ensemble?

Afin de mettre de l'ordre dans ces discours, B. Durel a proposé une sorte de schématisation, d'«organisation de l'histoire du débat écologique» où il distingue une évolution, dans le sens d'une remise en question de plus en plus profonde, et cela en «trois phases, trois stades ou niveaux[25]», que l'on peut associer aux trois grandes catégories que sont le savoir, l'avoir et l'être.

1) *Le niveau de la technique et de la science:* le savoir

Dans la perspective la plus réductrice, la crise écologique n'est qu'un problème d'«ajustement» du rapport de l'humain avec son milieu; on cherche alors des solutions strictement techniques. Le *savoir* devient source de *pouvoir*. On mise sur la technoscience pour découvrir des méthodes d'intervention moins polluantes et pour remédier aux dommages déjà causés. En définitive, il faut reconnaître que cela ne fait que déplacer temporairement le problème, puisque chaque innovation technique apporte inévitablement son lot de retombées négatives. Les désillusions répétées face à cette perspective lui ont fait perdre beaucoup de son emprise et ont laissé de plus en plus place à la seconde.

2) *Le niveau du politique (social, économique):* l'avoir

Un peu plus en profondeur, la crise apparaît comme un problème socio-économique qui requiert des solutions politiques. On commence à comprendre que c'est le mode de vie axé sur la production et la consommation (notre système socio-économique) qui est à la base de la crise. On recherche alors des solutions plus globales, aux niveaux national et international, afin de donner une nouvelle orientation à la technoscience. Ceux qui détiennent l'*avoir* (l'argent) sont ceux qui ont le plus de *pouvoir* sur les décisions politiques. Cette approche est celle «qui domine présentement le débat en Europe». Mais une nouvelle phase se dessine où l'on se rend compte que «les mesures politiques prises en vue de réorienter la technoscience ne sauraient suffire[26]».

3) *Le niveau du religieux (philosophique et éthique):* l'être

Finalement, on s'approche du cœur de la crise lorsqu'on perçoit qu'il s'agit au fond d'un problème anthropologique et que tout changement réel devra passer par la critique et la révision des images que l'humain se fait de lui-même et du monde. Au-delà des deux premiers niveaux, «nous sommes renvoyés à quelque chose de plus fondamental [...] à notre façon d'être au monde, à une posture qui s'exprime dans le langage du mythe fondateur». L'engouement récent pour les religions orientales[27], amérindiennes, animistes, et nouvel-âgistes, tient en grande partie à ce qu'elles proposent, à l'encontre de la foi chrétienne, des mythes «plus doux» que la majorité des interprétations anthropocentriques des récits de création de la Genèse.

À ce niveau, la théologie chrétienne — tout comme l'éthique et la philosophie — ne peut se soustraire au questionnement provoqué par la crise écologique. D'une part, parce que la religion chrétienne a été mise au banc des accusés par certains, comme Lynn White Jr. (et, à sa suite, Carl Amery et Arnold Toynbee), qui ont vu dans le christianisme les «racines historiques de la crise écologique[28]». Mais, plus fondamentalement, la foi chrétienne est interpellée au niveau de sa cohérence interne.

D'après cette typologie, un rôle spécifique est dévolu à chaque niveau. Celui du *scientifique*, en particulier celui formé à cette nouvelle «science de la biosphère» qu'est l'écologie, est de chercher à mieux comprendre la situation grâce aux nombreux moyens techniques maintenant disponibles, d'évaluer à l'aide d'indices précis les perturbations de l'équilibre environnemental, de mettre en garde et de proposer, sur la base de certaines prévisions à long terme[29], des lignes de conduite en vue d'une saine gestion du patrimoine naturel. À un second niveau, ces données objectives devraient permettre aux *gouvernements* de prendre des décisions et d'instaurer des politiques allant dans le sens des analyses et des conclusions des experts. Avec le recul et la perspective globale du troisième niveau, il incombe au *théologien* (philosophe ou éthicien) de discerner, au-delà des intérêts, des idéologies et des passions qui animent le débat, quels sont les enjeux véritables et les changements de mentalité et d'attitude nécessaires. La mission prophétique de la théologie face à la crise écologique est, entre autres choses, de démasquer les idéologies et d'éclairer les enjeux profonds.

Dans l'effervescence de la pensée écologiste, le discours religieux n'est pas à l'abri du piège subtil des idéologies. L'atteinte portée à la création étant un motif intrinsèque de réaction et d'engagement, la réflexion théologique peut être tentée à son tour de s'en servir pour son propre bénéfice. Ou, au contraire, la foi chrétienne étant comprise d'une manière désincarnée — comme n'étant préoccupée que par «l'autre monde» —, elle pourrait aussi servir de prétexte à s'esquiver devant la responsabilité «terrestre» de s'attaquer résolument au problème écologique.

La typologie de Durel suggère qu'il faut avoir le courage d'aller jusqu'au troisième niveau, celui de notre manière d'être au monde, même si les deux premiers niveaux, c'est-à-dire les solutions techniques et les visées politiques, ne sont pas à négliger. Les discours théologiques et philosophiques permettent de dépasser la pluralité des discours idéologiques pour accéder à un registre plus fondamental, condition essentielle à l'établissement d'un nouveau rapport humain/nature.

3. Une crise globale: complexité et interdépendance des problèmes

Si on a pu penser que l'environnement constituait un nouveau secteur s'ajoutant à la longue liste des difficultés humaines, on se rend compte maintenant à quel point les déséquilibres de la biosphère ne sont pas isolables de l'ensemble des diverses crises qui affectent les sociétés modernes, celles de la pauvreté, de l'économie, du travail, de la politique, de l'énergie, de la santé, de la surpopulation, de la militarisation, des droits de l'homme, des rapports hommes/femmes, des relations nord/sud, est/ouest, de la bioéthique, de la spiritualité, etc. «Par ses excès, la civilisation industrielle est parvenue à une situation absurde qui nous oblige à repenser entièrement un grand nombre de questions étroitement entremêlées. Nous ne pouvons tenter d'en isoler une d'entre elles sans qu'immédiatement les connexions n'apparaissent dans l'ensemble du système[30].» La crise nous invite à comprendre, selon la définition même de l'écologie («science de la globalité» qui étudie les interrelations entre les différents constituants de l'*oïkos*), que tous les problèmes sont interreliés.

Une analyse sérieuse de la crise écologique montre en effet qu'elle se situe au carrefour d'un ensemble de problématiques qui la font apparaître comme un prisme ou un condensateur des multiples malaises et instabilités qui affectent l'humanité. Le rapport Bruntland[31] déclare dans son introduction: «Il ne s'agit pas, en effet, de crises isolées: une crise de l'environnement, une autre du développement, une autre énergétique. Non, de crise, il n'y en a qu'une[32].» C'était déjà la conclusion de J. Dorst en 1965: «Les problèmes de conservation de la nature, au sens le plus large du terme, sont intimement liés à beaucoup d'autres avec lesquels ils forment un tout et dont l'analyse permet de juger de la gravité du déséquilibre planétaire et de l'instabilité régnant à l'époque actuelle[33].» La crise écologique est le symptôme d'une crise beaucoup plus globale.

De la découverte d'une crise au niveau spécifiquement biologique, on est passé à la prise de conscience d'une crise de civilisation qui déborde le cadre des sciences de la nature. «La société actuelle souffre d'autres maux qu'il ne nous appartient pas [au biologiste/écologiste] d'analyser ici, car ils sont du ressort du sociologue, du philosophe et du moraliste. Il est cependant difficile de les isoler des causes biologiques, car ils font partie d'une crise de civilisation globale[34].»

Il n'y a donc pas que les écologistes qui prétendent que l'humanité est en état de crise grave. Non seulement les crises présentes ont été annoncées depuis longtemps par les écologistes, mais en plus ils sont les premiers à établir les liens entre toutes ces crises, grâce à la vision globale de l'écologie. C'est pourquoi nous appellerons «crise écologique» cette crise globale, ou «mégacrise», à laquelle il faut s'attaquer si on veut parvenir à juguler les problèmes actuels[35].

Leonardo Boff décrit ainsi les différents stades évolutifs par lesquels est passée la réflexion écologique. L'*environnementalisme* des débuts, axé sur la conservation puis la préservation, se limitait à la protection de certaines espèces (menacées) ou de certains espaces, oubliant l'interaction entre l'être humain et le milieu. De cette *écologie humaine*, on est ensuite passé à une *écologie sociale* qui tenait compte des «systèmes socioculturels en interaction avec les systèmes environnementaux, en examinant les formes d'exploitation de la nature [...], plus particulièrement en fonction des relations sociales qui produisent riches et pauvres [...][36]». Finalement, la réflexion s'approfondissant, on a fait ressortir l'importance des structures mentales (représentations, idées, valeurs) à l'œuvre dans la relation de l'humain avec la nature, ce qu'on a appelé l'*écologie profonde* (*Deep Ecology*), qui correspond au troisième niveau de Durel. Boff fait cependant remarquer qu'une réflexion philosophique ou religieuse ne suffit pas, car même ce niveau de discours pourrait être sectaire et exclusif et ne pas saisir l'interaction entre les divers facteurs. Dans une sorte de prolongement logique, il voit apparaître aujourd'hui une nouvelle notion qu'il appelle l'*écologie intégrale* «autour de laquelle s'articuleront tous ces éléments, dans la perspective de fonder une nouvelle alliance des sociétés avec la nature, aboutissant à la conservation du patrimoine terrestre, bien commun socio-cosmique [...][37]». Ainsi comprise, l'écologie prend selon lui un sens plus englobant. Elle est conçue comme «la relation que tous les êtres vivants et non vivants, naturels et culturels, entretiennent entre eux et leur milieu. Dans cette perspective holistique, les questions économiques, politiques, sociales, militaires, éducationnelles, urbanistiques, agricoles, etc. relèvent du domaine écologique[38].» Tous les éléments qui composent l'*oïkos* humain forment ainsi un tout indissociable.

Selon cette perspective, il n'est plus possible de considérer séparément les questions de justice sociale et de justice écologique: le «cri de la terre» et «le cri des pauvres[39]» dénoncent la même violence et la même exploitation. Aujourd'hui, les grandes questions concernant la paix[40], l'unité et la justice mondiales ne peuvent être pensées en dehors de celles qui touchent la préservation de la création. C'est ce qui ressort clairement de la thématique adoptée par le *Conseil Mondial des Églises* (*WCC*): «Justice, Paix et Sauvegarde (*Integrity*) de la création[41]» et qui a donné lieu à plusieurs rassemblements œcuméniques majeurs[42] depuis une dizaine d'années[43]. «La question ne peut plus être isolée, se réduire à un simple défi technique semblable à d'autres: elle devient une question charnière qui interroge autant notre mode de vie, nos choix personnels et collectifs, que le type de développement que nous mettons de l'avant et la nature des rapports que nous voulons établir entre les personnes et les groupes humains[44].» Derrière des manifestations diverses, à première vue sans lien, il n'y a qu'une seule crise.

La crise écologique nous amène donc à réexaminer les fondements de la culture occidentale, totalement fascinée par une technoscience au service de l'idéologie du développement et de la productivité illimités.

> En fait, la crise de l'environnement est une crise globale de notre civilisation industrielle, remettant en question une situation que nous croyions acquise à tout jamais et nous obligeant à considérer comme erronés des dogmes sur lesquels repose tout notre système économique. La crise actuelle, unique bien que se présentant sous des aspects très divers, est au fond une crise de transformation[45].

Le système biologique ne peut plus supporter la pression de plus en plus grande que lui fait subir l'humanité occidentale. Il est juste de considérer la crise écologique comme le nœud ou le symptôme le plus aigu — du moins le plus visible — d'une crise de société, le révélateur d'une crise des fondements. L'ambition d'un discours théologique sur la crise écologique, tenant compte du nécessaire dialogue entre les multiples discours, devrait être d'identifier la cause commune de cet ensemble de crises interreliées et de mettre à jour l'impasse anthropologique qui s'y révèle.

4. Une crise des fondements: radicalité du questionnement écologique chrétien

Quel serait l'apport spécifique de la foi chrétienne dans la recherche d'un équilibre entre l'humain et la création? La foi chrétienne peut-elle contribuer à l'effort de renouvellement du rapport humain/nature? A-t-elle encore une capacité instauratrice d'une manière d'être *en* ce monde et *avec* ce monde qui puisse assumer et dépasser cette situation inédite?

Plusieurs auteurs ont fait la démonstration que la tradition chrétienne peut effectivement inspirer des conduites générales en matière de respect de l'environnement — comme en bien d'autres domaines d'ailleurs. Sans rejeter complètement l'apport d'une telle démarche, il faut reconnaître qu'elle ne suffit pas. S'il en restait là, le discours chrétien (religieux) ne serait qu'une voix de plus — de trop? — dans le concert déjà discordant des plaidoyers en faveur du virage écologique. Plus qu'une question de réajustement des comportements, ce sont les mentalités, les images à partir desquelles se construisent nos manières d'entrer en relation avec la nature, qui sont à revoir. «Notre société devra connaître de nombreux changements. Ces changements doivent toucher les structures de production et les gouvernements, mais surtout les représentations que se font les citoyens de leur relation avec leur environnement[46].» C'est au niveau des conceptions philosophiques et religieuses que devront avoir lieu les transformations requises pour poser les nouvelles bases d'un vivre en société écologiquement intégré. «La transformation qui est nécessaire se situe au niveau de nos convictions profondes, de notre vision du monde[47].» Car «c'est aussi l'évolution de notre attitude philosophique [et religieuse] qu'il convient d'incriminer. [...] Aucune de nos philosophies occidentales, spiritualistes ou matérialistes, n'incite d'une manière quelconque au respect de la nature et à un équilibre véritable entre elle et l'homme[48].» En effet, ce sont les fondements mêmes du monde moderne qui sont remis en question[49] à travers tous ces phénomènes de déshumanisation et d'aliénation, sous-produits de notre civilisation.

S'il est vrai que notre monde est en «crise», alors, en toute rigueur de terme, il n'est pas exagéré de dire que nous sommes à un point tournant, un moment *décisif* de l'histoire. Le modèle sur lequel est construite notre civilisation industrielle est devenu insoutenable écologiquement et économiquement. Les tensions exacerbées par la crise écologique nous poussent à une «décision». Nous sommes confrontés au choix d'un nouveau modèle, plus respectueux des lois et des limites de la nature — y compris humaine —, mais aussi plus respectueux de la vérité ontologique de l'être humain[50]. L'écologie, en tant que science de la globalité et de l'interrelation, tend à devenir ce nouveau paradigme[51], c'est-à-dire un modèle explicatif à partir duquel peuvent être pensés les divers aspects de la réalité d'une manière plus intégrée.

Puisque la racine de la crise écologique est à chercher d'abord au niveau des représentations anthropo-cosmologiques et des valeurs qui s'y rattachent, «il est donc évident qu'il est impossible de donner une réponse aux problèmes soulevés par l'écologie si on ne met pas en discussion la compréhension que l'homme a de lui-même. C'est bien elle — en dernier ressort — qui est la cause des dommages faits à la planète et à ses ressources, agression que nous déplorons tous[52].» Nous sommes placés devant la nécessité d'un questionnement radical sur la compréhension que l'être humain a de lui-même et de sa place dans la nature, ce qui est la tâche de la théologie. C'est pourquoi une lecture religieuse — et chrétienne — présente la problématique écologique comme une crise «morale[53]», une crise spirituelle[54], une crise anthropologique[55], et non pas uniquement comme une tension d'ordre économique ou biologique à gérer par des moyens techniques ou des programmes politiques. Pour prendre les mots de Carol Christ, j'ai «la conviction que la crise qui menace la destruction de la Terre n'est pas seulement sociale, politique, économique et technologique, mais qu'elle est à sa racine spirituelle[56]».

5. Une crise théo-anthropologique: nécessité d'une nouvelle image de l'humain

La problématique est donc nouée autour de questions théologiques («religieuses»), qui sont, en leurs racines, d'abord anthropologiques: quelles représentations l'humain a-t-il de lui-même et de la nature? Quelles croyances motivent ses engagements ou justifient son indifférence? Quelles conceptions a-t-il de sa «vocation» première dans le monde? Et ce monde, à quelle destinée est-il promis? Sous quel angle l'être humain voit-il le rapport du monde avec une divinité? Comme le dit bien White, «ce que les gens font de l'écologie dépend de la manière dont ils se conçoivent en relation avec les choses qui les entourent. L'écologie humaine est profondément conditionnée par les croyances au sujet de notre nature et de notre destinée — c'est-à-dire la religion[57].» De fait, la référence religieuse, avec ses présupposés anthropologiques, tient une place importante dans notre rapport avec la nature. Notre culture est l'aboutissement d'une certaine vision philosophico-religieuse de l'être humain, devenue incompatible avec la survie de la nature. C'est pourquoi, d'après J. Dorst,

> nous allons assister à une mutation de l'humanité tout entière et à une révision des valeurs, même si quelques-uns de nos nouveaux concepts ne sont que la remise en vigueur d'idées anciennes simplement oubliées. De nombreux penseurs appellent de leurs vœux et pressentent la venue d'un homme nouveau [...][58].

Nous comprenons l'«homme nouveau» de Dorst comme une «nouvelle image de l'humain», une nouvelle manière de comprendre son rapport avec le monde. C'est à ce titre que la théologie chrétienne est sérieusement interpellée en cette matière.

> Un changement d'attitude est fondamental pour faire face aux problèmes environnementaux, et la théologie a un rôle majeur à jouer dans cet effort. La contribution principale de l'Église dans la crise écologique est de supporter une attitude appropriée vis-à-vis de toute la création de Dieu. [...] Une juste vision du monde précède notre capacité à agir avec sagesse et avec raison. La première tâche qui nous incombe, à laquelle la théologie peut participer, est la représentation des êtres unis dans leur état de créature, donné l'un à l'autre comme des compagnons, comme des sacrements de l'amour [...][59].

La théologie ne peut se soustraire à sa fonction (auto)critique vis-à-vis des représentations de la culture occidentale, alors que nous constatons que nos images fondatrices sont devenues destructrices. Nos modes d'action, qui engendrent maintenant la ruine des écosystèmes et l'aliénation de l'être humain, sont en partie tributaires de visions théologiques issues de la tradition judéo-chrétienne. Lynn White Jr. affirmait avec justesse que «puisque les racines de notre problème sont principalement religieuses, le remède doit aussi être essentiellement religieux, que nous l'appelions ainsi ou non. Nous devons repenser et ressentir notre nature et notre destinée[60].» Il ajoutait: «Plus de science et de technique ne nous feront pas sortir de la présente crise écologique à moins que nous ne trouvions une nouvelle religion ou que nous repensions notre ancienne [la religion chrétienne][61].» Il ne s'agit pas tant de chercher de nouveaux moyens de production ou de formuler de nouvelles orientations politiques — bien que cela soit nécessaire et urgent — que de nous interroger d'abord sur notre rapport aux choses. «À moins que nous nous questionnions sur les fondements, nos mesures spécifiques pourraient bien avoir des répercussions encore plus graves que celles auxquelles elles devaient remédier[62].»

Plusieurs systèmes de représentation au sujet de la place de l'humain dans la nature ont été mis de l'avant par différentes écoles de pensée écologique[63]. Il est clair que l'«anthropocentrisme dur», d'inspiration chrétienne, qui a prévalu depuis quelques siècles, est devenu insoutenable aujourd'hui et que nous devrons, à tout le moins, opter pour un anthropocentrisme[64] plus «modéré».

Quelle que soit la responsabilité réelle du judéo-christianisme concernant l'origine de la crise écologique — j'y reviendrai plus loin —, il n'en demeure pas moins que nous constatons les effets des images que l'humain a de lui-même comme facteur déterminant dans la relation avec la nature. Un véritable changement ne peut s'effectuer que s'il commence par la révision de ces représentations profondément incrustées dans nos mentalités, mais devenues inaptes à entretenir la vie.

6. Pertinence d'une théologie «contextuelle»

Depuis que la théologie chrétienne s'est ouverte elle aussi à ce nouveau champ de réflexion qu'est l'écologie, on a vu, surtout depuis une vingtaine d'années environ, se multiplier les publications concernant le rapport de l'humain (en particulier du «chrétien») avec la nature dans une perspective très pragmatique. En effet, plusieurs de ces études, après un exposé descriptif plus ou moins exhaustif de la situation, se limitent aux dimensions praxéologique et pastorale. La réflexion chrétienne sur le rapport humain/nature a eu tendance à se concentrer sur l'aspect «éthique» — entendu au sens étroit et minimaliste du terme: «ce qu'il faut faire» —, parce que, bien sûr, il s'agit de transformer concrètement notre rapport au monde. L'écologie étant un domaine où convergent le politique, l'économique et l'éthique — entendue cette fois au sens plus fondamental d'une manière d'être (ontologie) qui détermine une manière d'agir —, tant qu'on n'a pas poussé la question écologique jusqu'au niveau philosophique, on n'en a pas entrevu toutes les dimensions. L. Boff va encore plus loin en affirmant que «dans une perspective sainement écologique, la politique doit se soumettre à l'éthique et l'éthique à une mystique ou spiritualité, c'est-à-dire une expérience fondamentale de rétablissement de la liaison avec le tout [...][65]».

J'ai affirmé que dans la crise écologique, non réduite à un problème «éthique» appelant seulement un réajustement «comportemental», ce sont les *représentations* sous-jacentes de l'être humain, de la nature, et de leurs rapports réciproques qui sont en cause.

Une approche plus globale et plus fondamentale est donc indispensable à la critique des pratiques actuelles et à l'élaboration de nouvelles attitudes.

Dans cette tâche qui consiste à réexaminer la crise écologique à partir du questionnement théologique, quel type d'approche théologique pourrait permettre de contribuer au renouvellement de la pensée concernant le rapport humain/nature? Il m'apparaît que l'instrument le plus pertinent pour une recherche théo-écologique vraiment contemporaine est celui de la théologie «contextuelle», et cela pour deux raisons.

D'abord par sa *méthode*, la théologie contextuelle aborde des réalités toujours complexes qu'elle étudie dans l'interconnexion des multiples dimensions qui les composent, et s'applique à les comprendre globalement. En faisant éclater la compartimentalité des approches plus classiques, généralement exclusives et cloisonnées (en «spécialités» ou «disciplines»), et en mettant en rapport les différents éléments d'une problématique, son objectif est d'identifier les causes profondes d'un malaise. Pour ce faire, elle a recours aux interprétations propres à chacun des domaines concernés par un problème. Par exemple, au sujet de l'exploitation en Amérique latine, l'approche contextuelle tiendra compte, bien sûr, des données spécifiquement théologiques de la Bible et de la tradition chrétienne au sujet du partage des richesses, mais elle en fera d'abord apparaître les aspects économiques, sociaux, géographiques, politiques, culturels, et la façon dont ceux-ci sont en interrelation. Par son épistémologie holistique, elle agit comme une science-carrefour, ce qui correspond à la définition même de l'écologie, qui repose sur la multidisciplinarité scientifique.

Ensuite par son *contenu*, elle est aussi porteuse de concepts «contextuels» pouvant conduire à une compréhension nouvelle et globale de la problématique. Pour l'interprétation théologique de la crise écologique, cette approche se révèle des plus fécondes. Une théologie contextuelle peut certainement contribuer aux décisions nécessaires à la transformation de notre rapport avec la nature — et avec nous-mêmes —, en travaillant à la réconciliation entre différentes approches qui se considèrent trop souvent comme concurrentielles, et en proposant des interprétations anthropologiques et cosmologiques en affinité avec le nouveau paradigme écologique.

C'est la voie qu'emprunte Hall dans sa réflexion théologique sur la crise écologique. Hall est un penseur «radical», au sens étymologique du mot, c'est-à-dire qu'il cherche à agir sur la cause profonde des effets à modifier en remontant jusqu'à la racine des problèmes. Il insiste tout particulièrement sur la dimension anthropologique de la réflexion théologique de la crise. S'inspirant de Joseph Sittler, il écrit: «Ce n'est pas assez [...] pour des éthiciens chrétiens, d'inventer de nouvelles analyses et des stratégies pour faire face aux diverses crises qui frappent la conscience. La théologie, qui est fondamentale pour l'éthique, doit retourner aux questions de base, en commençant par la question de l'être comme tel[66].» Convaincu que l'issue à la crise écologique passe inévitablement par un questionnement et une révision en profondeur de nos représentations, en particulier religieuses, de la relation humain/nature, Hall offre une contribution originale et importante à cette tâche de conversion, d'abord intellectuelle mais aussi spirituelle, qui est exigée de nous dans notre rapport à la nature. C'est à sa théologie contextuelle, en tant que préalable à l'exposition de sa théologie écologique, que sera consacré le prochain chapitre.

Notes

[1] «Crise écologique» et «crise de l'environnement» ne sont pas des expressions tout à fait synonymes. La première fait plus spécifiquement allusion à la notion d'écosystème et renvoie à la dimension plus biologique de la crise. La seconde a une acception plus large qui englobe aussi les facteurs sociaux. L'«environnement» est défini par M. Rodes comme: «l'ensemble, à un moment donné, des agents physiques, chimiques et biologiques, et des facteurs sociaux susceptibles d'avoir un effet direct ou indirect, immédiat ou à terme sur les organismes vivants et les activités humaines» («La question écologique», *Foi et Vie*, 73 (5-6), 1974, pp. 17-18).Ci-après, leur emploi ne tient généralement pas compte de cette nuance, puisque, de toute façon, la «crise écologique» y est définie d'une façon très globale.

[2] Claude Villeneuve, «Le discours écologiste nuit-il à la protection de l'environnement?», *L'Agora*, sept. 1993, p. 18.

[3] Parmi les plus connus: au Québec: René Dumont (*Seule une écologie socialiste*, 1976), Pierre Dansereau (*La terre des hommes et le paysage intérieur*, 1973); en France: Jean Dorst (*La nature dé-naturée*, 1965), Jean-Marie Pelt (*L'homme re-naturé*, 1977), Michel Bosquet (*Écologie et politique*, 1975); aux États-Unis: Rachel Carson (*Silent Spring*, 1970), Aldo Leopold (*A Sand County Almanach*, 1968), René Dubos et Barbara Ward (*Nous n'avons qu'une terre*, 1972), Murray Bookchin (*Pour une société écologique*, 1974). D'autres auteurs comme Ivan Illich (*La convivialité*, 1973), Herbert Marcuse (*L'homme unidimensionnel*, 1964) et Friedrich Schumacher (*Small is Beautiful*, 1973) jetaient un regard très critique sur la société de consommation, l'économie capitaliste, la technologie, le travail, etc.

[4] Konrad Lorenz, *Les huit péchés capitaux de notre civilisation*, Lausanne, Éditions Ex Libris, 1973, p. 5.

[5] *Dictionnaire historique de la langue française*, sous la direction de A. Rey, Paris, Dictionnaires Le Robert, 1992, p. 530.

[6] *Ibid.*

[7] *Dictionnaire de la langue française P.-É. Littré*, t. II, Chicago, éd. par l'Encyclopedia Britannica, 1987, p. 1339.

[8] *Petit Robert*, Paris, 1983, p. 424.

[9] *Dictionnaire de la langue française P.-É. Littré*, p. 186. On trouve une définition équivalente, quoique plus complète, dans le *Petit Robert*: «Étude des milieux où vivent et se reproduisent les êtres vivants ainsi que des rapports entre ces êtres et leur milieu», p. 600.

[10] M. Jurdant, *Le défi écologiste*, Montréal, Boréal Express, 1984, p. 64.

[11] *Dictionnaire historique de la langue française*, p. 653. Le *Littré* donne une définition très similaire: «Par extension, mouvement d'opinion en faveur d'un retour à un mode de vie plus naturel» (p. 186).

[12] Plusieurs auteurs ont dressé une liste des effets dus à «la pression intolérable que font subir à l'écosystème une population trop nombreuse (urbanisation) et une

consommation accélérée» (André BEAUCHAMP, *Crise de l'environnement et représentations de la place de l'être humain dans le cosmos*, Commission épiscopale des affaires sociales de la Conférence des évêques catholiques du Canada, 1995, p. 3). On peut les regrouper en quatre thèmes (nous nous inspirons de A. BEAUCHAMP et J. HARVEY, *Repères pour demain. Avenir et environnement au Québec*, Montréal, Bellarmin, 1987, pp. 37-38, 129-131): 1) l'épuisement des ressources, surtout non renouvelables (auquel s'ajoute le risque de rupture des équilibres sociaux à la suite d'une raréfaction des ressources: famines, révoltes, guerres, etc.); 2) la réduction de la biodiversité (disparition d'espèces biologiques, désertification, destruction d'habitats, etc.); 3) l'accroissement de la pollution, surtout chimique (auquel s'ajoute l'éventualité d'éco-catastrophes liées à la perturbation d'équilibres naturels: pluies acides, couche d'ozone, effet de serre, maladies d'origine environnementale, épidémies nouvelles, etc.); 4) les risques d'accidents technologiques et militaires majeurs, surtout liés au nucléaire.

[13] Par exemple, Gérard SIEGWALT, «Écologie et théologie. En quoi les problèmes d'environnement concernent-ils notre pensée, notre foi et notre comportement? (1ère partie)», *Revue d'Histoire et de Philosophie Religieuses*, 3, 1974, p. 341-365; (2e partie), *Revue d'Histoire et de Philosophie Religieuses*, 4, 1974, pp. 507-521.

[14] On donne régulièrement en exemple le cas de la déforestation en Grèce ainsi que la désertification de régions fertiles en Mésopotamie. Jean Dorst écrit: «Dans le cadre de l'histoire de l'humanité, quelques formes de dégradation de la nature sont anciennes. L'homme primitif avait déjà à sa disposition un outil d'une puissance hors de proportion avec son faible degré de technicité: le feu. Les civilisations de l'Antiquité ont dévasté le monde méditerranéen et les grands empires des deux hémisphères se sont écroulés en partie par suite de l'érosion de leurs terres.» (Jean DORST, *La nature dé-naturée*, p. 11)

[15] À la différence des communautés humaines, l'écologie animale ne connaît pas l'exploitation abusive parce que les lois internes (processus d'autorégulation) maintiennent un équilibre entre les différentes formes de vie qui dépendent les unes des autres (K. LORENZ, *Les huit péchés capitaux de notre civilisation*, p. 37).

[16] Par exemple: *Greenpeace*, les partis «verts», les débats politiques sur de nombreuses questions à incidence environnementale, l'introduction de cette matière dans les programmes scolaires, etc.

[17] D. Jacquemin a fait une recension assez exhaustive des types de réactions ou de récupérations idéologiques face à la crise écologique: 1) fataliste: désespoir devant l'ampleur de la situation; 2) naturaliste: faire de la nature un sanctuaire; 3) romantique: retourner se fondre dans la nature; 4) apocalyptique: récupération (religieuse ou séculière) fondée sur la peur; 5) commerciale: récupération par le marketing; 6) politique: utilisation par les partis politiques (D. JACQUEMIN, «La crise écologique: une chance pour l'éthique?», *La Foi et le Temps*, 24 (2), 1994, pp. 169-170).

[18] Il est presque «normal» que les précautions méthodologiques, les formulations d'hypothèses et les discussions internes sur les conséquences possibles des phénomènes soient déformées ou tout simplement négligées dans le processus de vulgarisation à travers les différents médias. «Lorsque finalement la nouvelle se trouve reprise et commentée par un animateur de radio, il y a de grandes chances pour que

son sens ait été trafiqué et que les limites de l'interprétation des données originales aient été oubliées en cours de route.» (C. VILLENEUVE, «Le discours écologiste [...]», p. 19)

[19] Sur «la doctrine et l'action des écologistes (1975)», voir le *Dictionnaire historique de la langue française*, p. 653, et note 22 pour la définition d'«écologiste». M. JURDANT distingue quatre grandes tendances dans la pensée écologiste: 1) les contre-culturels, 2) les environnementalistes, 3) les éco-progressistes, 4) le mouvement social (*Le défi écologiste*, pp. 73-75).

[20] C. VILLENEUVE, «Le discours écologiste [...]», p. 19.

[21] Des auteurs font la distinction entre «écologistes» et «écologues», un néologisme créé pour désigner les experts des sciences écologiques et les distinguer des militants en faveur de l'environnement, actifs au niveau politique, mais souvent moins objectifs, mus par de puissantes idéologies, qui, à la limite, aboutiraient à l'«écofascisme» (M. JURDANT, *Le défi écologiste*, pp. 68-75). On trouve la même nuance dans le *Dictionnaire historique de la langue française*: «écologiste»: «"spécialiste de l'écologie" (1964)». «*Écologue* (1979), moins courant, corrige l'ambiguïté de *écologiste*, ce dernier désignant surtout dans l'usage courant une personne défendant des thèses inspirées de l'écologie» (p. 653). Le *Littré* signale aussi les deux sens d'«écologiste»: «1) Spécialiste d'écologie, 2) Se dit de celui ou celle qui milite pour la protection de la nature, qui aspire à un mode de vie plus naturel» (p. 187). La suite de mon étude adopte ces distinctions.

[22] C. VILLENEUVE, «Le discours écologiste [...]», p. 18.

[23] *Ibid.*, p. 19.

[24] M. JURDANT donne l'exemple des réserves écologiques et des parcs nationaux qui n'améliorent pas la situation «car ces réserves et ces parcs constituent des pièges psychologiques pour nous donner collectivement une bonne conscience écologique: illusion que nous accomplissons quelque chose au prix d'un pillage éhonté de l'ensemble du territoire» (*Le défi écologiste*, p. 51). Cela concerne aussi de nombreux produits de consommation étiquetés «verts».

[25] Je résume les trois phases qu'a présentées B. DUREL dans: «La création tout entière gémit. Une terre blessée et divisée», *Le Supplément* (*Revue d'éthique et de théologie morale*), 192, 1995, pp. 114-120.

[26] *Ibid.*, p. 115.

[27] C'est aussi l'idée de Jürgen MOLTMANN, dans: *Jésus, le Messie de Dieu*, Paris, Cerf, coll. «Cogitatio Fidei», n° 171, 1993, pp. 376-377.

[28] D'après l'article de Lynn WHITE Jr., «The Historical Roots of Our Ecological Crisis», *Science*, 10 mars 1967, 155 (3767), pp. 1203-1207, qui a donné le coup d'envoi à un long débat, et sur lequel je reviendrai plus loin.

[29] Il restera toujours un certain degré d'incertitude à cause de la complexité et des immenses échelles avec lesquelles doit composer l'écologie globale.

[30] J. DORST, «Le rôle et les responsabilités de l'écologiste dans la société contemporaine», dans: J.-J. SALOMON, A. DESMARAIS et J. DORST, *L'engagement social du scientifique* (Conférence du cinquantenaire de la Faculté des Sciences de l'Université de Montréal), Montréal, Presses de l'Université de Montréal, 1971, pp. 88-89.

[31] Dans la lignée des grands efforts contemporains pour comprendre la crise environnementale (la conférence des Nations Unies de Stockholm en 1972; le Sommet de Rio en 1992), la Commission mondiale sur le développement et l'environnement, formée en 1982, a publié en 1987 un rapport intitulé *Notre avenir à tous*, avec une introduction de Gro Harlem BRUNTLAND, alors première ministre de la Norvège et co-directrice de la commission. Fruit d'une vaste consultation à l'échelle mondiale qui a duré trois ans, ce rapport, rédigé par 21 personnes d'origines et d'expériences fort différentes, en arrivait à des conclusions lucides et unanimes sur les causes de la crise mondiale et proposait des «stratégies globales de changement». Ce document, en raison de sa grande crédibilité, est devenu une référence pour tous ceux et celles qui se préoccupent de l'avenir, tant celui des populations que celui des habitats. À titre d'exemple de l'interrelation entre les problèmes spécifiques et la problématique générale, on peut lire dans ce rapport que «la pauvreté est à la fois cause et effet des problèmes mondiaux d'environnement. Ce serait donc chose futile de s'attaquer à ces problèmes sans les inscrire dans une problématique plus vaste qui fasse une place aux causes profondes de la pauvreté et de l'injustice qui sévissent dans le monde.» (p. 4)

[32] COMMISSION MONDIALE SUR L'ENVIRONNEMENT ET LE DÉVELOPPEMENT, *Notre avenir à tous* (Rapport Bruntland), Montréal, Éditions du Fleuve, 1988 [1987], p. 5.

[33] Jean DORST, *La nature dé-naturée*, Paris, Delachaux et Niestlé, 1965, pp. 12-13.

[34] J. DORST, «Le rôle et les responsabilités de l'écologiste dans la société contemporaine», p. 88.

[35] M. JURDANT, *Le défi écologiste*, pp. 44-45.

[36] Leonardo BOFF et Virgil ELIZONDO, éditorial de *Concilium*, 261, 1995, p. 7.

[37] *Ibid.*

[38] *Ibid.*

[39] D'après le titre du numéro thématique de *Concilium*, 261, 1995.

[40] Voir par exemple le livre de Hans KÜNG, *Projet d'éthique planétaire. La paix mondiale par la paix entre les religions*, Paris, Seuil, 1991.

[41] C'est lors de l'assemblée de la *World Council of Churches* tenue à Vancouver en 1983 qu'est née l'expression «*Justice, Peace and Integrity of Creation*» (JPIC) et l'intention formelle de s'engager dans un «processus conciliaire». Nous avons là un effort explicitement religieux pour comprendre globalement la crise écologique dans ses interrelations avec les autres crises.

[42] Notamment ceux de Bâle (1989), de Séoul (1990) et de Canberra (1991).

[43] Voir l'historique qu'en fait D. Premen NILES: «A Historical Survey of the JPIC Process» dans *Between the Flood and the Rainbow. Interpreting the Conciliar Process of Mutual Commitment (Covenant) to Justice, Peace and Integrity of Creation*, éd. par D. Premen Niles, Genève, WCC Publications, 1992, pp. 1-7.

[44] A. BEAUCHAMP, «Écologie et création», *Fêtes et Saisons*, 474, 1994, p. 5.

[45] J. DORST, «Le rôle et les responsabilités de l'écologiste dans la société contemporaine», p. 70.

[46] C. VILLENEUVE, «Le discours écologiste [...]», p. 32.

[47] M. J. et K. R. Himes, «The Sacrament of Creation. Towards an Environmental Theology», *Commonweal*, 26 jan. 1990, p. 43.

[48] J. Dorst, «Le rôle et les responsabilités de l'écologiste dans la société contemporaine», p. 75.

[49] Gérard Siegwalt, «La crise écologique: un défi pour la pensée, pour la foi et pour la praxis», *Le Supplément* (*Revue d'éthique et de théologie morale*), 169, 1989, pp. 88-100; «Les fondements du monde contemporain: un défi pour les sciences et la théologie», *Revue d'Histoire et de Philosophie Religieuses*, 59, 1979, pp. 19-35.

[50] Pour F. D'Agostino, la découverte des limites de la nature implique la reconnaissance de la part de l'être humain des limites inhérentes à son être même. «Or le respect de la nature, s'il est considéré dans sa profondeur, impose à l'homme la reconnaissance des limites, non pas simplement empiriques, mais structurelles. Il impose un renoncement à toutes les images simplistes de l'homme comme un être naturellement bon, prêt à instaurer avec la nature un rapport d'amicale complémentarité. L'homme qui reconnaît ses limites doit comprendre de quelle façon celles-ci sont non seulement physiques, mais surtout métaphysiques; de quelle façon elles concernent non seulement les capacités de l'agir, mais aussi celles de l'être. L'homme qui découvre ses limites les découvre dans son incapacité à faire le bien.» (art. «Écologie», *Dictionnaire de la Vie Spirituelle*, Paris, Cerf, 1983, p. 282)

[51] Voir par exemple le livre de Leonardo Boff: *Ecology and Liberation. A New Paradigm,* Maryknoll, Orbis Books, 1995.

[52] F. D'Agostino, «Écologie», p. 281.

[53] Jean-Paul II, «La paix avec Dieu créateur, la paix avec toute la création», *La Documentation Catholique*, 87, 1990, p. 10.

[54] Il est pour le moins remarquable que la rubrique «écologie» ait été incluse dans le *Dictionnaire de la Vie Spirituelle* (1983) et qu'on y trouve un article d'une très grande densité sur le sujet. La chose aurait été tout simplement impensable il y a 20 ans.

[55] Voir par exemple les deux articles de G. Siegwalt qui se font suite: «Écologie et théologie: en quoi les problèmes d'environnement concernent-ils notre pensée, notre foi et notre comportement?», *Revue d'Histoire et de Philosophie Religieuses*, 3, 1974, pp. 341-365 et 4, 1974, pp. 507-521.

[56] Carol P. Christ, «Rethinking Theology and Nature», *Reweaving the World. The Emergence of Ecofeminism*, éd. par I. Diamond et G. F. Orenstein, San Francisco, Sierra Club Books, 1990, p. 58.

[57] L. White Jr., «The Historical Roots [...]», p. 1205. Ce sujet a depuis donné lieu à plusieurs publications: A. Hulkrantz, «An Ecological Approch to Religion», *Ethnos*, 1966, pp. 131-150; K. Klostermaier, «World Religions and the Ecological Crisis», *Religion*, 3, 1973, pp. 132-145; S. E. Ahlstrom, «Reflections on Religion, Nature, and the Exploitative Mentality», dans *Growth in America*, éd. par C.L. Chester, Westport (Conn.), Greenwood Press, 1976, pp. 13-25; R. Hoekman, «The Ecological Degradation: A Challenge to Religions», *Angelicum*, 67 (1), 1990, pp. 57-62; et même certaines recherches empiriques: C. H. Hand et K. D. Van Liere, «Religion, Mastery-Over-Nature, and the Environmental Concern», *Social Forces*, 63 (2), 1984, pp. 555-570; A. Greeley, «Religion and Attitudes

towards the Environment», *Journal for the Scientific Study of Religion*, 32 (1), 1993, pp. 19-28.

[58] J. Dorst, «Le rôle et les responsabilités de l'écologiste dans la société contemporaine», p. 96.

[59] M. J. et K. R. Himes, *The Sacrament of Creation*, pp. 48-49.

[60] L. White Jr., «The Historical Roots [...]», p. 1206. C'est ce qui explique que le même travail de remise en question — ou du moins de révision — des conceptions du rapport humain/nature est requis des traditions religieuses en général. Un effort de réflexion est fait dans ce sens, spécialement du côté des religions orientales. Voir à ce sujet: R. Tongshik, «Man and Nature: An Organic View», *The Human and the Holy*, éd. par E. P. Nacpil et D. J. Elwood, New York, Orbis Books, 1978, pp. 139-153; Collectif, «Religious Dimensions on Humanity's Relation to Nature. A Preliminary Enquiry by Bouddhist and Christians», dans *Man in Nature; Guest or Engineer?*, éd. par S. J. Samartha et L. de Silva, Colombo (Sri Lanka), The Ecumenical Institute for Study and Dialogue, 1979, pp. 96-105; Robert Vachon, «Relations de l'homme à la nature dans les sagesses orientales traditionnelles», *Cahiers de Recherche Éthique*, nº 9, 1983, pp. 151-167; H. Rolston III, «Can the East Help the West to Value Nature?», *Philosophy East and West*, 37, 1987, pp. 172-190; Jay B. McDaniel, «Revisioning God and the Self: Lessons from Bouddhism», dans *Liberating Life. Contemporary Approaches to Ecological Theology*, éd. par C. Birch, New York, Orbis Books, 1990, pp. 228-258.

[61] L. White Jr., «The Historical Roots [...]», p. 1206.

[62] *Ibid.*, p. 1204.

[63] D'après A. Beauchamp (*Crise de l'environnement et représentations de la place de l'être humain dans le cosmos*, Commission épiscopale des affaires sociales de la Conférence des évêques catholiques du Canada, 1995), on peut regrouper ces courants de pensée selon deux grandes catégories:

A) Anthropocentriques (d'inspiration chrétienne):

1) anthropocentrisme dur: l'homme, mesure du monde

2) anthropocentrisme modéré: l'homme, *steward* (intendant) du monde

3) anthropocentrisme faible (théocentrisme): la communauté des créatures

B) Non anthropocentriques (cosmocentriques): *Deep Ecology* («écologie radicale»)

1) nouveaux mythes à base scientifique: Gaïa, le Big Bang

2) zoocentrisme: le droit des animaux

3) biocentrisme: la valeur absolue de la vie.

[64] Il existe une certaine ambiguïté autour de la notion d'anthropocentrisme, à laquelle a contribué la tradition judéo-chrétienne. Il n'est pas question ici d'une approche narcissique qui oublierait de parler du monde pour ne discourir que de l'humain. Mon intention est précisément de clarifier cette ambiguïté.

[65] L. Boff et V. Elizondo, éditorial de *Concilium*, 261, 1995, p. 10.

[66] D. J. Hall, *Imaging God. Dominion as Stewardship*, p. 126.

Chapitre 2

LA THÉOLOGIE CONTEXTUELLE DE D.J. HALL: CADRE D'INTERPRÉTATION DE LA CRISE ÉCOLOGIQUE

Puisqu'une théologie «contextuelle» naît souvent d'une situation d'exploitation et d'aliénation, elle est fréquemment associée à une théologie de la crise. Je rappelle que par «crise», j'entends un «moment critique» dans l'évolution de quelque chose, c'est-à-dire une étape «kaïrotique[1]» qui appelle à une décision, un changement, une réorientation. C'est pourquoi l'approche contextuelle est un cadre approprié d'interprétation de la crise écologique. Le présent chapitre présente, de façon descriptive, la théologie contextuelle de Hall comme toile de fond pour discourir chrétiennement de la crise écologique. D'autant plus que la théologie de Hall offre un concept particulièrement pertinent pour critiquer et transformer le rapport humain/nature, celui de l'«intendant».

La théologie contextuelle se définit comme une nouvelle manière de «faire théologie[2]». Contrairement à l'approche classique ou dogmatique qui consiste à «transmettre» un contenu de «vérités éternelles» en ne tenant compte du contexte que par souci apologétique de communication, l'approche contextuelle de la théologie «considère que les changements historiques ont une grande importance» et que «les particularités du contexte constituent un ingrédient actif de la *praxis* théologique[3]». Le contexte, avec tout ce qu'il contient de réalités non religieuses, devient ainsi l'élément le plus déterminant de la rencontre entre les articulations stables de la foi chrétienne (Écritures et tradition) et les circonstances historiques (les crises) d'une communauté, puisque c'est à un contexte spatio-temporel précis que la tradition doit s'adresser si elle veut vraiment devenir Évangile — «Bonne Nouvelle». Le contexte conditionne l'interprétation du message chrétien pour qu'il soit non seulement «recevable» ou «crédible» (vrai), mais aussi «thérapeutique» (salutaire).

Dans cette perspective, les «crises» sont interprétées comme des moments privilégiés pour la théologie, puisque les doctrines chrétiennes, souvent assimilées aux idéologies dominantes de la culture et utilisées pour maintenir le *statu quo*, sont remises en question. Les crises sont alors l'occasion d'un retour aux sources fondatrices, mais avec les préoccupations nouvelles et spécifiques que soulève un contexte historique différent. Une théologie qui ne peut offrir à ses contemporains que des vérités «toutes faites» et «éternelles» en réaction aux situations inédites et uniques de la modernité est vouée à la stérilité et à la mort. Car la vérité est à «chercher» et à «faire», au cœur de l'espace-temps qui caractérise l'expérience concrète d'une communauté, et non à «recevoir» dans un processus dogmatique anhistorique. Une théologie «contextuelle» est nécessairement une théologie incarnée, à l'écoute des angoisses et des échecs de son temps. Selon Hall, elle est essentiellement une «théologie de la crise», c'est-à-dire une disposition intellectuelle-spirituelle à porter le «ici et maintenant» de la condition humaine, dans ce qu'il a de tragique, d'effrayant et de douloureux, pour découvrir la «Parole de Dieu» qui y est prononcée. Une Parole de Dieu qui, comme toute parole prophétique, commence inévitablement par un «jugement», et appelle à une conversion, une repentance, une *metanoia*, en vue d'un salut. La crise écologique est fondamentalement un jugement porté sur notre façon de vivre; elle montre les conséquences d'un rapport de domination sur la nature et appelle à une transformation profonde de la mentalité technicienne.

Hall a tellement pris au sérieux la contextualité (incluant la dimension de crise écologique propre au contexte moderne) qu'il en a fait la pierre d'angle de sa réflexion théologique.

1. La théologie «contextuelle» de Hall

D'abord quelques repères biographiques. Douglas John Hall est un anglo-canadien né à Ingersoll (Ontario) en 1928. Passionné de musique et d'arts (*Royal Conservatory of Music*, Toronto), pasteur protestant de la *United Church of Canada*, père de quatre enfants, il fut diplômé (D.Th.) du *Union Theological Seminary* de New York en 1963. Professeur de théologie systématique au *St. Andrew's College* de l'Université de Saskatchewan (1965-1975), puis à la *Faculty of Religious Study* de l'Université McGill (1975 à 1995). Penseur de renommée internationale (professeur invité en Allemagne et au Japon), il est surtout connu aux États-Unis où il a donné — et donne encore — de nombreux séminaires (plus de 50) et conférences publiques (plus de 300). À la «retraite» depuis 1995, il est docteur *Honoris Causa* de l'Université Queen's de Kingston (1988) et de l'Université de Waterloo (1992). Auteur prolifique, D.J. Hall est malheureusement à peu près ignoré des milieux théologiques francophones, aucune de ses nombreuses publications n'étant disponible en français[4]. Il a, entre autres contributions, participé activement, de 1986 à 1990, aux travaux du Conseil Mondial des Églises sur le thème de «la Paix, la Justice et la Sauvegarde de la Création» (il était consultant à la rencontre de Séoul). Il s'est fait connaître par son concept d'«intendance» (*stewardship*), notamment dans son application à la relation humain/nature.

Je commencerai par une présentation générale de l'œuvre de D.J. Hall[5], ses principales articulations théologiques, sa compréhension du contexte occidental, avant de m'attarder plus spécifiquement à son concept d'*intendance*.

L'ensemble de la contribution théologique de D.J. Hall découle d'une intuition de base qui s'énonce en deux temps:

1) *La théologie, en Amérique du Nord, s'est constamment moulée sur celle élaborée par d'autres, principalement en Europe.*

Hall constate que «le caractère général de la pensée théologique sur ce continent [l'Amérique] a été immanquablement façonné par des modèles européens[6]». La tradition théologique européenne, qu'elle soit protestante ou catholique, classique ou moderne, s'est partout imposée dans le monde. D'ailleurs, plus récemment, cette tendance marquée à l'«importation» a continué d'être illustrée par le recours à de nouvelles théologies «exogènes[7]», produites dans d'autres cultures, comme, par exemple, la «théologie de la libération[8]» d'Amérique du Sud et la «*Black Theology*» afro-américaine. «Notre tentation présente d'imiter la théologie de la libération de l'Amérique latine est seulement une extension de cette même orientation vers la consommation de "produits" religieux normalement manufacturés en Europe[9].» À cause de cela, nous n'avons pas appris à faire de la théologie par nous-mêmes et nous sommes restés à la remorque de théologies «pré-fabriquées[10]».

2) *Une théologie «importée» ne peut être signifiante pour notre culture; elle n'est même pas «théologie» au sens véritable.*

Ce processus d'«importation» n'est pas sans conséquences graves. D'une part, il détourne la théologie de sa mission prophétique (critique) vis-à-vis de la société, en fonctionnant subtilement en synergie avec de puissantes idéologies[11], comme ce fut le cas avec la théologie traditionnelle d'origine européenne, pensée dans des conditions sociales particulières, et qui s'est avérée le véhicule des idéologies dominantes de la culture mère. D'autre part, non seulement il empêche une production théologique capable de rencontrer les véritables questionnements d'ici, mais «il tend à fonctionner, dans l'Église et dans la société, de manière à isoler le peuple des vraies questions soulevées par le moment historique[12]».

La conception classique de l'activité théologique est sous-tendue par des présupposés concernant la «nature de la vérité» qui sont déterminants pour la mission de la communauté chrétienne appelée à «témoigner de la vérité». Hall pose la question suivante: «La vérité est-elle quelque chose d'éternel, d'immuable, toujours et partout pareil, exprimable en formes verbales qui ne perdent pas leur validité essentielle avec le passage du temps?», ou est-elle «quelque chose de mouvant et de vivant, sans cesse à la recherche d'expression dans de nouvelles formes, mais aussi transcendant chaque forme, défiant l'enfermement, luttant pour s'insérer dans les processus changeants de l'histoire du monde[13]»? L'histoire révèle que la tradition chrétienne a, la plupart du temps, penché en faveur de la première définition: la théologie a pour ainsi dire toujours été pensée comme l'explicitation progressive d'un ensemble de vérités doctrinales, comme la transmission de la tradition à travers les époques successives. La foi était conçue comme un «contenu» transcendant les circonstances historiques. Il s'agissait de donner aux vérités immuables de la doctrine chrétienne une expression contemporaine pour les rendre accessibles à une culture donnée. Mais ces aménagements n'étaient que superficiels puisque la nature humaine étant partout et toujours la même, l'activité théologique était indépendante de son enracinement spatial. G. Baum résume bien la pensée de Hall:

> Or, même lorsque dans la théologie moderne une plus grande attention fut portée au sujet croyant, à son «vécu», la théologie a continué de se prétendre universelle, du fait que la condition humaine — interprétée à l'aide de la phénoménologie, de l'existentialisme ou de la psychologie — était perçue partout la même. Puisque cette condition était universelle, la sagesse salvifique découlant de l'Évangile devait l'être tout autant[14].

Cette façon de faire, découlant d'une conception séculaire de la théologie, a été remise en cause dans les dernières décennies[15]. La théologie contextuelle «insiste sur la *concrétisation radicale* de la condition humaine et la réponse chrétienne à celle-ci. Une théologie inspirée par l'idée du contexte n'accepte plus de se prêter à des conditions générales au sujet de la situation humaine[16].»

Un changement s'est donc opéré dans la discipline théologique, et ce, non pas au niveau du *contenu* mais à celui de la *méthode*. Selon Hall, «le concept central de cette transformation méthodologique est la "contextualité"[17]». Son intuition est que la contextualité en théologie implique: 1) «que les changements historiques ne soient pas superficiels mais réels et aient une signification profonde», 2) «que les particularités du contexte historique constituent par conséquent un ingrédient actif dans la pratique de la théologie[18]». Hall définit donc la théologie comme «ce qui arrive lorsque la "tradition de Jérusalem[19]" fait connaissance et entre en dialogue avec l'esprit (*Zeitgeist*) d'un temps et d'un lieu, d'une époque, d'un milieu, d'une culture[20]». Non seulement le *temps* mais aussi l'*espace* conditionnent la réflexion théologique[21].

En intégrant l'élément contextuel à sa théologie — ou, pour être plus précis encore, en la fondant sur celui-ci —, Hall est conscient qu'il s'inscrit dans un mouvement de déplacement «vers le monde[22]» caractéristique d'une nouvelle orientation de la théologie[23]. L'originalité de son entreprise est de lui donner une expression à la fois plus *formelle* et plus *explicite*. Plus formelle parce qu'il expose les conditions d'exercice, les implications et les dangers liés à la «théologie contextuelle»[24]. Plus explicite parce qu'il l'applique et la développe en fonction du contexte qui est le sien: la situation particulière qui caractérise, en ce début de XXIe siècle, l'Amérique du Nord[25], mais aussi celle du Canada et du Québec. Toute son œuvre n'est que le développement logique, cohérent et approfondi de sa conception même de l'activité théologique.

La théologie, si elle est vraiment «théologie», au sens où Hall la comprend, ne peut faire abstraction du contexte. Toute théologie est par définition «contextuelle», c'est-à-dire qu'elle s'élabore à partir de l'expérience concrète d'une culture: ses questions, ses problèmes, ses sensibilités, ses espérances propres. Cependant, si la théologie est toujours «située», cela n'est pas toujours conscient. Par le passé, on n'avait pas conscience des éléments contextuels qui affectaient nécessairement la réflexion théologique, ce qui n'empêchait pas les conditions ambiantes d'exercer une profonde influence sur l'activité théologique. Les théologies modernes ne font pas exception, si ce n'est que la dimension contextuelle y est consciemment reconnue. Les questions nouvelles que suscitent non seulement chaque moment historique particulier, mais aussi chaque situation particulière viennent ainsi enrichir la tradition. Hall appelle ce mouvement un «processus d'indigénisation[26]» de la pensée théologique. Seules des théologies «indigènes», c'est-à-dire autochtones, locales, régionales, qui prennent en compte les différences socio-historiques propres à chaque culture, peuvent être capables de parler aux gens d'une société donnée. C'est l'occasion de repenser notre théologie:

> L'entreprise théologique sur ce continent peut aujourd'hui devenir *contextuelle* (c'est-à-dire qu'elle peut devenir de la *théologie* de manière authentique) parce que l'idéologie doctrinale dont nous avons hérité s'est montrée incapable d'expliquer, ou même de mettre en rapport, la vie que nous expérimentons concrètement. Ou bien nous devons abandonner notre foi à cause de cette incapacité, ou bien nous devons la repenser d'une manière originale, c'est-à-dire en dialogue avec l'expérience réelle[27].

Les théologies «importées» («exogènes») ont fait la preuve de leur insignifiance[28] lorsque transposées dans des contextes différents. Celles-ci ne sont jamais «exportables», parce que toujours le fruit de conditions socio-historiques uniques. C'est donc uniquement en comprenant mieux ce qui fait la spécificité de notre problématique culturelle que la théologie d'ici pourra s'avérer pertinente[29]. C'est ce qui explique l'énergie que met Hall à analyser ce qui compose notre situation, en particulier les crises et les échecs de la culture, lieux par excellence de la critique des idéologies dominantes[30].

2. Les contextes québécois, canadien et nord-américain

La conscience nouvelle de l'interrelation profonde de tout ce qui vit pose un problème de délimitation des contextes. La diversité des contextes ne signifie pas la négation du sens de la globalité, mais la reconnaissance que l'unité et la réconciliation ne sont possibles qu'à travers l'affirmation des différences. La définition du contexte doit tenir compte de deux tendances: l'une vers le spécifique, l'autre vers le général[31]. «La réflexion contextuelle nous conduira toujours vers le spécifique; mais elle nous demandera aussi d'observer le spécifique en relation avec l'entité plus large qui l'entoure[32].» À la manière de cercles concentriques allant de contextes plus particuliers à des contextes plus généraux[33], Hall décrit tour à tour ce qui caractérise la situation du Québec, du Canada, de l'Amérique du Nord, et de l'Occident.

Il est évident que lorsqu'il parle du contexte nord-américain, Hall inclut aussi le Canada et le Québec. Mais malgré de nombreuses et profondes similitudes, il reconnaît que la situation du Québec et du Canada n'est pas en tous points identique à celle des États-Unis. Aussi prend-il soin de distinguer ce qui caractérise le contexte québécois et canadien.

Le contexte le plus immédiat que Hall décrit est celui du Québec, plus particulièrement sa situation par rapport au Canada[34]. Ce qu'il admire du Québec, c'est sa volonté de «se souvenir». La *mémoire* — bien illustrée par la devise: «Je me souviens» — du peuple québécois est justement ce qui fait défaut au Canada anglais[35]. C'est sur la base de celle-ci que peut se construire une «société distincte» — et cela vaut tout autant pour le Canada vis-à-vis des États-Unis! Un peuple qui a oublié ses racines ne peut qu'être intégré à la culture dominante, en l'occurrence celle des Américains. Si Israël n'a pas été assimilé par ses puissants voisins, c'est à cause de sa capacité à «faire mémoire». Hall souhaiterait que le Québec puisse inspirer le reste du Canada à résister à l'attrait du «rêve américain». La fin de non-recevoir de la quête d'identité du Québec[36] n'est que le pendant national de la perte d'identité du Canada devant le continentalisme américain.

Si Reinhold Niebuhr est le penseur qui a le plus marqué Hall dans sa compréhension de la culture américaine, George Grant est considéré par Hall comme «son mentor canadien le plus important[37]». Il s'en est largement inspiré dans sa saisie de la culture canadienne puisque, dit-il, «son analyse de notre culture peut contribuer à une contextualisation de la théologie sur ce continent[38]».

L'influence de Grant se fait beaucoup sentir dans la réflexion de Hall sur le rapport Canada/États-Unis[39]. La thèse de Grant, exposée dans *Lament of a Nation*[40], est que le libéralisme américain qui a dominé la politique canadienne depuis l'après-guerre ne pouvait que conduire à l'assimilation progressive du pays par l'empire américain. Sous le couvert — plus qu'attrayant d'un point de vue économique — du «développement technologique», le continentalisme américain a englouti le Canada. Les «impératifs» de la croissance économique ont subtilement entraîné le Canada dans le courant radicalement américain de l'«homogénéisation technocratique mondiale[41]». Le problème de fond concernant le nivellement culturel par l'idéologie technicienne se pose de façon aiguë pour le Canada à cause de la proximité géographique et linguistique avec nos voisins du sud, ce qui rend encore plus difficile l'affirmation d'une identité déjà fragilisée[42].

Puisque toute la théologie de Hall est un effort pour «penser la foi» dans le contexte particulier de l'Amérique du Nord, une telle entreprise exige une connaissance profonde de ce qui constitue notre *Sitz im Leben* (milieu de vie). Plus que tout autre, il est redevable à Reinhold Niebuhr pour son analyse théologique de la culture américaine. L'enseignement de ce dernier fut des plus déterminants pour sa carrière[43]. «Pionnier d'une théologie chrétienne indigène[44]» pour l'Amérique, il pénétra l'esprit de la culture nord-américaine avec un réalisme sans compromis. Il osa s'exposer aux réalités négatives, contradictoires et ironiques, pour penser les échecs et les désillusions de la culture technocratique, surtout à partir des catégories bibliques du *péché* et de la *croix*, mises en veilleuse par la modernité. Même si le contexte a beaucoup changé depuis les années 30 et 50, la critique fondamentale, par Niebuhr, de cette société endormie par l'*american dream* demeure hautement pertinente. Hall lui doit davantage sur le plan d'une compréhension profonde de la culture qu'au niveau des éléments contextuels comme tels, qui sont bien sûr différents —

quoique certains conservent encore leur actualité — de ceux que notait Niebuhr au temps de la guerre et de l'après-guerre.

3. Principales composantes du contexte nord-américain

Dans le premier volume de sa dogmatique[45] — comme ailleurs dans d'autres de ses écrits —, Hall décrit longuement, et avec une grande perspicacité, ce qui caractérise la situation actuelle de l'Amérique du Nord. Ses différentes «composantes» ne sont en fait que des «symptômes» d'une crise plus globale, plus «primale», d'une «faillite *fondamentale*», à savoir «l'effondrement de la vision moderne du monde qui est notre *mythos* fondationnel[46]». La théologie est interpellée par chacune de ces manifestations, mais surtout par leur interrelation contextuelle. Elles sont donc à comprendre comme faisant partie d'un tissu complexe de facteurs interdépendants qui s'appellent l'un l'autre. Ce sont des problèmes «paraboliques», des «manifestations externes» de l'échec d'une culture. Si aucun d'eux n'est la cause ultime de cette crise complexe, celle-ci ne peut cependant être appréhendée qu'à travers ces malaises particuliers qui contribuent à la problématique générale. Hall identifie sept éléments qui, bien que n'étant pas les seuls repérables, lui apparaissent «cruciaux» dans ce contexte spécifique: 1) la fin de l'«ère constantinienne», 2) le pluralisme religieux, 3) l'impact théologique d'Auschwitz (l'holocauste juif), 4) le marxisme et la révolution des opprimés, 5) la «révolte de la nature» (crise écologique), 6) la crise nucléaire, et 7) la conscience apocalyptique et la montée d'une spiritualité simpliste. J'expliciterai brièvement ces éléments dans l'ordre.

La religion chrétienne, à l'origine une petite secte juive que la Pentecôte avait dispersée dans la région de la Méditerranée, est rapidement devenue, à la suite de l'Édit de Constantin en 313 (et de la législation subséquente de Théodose I en 394) la seule religion officielle de l'empire romain. Cet événement a eu des conséquences énormes sur le développement ultérieur du christianisme — et celui du monde entier! Du point de vue ecclésiologique, la situation du christianisme est aujourd'hui totalement différente. Hall qualifie l'Église actuelle de «désinstallée» (*disestablished*). Elle se trouve à présent dans une position minoritaire qui s'apparente davantage à celle de la *diaspora* des premières communautés. Ceci ne peut qu'avoir des incidences profondes sur la conception de la nature et de la mission de l'Église dans le monde (j'y reviendrai) auxquelles nous ne sommes pas préparés, parce que profondément conditionnés, sur les plans ecclésiastique et théologique, par seize siècles de proximité avec le pouvoir. La sécularisation des institutions et l'apparition du pluralisme religieux sont les signes les plus évidents que la «chrétienté», l'«ère constantinienne[47]», est terminée.

Avec la fin de l'ère constantinienne, le monopole du «religieux» n'appartient plus au christianisme. Une nouvelle mentalité est née: la liberté de choisir son option religieuse. L'Occident, historiquement chrétien, qui connaissait déjà la diversité des confessions chrétiennes (protestants, anglicans, orthodoxes, etc.), a découvert en son sein la présence d'une pluralité de traditions de foi jusque-là invisibles (juifs, bouddhistes, musulmans, hindouistes, etc.) et une multitude de groupes religieux ou pseudo-religieux (sectes, gnoses, nouvelles spiritualités, etc.) auxquels il doit faire face. Cette présence soulève des questions sur la mission de l'Église et le rapport à «l'autre»: comment accueillir la différence tout en conservant son identité?

Une des minorités devenue visible et avec laquelle le christianisme a un rapport très singulier est la communauté juive. La séculaire ambiguïté théologique du christianisme vis-à-vis de la religion juive, particulièrement manifeste dans l'exclusivisme et l'impérialisme des affirmations christologiques, a, selon Hall, préparé la voie à l'antisémitisme et, finalement, à l'horreur des camps de concentration. C'est toute notre christologie «triomphaliste» qui doit être radicalement remise en question[48] parce que «le traitement du judaïsme par les chrétiens est le même que celui infligé aux autres traditions religieuses[49]»: que signifie la «victoire du Christ» dans notre rapport aux autres religions?

La foi chrétienne aujourd'hui ne peut plus ignorer les idéologies athées qui proposent un sens à l'histoire dépourvu de toute référence à une transcendance ou à une eschatologie religieuse, en commençant par le marxisme. Celui-ci vient critiquer la spiritualisation de la religion chrétienne et l'identification du christianisme avec le capitalisme. Nous avons tellement spiritualisé le message du Christ qu'il s'est creusé un écart énorme entre notre identification avec les pauvres prônée par l'Évangile et notre engagement réel envers eux. Nous n'avons pas vraiment saisi à quel point la foi juive, et le Dieu auquel elle croit, sont «orientés-vers-le-monde», et donc que toute expression de la foi en Dieu qui se présente comme une fuite du monde est une contradiction. Il faut malheureusement reconnaître que «le christianisme a, de manière plutôt caractéristique, nourri une orientation "religieuse" vers la vie qui reniait le monde. En tout cas, il ne s'est en aucune façon présenté au monde comme affirmant le monde de manière non ambiguë[50].» La question posée par le marxisme aux chrétiens est celle-ci: «sommes-nous engagés, d'une manière fondamentale, envers le monde?» Le monde est-il inclus dans notre «*ultimate concern*» (Tillich), ou n'est-il que le théâtre indifférent où se joue le drame du salut?

Ce monde, nous en découvrons les *limites*. La nature, considérée comme exclue du projet salvifique, ne peut plus supporter l'exploitation débridée dont elle est l'objet. L'Amérique, terre immense et riche, a été envahie par des chrétiens «maîtres de la nature» qui sont maintenant confrontés à une crise fort complexe, que confirment les données de plusieurs sciences. La «révolte de la nature» est la réponse à des attitudes humaines qui ne reconnaissent pas et ne respectent pas ces limites: la surproduction, un niveau de vie trop élevé, la concentration urbaine, des vues à très court terme, etc. Il n'est pas facile de cerner ce qui est à la source de ces attitudes problématiques, mais on peut penser que c'est «l'émergence dans l'hémisphère occidental d'une mentalité technocratique[51]». Cette mentalité est issue d'une conception de l'être humain qui le place *au-dessus* de la nature et qui rabaisse la création au rang d'objet. Ainsi traitée, la nature ne peut que se rebeller en réaffirmant les lois inhérentes aux processus naturels. Cette image de l'être humain proviendrait-elle de la religion biblique?

Certains pensent que oui, avec en tête Lynn White Jr. S'il est relativement simple de démontrer que cette accusation manque de nuances, une question demeure: comment se fait-il que cette affirmation erronée sur la conception de l'humain et de sa «domination» n'ait pas rencontré une plus grande opposition? La religion chrétienne a sûrement contribué à la crise par son silence. La crise écologique a des implications non seulement sur la réflexion théologique par rapport à l'anthropologie et à la cosmologie, mais aussi sur la sotériologie: quelle est la signification du salut pour la création non humaine? Encore une fois, nous sommes renvoyés à notre attitude fondamentale vis-à-vis de ce monde.

D'une certaine manière, écrit Hall, «cette démence [*madness*] de l'humanité de la fin du XXe siècle est simplement une extension de la tentative d'être maître de la nature[52]». Cependant, à la différence du sentiment de puissance qui a accompagné la maîtrise progressive des forces naturelles, nous avons découvert que nous pouvions détruire la planète «par le processus même de *réalisation* de cette maîtrise[53]». Il se produit avec la maîtrise du nucléaire un «saut qualitatif». L'erreur fondamentale est de croire que «la technique est neutre» et que «le mal ou le bien réside dans l'usage qu'on en fait[54]». Hall fait voir «les possibilités destructives» de la puissance nucléaire, non seulement dans ses usages militaires mais aussi dans ses applications «pacifiques» (par exemple, les réacteurs nucléaires). Au-delà des questions éthiques concernant sa juste utilisation se pose la question d'une tendance à l'autodestruction. À travers notre poursuite de maîtrise technicienne, sommes-nous mus par un «désir de mort» collectif? C'est une des tâches de la théologie, «et peut-être la plus importante[55]», pense Hall, que de tenter, à la lumière de la tradition chrétienne, de comprendre cette démence et de confesser sa foi, parce que la problématique nucléaire constitue un lieu de convergence de plusieurs éléments de la crise écologique contemporaine.

La mentalité technocratique des sociétés nord-américaines n'est pas sans susciter des réactions. Le romantisme religieux du XIXe siècle, qui avait réagi contre le rationalisme et le réductionnisme de l'esprit industriel, continue aujourd'hui d'inspirer un «retour à la nature», une saine recherche de *simplicité*. Mais dans un climat de crises et d'anxiété comme le nôtre, cette quête de simplicité peut facilement se transformer en «simplisme religieux» (*religious simplism*). La menace d'une fin nucléaire encourage la (re)naissance de spiritualités apocalyptiques — majoritairement chrétiennes! — qui sont des démissions face au monde et à sa complexité. D'après Hall, «la spiritualité simpliste dans une ère apocalyptique est le reflet de la crise et non sa solution[56]». Les chrétiens et chrétiennes sont peut-être davantage mis au défi par les déviations internes de la religion chrétienne que par le pluralisme religieux et les courants de pensée non religieux (comme le marxisme). Ils sont appelés non pas à «fuir» le monde ni simplement à le «changer», mais à l'affirmer et à y entrer, pour participer de l'intérieur à la transformation que Dieu y opère par l'Esprit.

Le dénominateur commun à presque tous ces éléments (surtout les cinq derniers) est que la foi chrétienne est porteuse d'une profonde ambivalence face au monde. Le christianisme aurait été «le facteur cultuel [*cultic factor*] le plus important concernant l'ambiguïté par rapport au monde[57]», que Hall estime être, avec Hannah Arendt, la cause du déclin de l'Occident. Malgré le fait que la religion judéo-chrétienne affirme la bonté de la création et que la doctrine centrale de sa tradition soit l'Incarnation, elle a toujours été tentée, comme beaucoup d'autres religions, de mépriser ce monde, voire de le rejeter au profit d'un autre monde, surnaturel. Cette attitude découle en grande partie de notre rupture avec la tradition juive, beaucoup plus somatique, holistique, cosmique. L'hellénisation de la foi (sur laquelle je reviendrai) a entraîné l'introduction de philosophies spiritualistes, dualistes et atomistes, étrangères à la pensée judaïque. La question à laquelle nous renvoient le marxisme, les crises écologique et nucléaire, ainsi que le retour des spiritualités apocalyptiques est celle-ci: les chrétiens en viendront-ils à surmonter leur «ambiguïté face au monde»? Ce thème est la préoccupation centrale qui traverse l'œuvre de Hall[58]: *le Dieu de Jésus Christ, qui a «tant aimé le monde qu'il a envoyé son Fils unique», nous invite à participer à la gué-*

rison de notre monde (Jn 3, 16). Toute sa théologie est un effort pour redonner aux chrétiens et chrétiennes le sens de leur mission: témoigner de la Vie que Dieu veut pour *ce* monde.

4. Spécificité du contexte nord-américain

Ce qui a présidé au développement de l'Occident, c'est la croyance en un progrès illimité. Historiquement, l'idéologie du Progrès a trouvé en Amérique du Nord une expression inégalée. La genèse des États-Unis a été interprétée mythiquement comme providentielle: Dieu donnait au monde une deuxième chance, et l'humanité américaine s'est perçue comme «le nouvel Adam dans un nouvel Éden[59]», qu'on appelait significativement le «Nouveau Monde». Pour ce nouveau «peuple élu», ce «second Israël», le succès et la souveraineté étaient conçus comme la confirmation d'une réponse positive à l'élection[60]. L'«amalgame idéologique du protestantisme et de l'"américanisme"[61]» a donné naissance à l'*american dream*. Les États-Unis — et le Canada, dans une version «édulcorée» — ont été saisis par la croyance que le progrès était irréversible. Le développement industriel et technologique concrétisait toujours plus cette utopie. Ainsi fusionné aux valeurs américaines, le protestantisme, trop moulé à la société impériale, n'était plus en mesure de la critiquer (ce que permet une «théologie de la croix», comme nous le verrons plus loin). Un optimisme séculier et religieux soutenait tout l'édifice culturel nord-américain. Mais le rêve s'est lentement changé en cauchemar, sans qu'on veuille nécessairement le reconnaître. D'une manière générale, la société américaine semble incapable de prendre conscience de la crise profonde dans laquelle son «optimisme institutionnalisé» est en train de la précipiter — et avec elle le monde entier.

À la différence de l'Europe qui a vécu les horreurs de la guerre et expérimenté l'ambiguïté du progrès, la croyance au progrès est restée intacte en Amérique. «La crise de la culture dominante de l'Amérique du Nord est une forme particulière de l'échec de la vision moderne[62].» Ici, on a continué de s'accrocher à cette idéologie que la réalité sociale contredit de façon de plus en plus manifeste. Hall décrit le contexte occidental comme étant marqué par deux attitudes paradoxalement opposées, la «mentalité technocratique» et l'«indifférence programmée[63]», mais qui sont en fait deux facettes d'une même réalité. Hall souligne ainsi le fait non pas que nous vivons dans un monde hautement technicisé, mais que notre technologie est le fruit d'une *mentalité technicienne*. Pour reprendre la formule de G. Grant, «nous sommes la technique[64]». Le problème n'est pas dans la réalisation technique en soi, mais dans l'esprit de contrôle de la nature qui sous-tend celle-ci. La logique de cette mentalité conduit inexorablement au contrôle de la nature humaine (tel que l'illustre le behaviorisme à la B. F. Skinner), c'est-à-dire à la déshumanisation, à la passivité, et à l'uniformité.

Parallèlement à l'essor technologique sans limite de la modernité s'est développé un sentiment d'absurdité, un vide de sens. Le cerveau humain, comparé aux puissants ordinateurs, semble insignifiant. Nous avons réduit le génie de l'humanité à sa raison «calculatrice», oubliant que sa grandeur est dans la raison «méditative» (Heidegger). À la glorification de la technique correspond une humiliation de l'être humain qui l'incite à la démission. Cette «absence de sens au niveau de la vie publique a engendré un nouveau privatisme qui menace de soutirer à la société ceux qui sont plus aptes à servir le bien commun[65]».

Le personnage mythique qui peut le mieux décrire l'expérience nord-américaine est celui de Prométhée. «Le rêve américain est un rêve prométhéen[66].» Arrachant aux dieux les secrets de la maîtrise de la nature, l'humanité moderne s'est construit un monde à l'image de ses ambitions démesurées. Mais le résultat est que sa propre nature se retrouve assujettie à son système de contrôle et sombre dans le nihilisme — pour l'instant, un nihilisme plutôt voilé[67] et inavoué, mais qui n'en est pas moins dramatique. Et c'est ce qui est le plus tragique: extérieurement, l'Amérique du Nord continue de jouer le rôle de Prométhée et de croire à sa puissance, alors qu'intérieurement son état est celui d'un Sisyphe condamné à l'insignifiance de son labeur. Nous sommes prisonniers de l'optimisme; «notre crise est la crise des désillusionnés qui n'ont aucun cadre de référence pour l'expérience de la désillusion[68]».

Ces deux dimensions de l'humanité moderne occidentale ne sont que de nouvelles manifestations d'une vieille réalité, celle du péché. Traditionnellement, le péché peut s'exprimer de deux façons: vouloir être «comme des dieux», c'est-à-dire s'élever au-dessus de sa propre nature (l'orgueil) grâce à la maîtrise du monde (Prométhée ou la tour de Babel); ou, à l'inverse, se laisser glisser en dessous de sa nature (la paresse) dans un état d'indifférence et d'acceptation de l'échec (Sisyphe). Deux attitudes opposées guettent alors l'Occident: le cynisme et la crédulité.

5. La dialectique attente/expérience chez Hall

Compte tenu du contexte dans lequel nous vivons, à savoir un monde qui vacille entre l'optimisme de Prométhée et le désespoir de Sisyphe, Hall est d'avis que la catégorie théologique qu'il est le plus instamment nécessaire de se réapproprier est celle de l'espérance[69]. Elle est la seule voie qui permette d'échapper à la double impasse d'une espérance illusoire ou de la désespérance totale. Parce que l'espérance est trop souvent confondue avec l'optimisme et le positivisme, Hall s'acharne à dissiper cette confusion très néfaste, tant pour la culture que pour la foi chrétienne. Articulant les deux concepts d'attente et d'expérience, c'est-à-dire notre attitude fondamentale vis-à-vis de la réalité, il montre ce que l'espérance n'est pas: elle n'est ni le cynisme ni la crédulité, qui sont «les deux dispositions spirituelles les plus influentes dans la société nord-américaine aujourd'hui[70]».

On peut comprendre la vie humaine comme «un dialogue entre les attentes et les expériences. [...] C'est un trait distinctif de ce dialogue d'être presque toujours en déséquilibre[71].» La première possibilité consiste à donner priorité à l'expérience au détriment des attentes. Selon l'approche philosophique du cynisme (Diogène), le problème chez l'être humain est que ses attentes sont trop grandes. Par conséquent, il est toujours déçu. La solution est d'attendre très peu de la vie, de manière à diminuer les déceptions. Certains appellent cette attitude le «réalisme» — avec la connotation péjorative qu'on lui connaît. On donne alors prédominance à l'expérience, en particulier à l'expérience négative. Dans un monde qui arrive de moins en moins à répondre à nos attentes, on comprend que le cynisme ait de plus en plus d'emprise. Il ne se présente pas comme l'absence totale d'attentes, mais comme une perte d'espérance pour le monde. On ne croit plus dans les institutions politiques, dans la race humaine, dans son pays, etc. Une telle attitude aboutit à une forme de vie narcissique: la privatisation des attentes. On ne se soucie que de sa destinée individuelle, on se réfugie dans une recherche hédoniste de satisfactions personnelles, extrêmement dangereuse pour la société, parce qu'elle produit un désengagement de la vie publique, une démission fatale qui laisse libre cours aux processus de désintégration sociale.

La seconde attitude, qui est à l'opposée du cynisme, accorde plus d'importance aux attentes qu'à l'expérience. Hall définit la crédulité comme «une disposition excessive à croire[72]». La réalité a beau être décevante, les faits ne viennent pas entamer les espérances. Au contraire, on cultive les attentes et on ferme les yeux sur la réalité du monde, fuyant tout ce qui vient contredire les idées préconçues. On réprime automatiquement tout ce qui engendre le doute ou l'incroyance. Cette tendance, malheureusement, trouve très souvent place dans les Églises. Selon Hall, le christianisme en Amérique a plus souvent qu'autrement été «une forme de crédulité religieuse[73]». Finalement, pour se sécuriser, pour pouvoir continuer à croire, on nie la dimension négative de la réalité.

Le cynisme et la crédulité conduisent à un même résultat: l'abandon du monde. Le cynique, craignant la désillusion, refuse d'entretenir une quelconque espérance au sujet du monde: il l'abandonne à lui-même, se retirant de la vie publique. Le crédule, lui, pour conserver ses illusions, doit fermer les yeux sur tous les aspects de la réalité qui viendraient remettre en question ses espérances: il se crée son propre monde et se replie dans une sécurité imaginaire (souvent religieuse). Dans un cas comme dans l'autre, la conséquence est similaire: c'est «une perte pour le monde[74]». Or l'«engagement envers le monde» (*commitment to the world*) est une donnée si fondamentale de la pensée de Hall qu'il en fait le principal critère d'authenticité de la foi et de l'espérance. Une foi qui n'est pas profondément associée à l'état du monde et à son devenir n'est pas chrétienne.

Si les deux attitudes précédentes sont en soi dangereuses, plus alarmante encore est leur combinaison dans nos sociétés nord-américaines: d'une part, on continue à militer pour l'optimisme et l'idéalisme pour se faire croire qu'on est à la hauteur, alors que d'autre part, on adhère de plus en plus difficilement au credo positiviste (Sisyphe essayant en vain de se convaincre qu'il est encore Prométhée). «Nous oscillons entre une crédulité qui accepte toutes ces choses positives, en fermant les yeux sur la réalité, et un cynisme qui, pour des raisons opportunistes, exprime l'optimisme officiel mais se comporte de manière strictement pragmatique et égoïste[75].» On ne peut plus reconnaître la véritable espérance, celle-ci étant complètement confondue avec l'optimisme. C'est ce qui fait dire à Hall que dans notre contexte nord-américain, «il ne peut y avoir d'acte *politique* plus responsable de la part des chrétiens que de se questionner sérieusement sur le sens de l'espérance[76]».

La grande question est de savoir s'il est possible d'espérer tout en étant honnête face à la réalité. La foi chrétienne répond par l'affirmative et professe une façon différente, *dialectique* celle-là, de mettre en rapport expérience et attente. Ici, ni l'expérience ni les attentes n'ont à être sacrifiées. La dimension négative de la réalité n'a pas à être évacuée au profit d'attentes illusoires, mais elle est prise en compte dans toute sa profondeur et jugée à partir des attentes. De même, les attentes n'ont pas à être réprimées devant le poids du réel mais sont soumises à la critique des expériences. La foi «est la détermination et le courage de vivre dans cette tension entre ce que nous attendons et ce que nous expérimentons[77]». L'attitude de foi consiste précisément à faire tenir ensemble ce que le cynisme et la crédulité tendent tous deux à séparer, le premier en éliminant les attentes, la seconde en niant l'expérience. À l'encontre de la crédulité, la foi garde les yeux bien ouverts sur la réalité et n'a pas à se mentir pour continuer à espérer. À l'encontre du cynisme, la foi n'a pas à se défaire de ses espérances lorsqu'elles sont contredites par la réalité, parce que celles-ci ne dépendent pas d'une confirmation permanente par l'expérience. R. Niebuhr a appelé cette attitude un «optimisme tragique», tragique parce que conscient des données négatives (*data of despair*) de l'histoire[78], mais optimiste parce que l'avenir appartient ultimement à Dieu. C'est ainsi que Niebuhr décrit la foi comme «la capacité de réfléchir sur les dimensions tragiques de l'existence sans être tenté de considérer la vie comme dépourvue de sens[79]». C'est la tâche de la théologie en Amérique du Nord que de «formuler et poser la question: y a-t-il un Évangile qui, sans offrir ni des réponses terrestres incroyables ni des réponses célestes inacceptables, puisse néanmoins rendre possible de vivre les yeux grands ouverts sur le monde tel qu'il est sans tomber dans le désespoir[80]»? Pour Hall, Luther est, par sa vie et sa théologie, le symbole de cette possibilité d'«une existence chrétienne au-delà du cynisme et de la crédulité[81]».

6. D'une «théologie de la gloire» à une «théologie de la croix»

Luther est celui qui a le mieux saisi l'expression théologique de cette dialectique dans l'histoire de la tradition chrétienne grâce à son antinomie «théologie de la gloire»/«théologie de la croix». La tradition chrétienne occidentale, à cause du contexte triomphaliste dans lequel elle s'est développée, a accentué à l'excès la dimension «glorieuse» de l'Évangile, et toujours au détriment de réalités (de la foi) plus «sombres». Dans le contexte hyperoptimiste de l'Amérique du Nord, une telle présentation du christianisme n'a fait que stimuler davantage les attentes et les illusions d'une culture déjà mue par la croyance au progrès. Plus grave encore, une telle foi a été incapable d'offrir à cette culture des symboles pour penser et intégrer les dimensions de crise et d'échec auxquelles la société nord-américaine est aujourd'hui confrontée. Au contraire, elle a servi de mécanisme de protection pour ne pas faire face aux réalités négatives.

La «théologie de la croix» rend possible la prise en compte du négatif parce qu'elle est une «théologie de la réalité», et que la réalité contient toujours une part de souffrance[82]. C'est pourquoi elle est si pertinente pour le «Prométhée déchu» du contexte nord-américain. Hall en fait sa clé principale pour penser le contexte nord-américain, puisque la théologie la plus appropriée est précisément une «théologie de l'échec» et une «théologie de la crise». D'où son retour à la pensée de Luther pour réactiver cette tradition minoritaire.

Un des dangers de la théologie contextuelle[83] est que les croyants en viennent à «être plus sensibles aux courants culturels de leur société et à adapter l'Évangile aux besoins de leur milieu[84]», glissant ainsi dans une forme de relativisme. Une théologie uniquement inspirée du contexte risquerait de n'être que le reflet des idéologies de la culture dominante. Pour éviter que la théologie ne serve que les intérêts de la classe dominante et ne contribue ainsi qu'à maintenir le *statu quo* — comme ce fut majoritairement le cas dans le passé —, Hall a recours à un concept fondamental dans la pensée de Luther, celui de «théologie de la croix» (*theologia crucis*). Une véritable théologie «indigène» n'est possible que grâce à la théologie de la croix. La théologie de la croix, comme fondement d'une théologie «indigène», est centrale dans l'œuvre de Hall[85].

Le message évangélique, dégagé de son asservissement au triomphalisme de l'«empire» américain à travers une théologie de la croix, peut alors exercer une fonction prophétique, ce qui est le rôle de l'Église face aux institutions séculières. Plus encore, l'Église devient capable d'autocritique pour déceler dans ses élaborations dogmatiques les influences idéologiques provenant du contexte qui les a fait naître. Certaines affirmations fondamentales de la foi sont particulièrement touchées par cette autocritique: la conception de l'Église, du Christ (et de Dieu) et de l'humain.

Au cours de l'histoire de la tradition chrétienne, fortement marquée par la théologie de la gloire, les catégories philosophiques de la «tradition d'Athènes» ont prédominé sur celles de la «tradition de Jérusalem». C'est la dimension de *différenciation* qui a été accentuée: l'Église est la communauté de ceux qui «ne sont plus du monde»; le Christ est perçu d'abord comme «la deuxième personne de la Trinité»; l'être humain, en tant qu'«image de Dieu», est mis à part du reste de la création. Des richesses du judaïsme ont ainsi été perdues. La théologie de la croix de Luther marque «un retour décisif au Dieu d'Israël[86]», c'est-à-dire non pas le Dieu de la philosophie grecque, mais le Dieu des prophètes, capable de «pathos[87]», capable de souffrir par amour pour l'humanité et pour toute la création. Dans la perspective de la théologie de la croix, Hall met l'accent sur la dimension d'*identification*, d'incarnation, de relation, de participation à la souffrance inhérente à la mondanéité. Une conversion intellectuelle, dans le sens d'une réappropriation des catégories juives, est à faire concernant nos représentations de l'Église, du Christ et de l'humain. Explicitons brièvement en quoi consiste ce passage.

Avec la fin de l'ère constantinienne, le triomphalisme ecclésiastique, fruit d'une association multicentenaire avec l'impérialisme[88] (romain ou autre), est devenu incapable de rendre signifiante la mission de l'Église dans le monde[89]. La sécularisation, le pluralisme religieux et la diminution du nombre des croyants sont des signes que l'impérialisme doit faire (et fait) place à une Église minoritaire, dispersée, l'«Église de la croix», l'*ecclesia crucis*[90]. Nous sommes en train de passer de l'Église impériale à l'Église *diaspora*[91]. Selon Hall, l'Église doit être conçue dans son rapport au monde comme une communauté souffrante (*ecclesia crucis*) qui ne peut offrir une Bonne Nouvelle que si elle partage elle aussi la condition du monde, aux prises avec les mêmes angoisses, avec la seule différence d'un «*vantage point*» pour saisir la réalité, celui de la croix du Christ. À partir de cet événement, une véritable espérance est possible, qui n'est ni certitude ni illusion. Le rôle d'une Église communauté de souffrance et d'espérance[92], dans un monde qui cherche la vie, est de percevoir et de nommer les signes de l'agir de Dieu, de confirmer que l'Esprit est à l'œuvre en dehors des structures ecclésiales. L'Église «corps du Christ» ne peut incarner la mission du Christ sans sa participation à la souffrance du monde.

Un second passage est à faire de l'«homme prométhéen» et dominateur à la «créature responsable». «La tâche de la théologie critique de dissocier l'Évangile de Dieu de l'empire doit s'accompagner de la tâche de la théologie constructive d'associer l'Évangile avec la terre entière, tous les peuples, toutes les créatures[93].» Toujours sous l'influence de la hiérarchisation de l'ontologie grecque, situant chaque créature sur une «échelle de l'être», on a accentué le pôle de différenciation de l'être humain avec le reste de la nature. Ses «attributs» particuliers (raison, volonté, capacité spirituelle, etc.) lui accordaient un rang supérieur aux autres créatures, apparemment dépourvues de ces qualités. L'être humain était *au-dessus* de la nature[94]. Cette «supériorité», érigée en maîtrise et en domination sur la création, ce prométhéisme anthropologique occidental, est aujourd'hui remis en question. Le rôle important joué par la foi chrétienne dans la promotion de cette image de l'homme «technocrate[95]» est mis à jour. Des attitudes d'exploitation de la nature ont été légitimées par le christianisme — bien que la tradition biblique authentique ne corresponde pas à cette image déformée de l'humain. La réalité est que la maîtrise totale de l'univers nous échappe. Nous n'arrivons plus à gérer les retombées négatives de notre puissance technicienne. L'humain moderne découvre soudainement que, malgré une certaine «maîtrise» des processus naturels, il ne peut se couper de son enracinement biologique sans engendrer une crise profonde. La théologie de la croix fournit un cadre pour éclairer nos ténèbres, c'est-à-dire la faillite de Prométhée. L'être humain est invité à redécouvrir son lien fondamental avec le cosmos. Il n'est pas un dieu, mais une créature appelée à une vocation particulière de responsabilité dans la création.

7. Le concept d'*intendance* chez Hall

L'ensemble de la théologie contextuelle de D.J. Hall converge vers le concept central d'*intendant*. Que ce soit pour décrire la fonction de l'Église dans le monde, du Christ dans l'humanité, ou de l'humain dans la création, le concept le plus approprié pour symboliser cette manière d'être, cette position dialectique qui consiste à *appartenir* à une entité tout en étant *mis à part* de celle-ci, afin de produire, de l'intérieur, une transformation, est celui d'*intendance* (*stewardship*). Il est pour ainsi dire l'expression paradigmatique de sa théologie contextuelle. Contrairement à d'autres auteurs[96] qui ont recours à cette thématique, il ne s'agit pas chez Hall d'un appendice ou d'un accessoire conceptuel; c'est toute sa théologie qui s'y trouve concentrée de manière métaphorique. C'est un concept englobant qui condense toute la mission de l'Église, du Christ et de l'humain.

*Compréhension biblico-théologique de l'*intendant *chez Hall*

Que révèlent les textes vétéro-testamentaires sur la fonction d'*intendant*? Hall remarque d'abord que le mot est employé dans un sens très littéral et sert à décrire «une fonction concrète dans la société[97]». «Dans les textes de l'Ancien Testament, l'*intendant* est un serviteur, mais pas un serviteur ordinaire qui reçoit des ordres et les exécute[98].» Dans un système de gouvernement féodal, «il est plutôt comme un serviteur supérieur, une sorte de superviseur ou de contremaître, qui a reçu une autorité, et qui doit décider, donner des ordres et prendre en charge[99]» d'autres serviteurs (souvent des esclaves). L'*intendant* est «celui qui a reçu la responsabilité de l'administration et du service de quelque chose [par exemple, de terres ou d'armées] appartenant à un autre[100]», habituellement un riche propriétaire. «Sa fonction présuppose une espèce particulière de confiance de la part du propriétaire ou du maître[101]» qui peut s'en remettre à celui-ci pour la gestion de ses affaires. L'*intendant* est vraiment un représentant de son maître, tel Joseph, à qui Pharaon confie le gouvernement de son royaume.

L'auteur du livre d'Isaïe (22, 15) nous fait voir que l'*intendant*, même s'il occupe un rôle important et qu'il a pouvoir sur autrui, demeure un serviteur et n'est donc pas irremplaçable. S'il n'accomplit pas son devoir de façon responsable (comme un bon père qui prend soin de sa maisonnée), et qu'il maltraite ceux sur qui il a autorité, s'il dilapide les biens de son maître, ou s'il abuse de son pouvoir pour en tirer des profits personnels, alors son maître le jettera dehors et lui trouvera un substitut. Il doit être «humble, sans prétention et animé d'une attitude presque parentale envers ceux dont il a la charge[102]».

Dans le Nouveau Testament, la métaphore de l'*intendant* est aussi porteuse d'un modèle de la relation humano-divine. Le transfert symbolique d'un riche propriétaire à un Dieu[103] dont les *intendants* doivent gérer les biens implique que «la possession, la domination, l'autorité ultime et la souveraineté ne sont attribuables qu'à Dieu seul[104]». Par conséquent, «aussitôt que Dieu est représenté comme le possesseur et le souverain, tous les êtres humains ne sont qu'au mieux des *intendants*, alors les institutions comme la possession de biens, la distribution hiérarchique de l'autorité, la maîtrise technocratique du monde naturel et autres choses semblables, tout cela est soumis à un examen critique[105]».

Même si le Nouveau Testament ne décrit pas explicitement l'humanité comme *intendante*, la métaphore n'en est pas moins applicable à tous les êtres humains, puisqu'elle sert à décrire la position de l'humain vis-à-vis de Dieu et des autres créatures.

> L'«humanité nouvelle» que les chrétiens sont en train de «revêtir» [...] est l'humanité authentique de Jésus. Jésus, que les discussions christologiques ultérieures de l'Église déclareront être *vere homo* (vrai homme), représente l'humanité que le Créateur désire pour tous les êtres humains. [...] Le Nouveau Testament implique certainement [...] que l'*intendance* est un appel humain. Elle s'applique non seulement à ceux qui sont appelés explicitement à une vie de disciple, mais à l'espèce humaine comme telle[106].

Originalité de la perspective hallienne: un concept inclusif[107]

La métaphore de l'*intendant* que propose la Bible, spécialement le Nouveau Testament, est une sorte d'«Évangile en miniature[108]»: elle exprime l'essentiel du rapport Église/monde (Créateur/création), Dieu/humains (Créateur/créatures) et humains/nature (créatures/création). Elle met l'accent sur la responsabilité en présentant un modèle relationnel entre l'humain et tout ce qui lui est confié où sont exclus autant l'abus (surproduction et exploitation par orgueil) que la négligence (non-production et immobilisme par paresse). Être «*intendant* de Dieu», c'est finalement être «image de Dieu» dans le monde, c'est-à-dire vivre à son image. Image de Dieu et *intendant* sont caractérisés par une double polarité: autorité/service. (Jésus a davantage montré son autorité dans le service.) Hall y voit un modèle à la fois théologique, christologique, ecclésiologique, anthropologique, et eschatologique:

- L'*intendance* des affaires d'un autre renvoie à un souverain. Ici, celui à qui l'homme est redevable n'est pas un quelconque roi terrestre, mais Dieu. Par conséquent, la possession, la maîtrise et l'autorité ne sont attribuables qu'à Dieu seul, ce qui remet en question bien des prétentions humaines et bien des représentations théologiques de Dieu.
- La théologie de l'*intendance* est d'abord une christologie. Le Christ définit et remplit la fonction de l'*intendant* en tant que parfait «représentant» de Dieu. Par grâce, il nous est donné de participer à l'*intendance* du Christ.
- En tant que «corps du Christ», l'Église est une communauté d'*intendance*. La fin de l'Église ne se trouve pas en elle-même mais dans le service de la grâce de Dieu à l'œuvre partout dans le monde.
- La métaphore de l'*intendant* décrit la position de l'humanité vis-à-vis de Dieu et vis-à-vis des autres créatures. Le Christ représente l'humanité nouvelle, et son appel s'adresse à toute

l'espèce humaine que Dieu souhaite voir vivre en *intendant* dans le monde des créatures.

- Puisque l'*intendant* est redevable à Dieu de l'exercice de son mandat, il devra éventuellement rendre des comptes sur l'usage de ce qui lui a été confié. La notion de «jugement» eschatologique est inhérente à celle d'*intendance*.

*L'*intendance de la vie
comme mission fondamentale de l'Église

On ne peut comprendre la mission de l'Église dans le monde sans avoir au préalable analysé le contexte dans lequel s'inscrit cette mission. Une théologie «orientée vers le monde», *notre* monde, est devenue plus consciente et plus attentive aux questions brûlantes que soulève le contexte nord-américain. Parmi celles-ci, l'«ambiguïté» de notre rapport au monde constitue le noyau d'un ensemble de problématiques.

La mission fondamentale d'une Église maintenant dispersée, minoritaire et souffrante — à l'inverse de l'Église constantinienne —, dans un monde confronté à de multiples menaces, ne peut plus être perçue comme la «conversion des païens à la foi chrétienne» ou la «conquête du monde pour le Christ». Si tel était le cas, on ne pourrait que constater l'échec d'un tel programme de «christianisation» en termes quantitatifs. Le témoignage que l'Église doit offrir aujourd'hui est que *Dieu veut la Vie pour ce monde*. Une théologie contextuelle, élaborée à partir des crises qui affectent notre milieu, et l'ecclésiologie de participation qui en découle, conduisent logiquement vers la notion d'«intendance». La mission essentielle de l'Église pour *notre temps* est l'«*intendance* de la vie dans le contexte de la mort[109]». Si l'Évangile est, pour tous les temps, le témoignage du combat de Dieu en faveur de la vie, aujourd'hui, à cause du contexte particulier où nous vivons, c'est-à-dire un monde qui «a fait alliance avec la mort[110]» (physique et spirituelle), cette annonce n'est ni plus ni moins qu'«une question de vie ou de mort[111]».

Dans ce monde qui courtise la mort (course à l'armement, puissance nucléaire, dégradation de la nature, détresse psychologique, suicide, etc.), de nombreux groupes minoritaires, non religieux, œuvrant pour la justice, la paix et la protection de la nature, témoignent d'un authentique engagement envers le monde. Leur présence dans une civilisation mortifère et apathique est une invitation pour l'Église à participer à la «guérison du monde», aux côtés de tous ceux qui, chrétiens ou non, d'une manière ou d'une autre, optent pour la vie du monde. Le Royaume de Dieu ne se construit pas que dans l'Église. L'Église n'est qu'un moyen en vue d'une fin: la restauration et la préservation définitive de la création. Hall radicalise cette idée déjà exprimée par Metz:

> Il faut comprendre l'Église dans la perspective de la volonté universelle de Dieu sur le monde. Dieu veut le monde et non directement l'Église, en tant que différente du monde. C'est seulement parce que l'adoption aimante de Dieu a été rejetée par le monde que l'«Église» est née (comme distincte du «monde») — comme signe et garantie de la victoire définitive de Dieu sur un monde révolté qui retombe en lui-même et par le fait même se manque — et c'est là précisément ce qui constitue sa faute. C'est pourquoi l'Église doit toujours être considérée comme ce «transfert» [...] qu'elle est effectivement dans l'histoire du salut (mais dont l'issue n'est autre que le monde lui-même)[112].

L'*intendance* est une vision nouvelle pour une Église post-constantinienne très différente de l'Église impériale. Une Église «désinstallée» (*disestablished*), participant de l'intérieur aux douleurs du monde, ne peut plus revendiquer le monopole de seule dispensatrice de la vérité et du salut. Hall compare la mission d'une Église-*diaspora* au travail d'une sage-femme[113]: reconnaître l'action de l'Esprit et identifier les mouvements qui font naître la vie dans le monde. Cette nouvelle conception de l'Église fait référence à *un mode d'être dans le monde* — ou plutôt *avec* le monde — qui condense toute la vie chrétienne. Il résume l'identité et la vocation chrétiennes, et aussi humaines: *le service de la vie*.

La sensibilité première de Hall est d'abord ecclésiale, ce qui est confirmé par la grande proportion de ses écrits consacrés à l'Église. Par conséquent, la problématique écologique est elle aussi abordée sous l'angle ecclésiologique. Le monde a été maladroitement «intendé» par une Église qui s'est mal définie et comprise comme destinée, à travers son association avec les pouvoirs terrestres, à «conquérir le monde» pour le Christ. En revanche, une Église «au service de la vie du monde», se joignant à tous ceux et celles, chrétiens ou non, qui œuvrent pour le rendre plus humain, ne peut se définir qu'à partir du modèle de l'*intendance*. Sa théologie écologique est incompatible avec quelque forme que ce soit d'impérialisme ecclésiologique.

Pour saisir la spécificité de l'usage que fait Hall de l'*intendance*, comparativement à d'autres auteurs, il faut rappeler qu'il s'agit pour lui de la mission fondamentale de l'Église, rien de moins que l'«Évangile en concentré». Si être *intendant* est une manière de comprendre l'humain et sa fonction dans le monde, alors cette définition fondamentale ne peut qu'avoir un impact sur tous les aspects de la vie humaine et non pas seulement au niveau de l'activité «économique» ou du rapport à la nature. Dans cette perspective, l'*intendance* de la création par l'humain découle de l'*intendance* plus globale de l'Église dans le monde. Elle n'est qu'une extension logique de l'«*intendance* de la vie» qui est l'action de Dieu dans sa création.

*L'*intendance de la nature *comme vocation spécifique de l'humain*

La réflexion théologique de Hall sur le rapport humain/nature s'enracine dans la problématique plus générale du rapport Église/monde. L'application du thème de l'*intendance* à la relation humain/nature découle directement de l'ecclésiologie de Hall. La fonction d'*intendance*, qui est la mission générale de l'Église, prend, dans le contexte de la crise écologique, une signification particulière. Tout comme le concept d'*intendant* cherche à orienter vers une conception non impériale de l'identité et de la vocation de l'Église dans le monde, de même il cherche à orienter vers une compréhension de l'*identité* et de la *vocation* humaines autre que celle de «maître de la nature».

La crise écologique se présente comme un aspect d'une crise plus globale concernant la véritable mission de l'humain dans le monde. Elle manifeste l'échec de la relation de l'humain avec la nature telle que la propose par la culture occidentale. La culture moderne scientifique et technique, fondée sur une anthropologie qui suppose une maîtrise de plus en plus grande du milieu naturel, a conduit à une impasse. Elle oblige à revoir l'image que l'humain se fait de lui-même.

Dans ses premiers écrits[114], Hall fait référence à la crise écologique surtout en rapport avec le désenchantement de la technique et la diminution de la croyance au progrès. Les désastres environnementaux ont montré l'illusion d'un tel projet de maîtrise absolue de la nature et, conséquemment, la nécessité de reconnaître les limites à l'intérieur desquelles l'être humain peut exercer ses capacités. Le christianisme doit reconnaître son apathie devant l'entreprise moderne de domination totale de la création, et, pire encore, devant l'établissement de l'image de l'humain sous-jacente à l'idée de domination.

J'ai affirmé au chapitre précédent que la crise écologique n'est pas, contrairement à ce que cela peut sembler à première vue, une *crise de la nature*, c'est-à-dire une simple situation de déséquilibre temporaire des écosystèmes dont l'être humain fait partie, mais qu'il s'agit d'une *crise de l'humain*, d'une «crise des fondements[116]» de la civilisation qu'il a engendrée. Cette crise oblige à revoir les fondements anthropologiques sur lesquels s'est érigée la culture moderne, entre autres les présupposés cosmologico-anthropologiques hérités de la religion chrétienne. La crise écologique invite la pensée chrétienne à retourner aux sources de sa tradition pour y ressaisir les symboles et les représentations permettant de mettre en lumière la profondeur de la crise et de proposer des avenues nouvelles.

Le symbole de l'*intendant*, compris dans la globalité de sens dont il est porteur, est probablement le concept anthropologique le plus approprié pour comprendre l'être humain, non seulement dans son rapport avec la nature, mais dans ses relations avec son prochain et avec Dieu. En tant que modèle théo- et géocentrique, il offre une *via media* entre l'anthropocentrisme tant décrié par les environnementalistes (à juste titre) et le biocentrisme, option insoutenable en pratique, voire dangereuse. Il ne cautionne ni l'idéal technologique de la maîtrise absolue d'une nature ennemie qu'il faut s'asservir, ni l'illusion romantique de la fusion harmonieuse avec une nature bienveillante à laquelle on se soumet docilement.

Le chapitre suivant permettra d'exposer plus en détail la théologie écologique de Hall, centrée sur l'*intendance* de la nature par l'être humain.

Notes

[1] C'est Paul Tillich qui a consacré l'usage théologique du mot grec «*kaïros*» dans le sens d'un moment unique dans le déroulement du temps qui s'offre comme une occasion favorable à saisir (proche de l'expression anglaise «*good timing*»).

[2] Voir par exemple l'article de C. Duquoc, «Théologies contextuelles», *Catholicisme: Hier, Aujourd'hui, Demain*, n° 68, Paris, Letouzey et Ané, 1996, col. 1086-1099.

[3] D.J. Hall, «On Contextuality in Christian Theology», *Toronto Journal of Theology*, 1 (1), 1985, p. 5.

[4] À part la traduction que j'ai faite récemment de son ouvrage *Imaging God Dominion as Stewardship*: *Être image de Dieu. Le stewardship de l'humain dans la création*, Paris/Montréal, Cerf/Fides, coll. «Cogitatio Fidei», 218, 1998.

[5] La seule présentation en français de la théologie contextuelle de D.J. Hall est celle de son collègue de McGill, Gregory Baum: «La théologie contextuelle de Douglas Hall», *Laval Philosophique et Théologique*, 46 (2), 1990, pp. 149-165. Cet excellent article expose de manière synthétique l'essentiel de la contribution théologique de Hall.

[6] D.J. Hall, «Towards an Indigenous Theology of the Cross», *Interpretation*, 30 (2), 1976, p. 153.

[7] L'expression «théologie exogène» n'est pas utilisée par Hall, mais je l'emploie comme correspondant antithétique à ce qu'il nomme une théologie «indigène» (*indigenous*).

[8] Voir l'article de Hall où il met en garde contre une importation inconsidérée de la théologie de la libération: «For and Against a Theology of Liberation», *ARC*, 7 (2), 1980, pp. 39-55. Si la théologie de la libération peut être «contextuellement appropriée» pour la situation culturelle et religieuse de l'Amérique latine, il se peut qu'elle serve, dans notre contexte, à de tout autres fins que celles pour lesquelles elle fut pensée.

[9] D.J. Hall, «On Contextuality in Christian Theology», p. 14.

[10] D.J. Hall, «The Diversity of Christian Witnessing in Tension Between Subjection to the World and Relation to the Context», dans *Luther's Ecumenical Significance: An Interconfessional Consultation*, éd. par Peter Manns et Harding Meyer, Philadelphie, Fortress Press, 1983, p. 262.

[11] Je reviendrai plus en détail sur ce point lorsqu'il sera question de la «théologie de la croix» comme instrument de critique des idéologies de la culture dominante (p. 73).

[12] D.J. Hall, *Thinking the Faith: Christian Theology in North American Context*, t. I, Minneapolis, Fortress Press, 1991 [©1989], p. 197.

[13] D.J. Hall, «The Diversity of Christian Witnessing [...]», p. 247.

[14] G. Baum, «La théologie contextuelle de Douglas Hall», p. 150.

[15] Hall situe l'apparition d'une théologie «mondaine» dans les années 20, c'est-à-dire avec la théologie de Karl Barth (D.J. HALL, «A Venerable Tradition. Looking Back at the New Theology», *Toronto Journal of Theology*, 4 [2], 1988, p. 253). Ce déplacement vers le monde s'est accentué encore davantage après Vatican II. On peut citer par exemple: Friedrich GOGARTEN, *Destin et espoir du monde moderne*, Tournai, Casterman, 1970 [1953]; J.B. METZ, *Pour une théologie du monde*, Paris, Cerf, 1967; Marie-Dominique CHENU, *Théologie de la matière. Civilisation technique et spiritualité chrétienne*, Paris, Cerf, «Foi vivante», 1967; Jacques FLAMAND, *Monde et réalités terrestres. Essais théologiques*, Paris/Montréal, Desclée de Brouwer/Bellarmin, coll. «Essais pour notre temps», n° 8, 1969.

[16] D.J. HALL, «On Contextuality [...]», p. 11.

[17] *Ibid.*, p. 3.

[18] *Ibid.*, p. 5.

[19] Cette expression, très utilisée par Hall, renvoie à ce qu'il considère «comme la totalité de la tradition chrétienne, qui d'une manière fondamentale inclut la foi hébraïque tel que cela est suprêmement (mais pas exclusivement) exprimé dans les Écritures de l'Ancien Testament. L'expression doit alors être entendue sur l'arrière-fond historique des tentatives répétées du christianisme empirique pour renier ou transcender ses fondements dans la foi d'Israël.» (D.J. HALL, *God and Human Suffering. An Exercise in the Theology of the Cross*, Minneapolis, Augsburg Publishing House, 1986, p. 15)

[20] Formule synthétique qui résume bien sa conception de la théologie. Voir: «A Generalization on the Theological Situation of Protestantism in Quebec», dans *Theological Education in the 80's*, Toronto, United Church in Canada, 1978, p. 13. Utilisant d'autres mots, il dira plus explicitement ailleurs: «Dans ce mode de réflexion que nous appelons la théologie chrétienne, il y a une rencontre entre deux réalités: d'un côté, la tradition chrétienne, à savoir l'accumulation des articulations passées des chrétiens concernant leur croyance, avec une accentuation spéciale du témoignage biblique; et de l'autre côté, les circonstances explicites, évidentes ou cachées, extérieures et intérieures, physiques et spirituelles, du moment historique dans lequel la communauté chrétienne se trouve. La théologie signifie la *rencontre* de deux réalités. C'est le *combat* de l'imagination et de l'intelligence qui se produit dans cette rencontre, dans cet affrontement *incessant* entre les affirmations de la tradition et l'expérience vécue dans le présent. Plus encore, dans cette lutte intellectuelle/spirituelle, cette dernière réalité («le contexte»), loin d'être un partenaire passif dans le dialogue, constitue pour la communauté théologique, l'élément *formateur* le plus décisif — la question à laquelle la tradition doit se confronter si elle veut devenir quelque chose au-delà de la simple tradition, si elle veut devenir *Évangile*.» («On contextuality [...]», p. 4) Ou encore: la théologie est «un catalyseur pour un nouvel affrontement entre la doctrine et la vie» (*Professing the Faith: Christian Theology in North American Context*, t. II, Minneapolis, Augsburg Publishing House, 1989, p. 8). Le contexte est tellement «décisif» qu'il a déterminé la séquence des trois tomes de sa dogmatique. Le premier est centré sur la méthode contextuelle et la description du contexte propre à l'Amérique du Nord. Le second se consacre à repenser les grandes affirmations de foi de la tradition à partir des questions spécifiques soulevées par le contexte nord-américain. Le troisième traite de la vie de l'Église au cœur de cette rencontre foi-culture.

[21] Pour Hall, «la contextualité signifie d'une manière spéciale la découverte de la dimension "spatiale" de la condition humaine». «On Contextuality [...]», p. 10.

[22] «La contextualisation de la théologie [...] renvoie à ce mouvement de la théologie qui s'éloigne du suprahistorique, de l'éternel et de l'inconditionné pour aller vers... *ce monde*», ce que Hall exprime selon diverses formules: «a wordly theology», «a this-world emphasis», «a world-orientation» (voir «On Contextuality [...]», p. 11).

[23] D.J. Hall, dans un de ses premiers articles, identifie l'importance du contexte comme une des «tendances dominantes» de la «nouvelle théologie» («Trends in Theology: The New Theology», *Canada and its Future*. 42nd Annual Report, éd. par The Board of Evangelism and Social Service, Toronto, The United Church of Canada, 1967, pp. 106-111).

[24] Hall a présenté sa «théologie contextuelle» à plusieurs reprises et de façon assez étendue. Voir par exemple: «Who Tells the World Story? Theology's Quest for a Partner in Dialogue», *Interpretation*, 36 (1), 1982, pp. 47-53; «The Diversity of Christian Witnessing in Tension Between Subjection to the World and Relation to the Context», *Luther's Ecumenical Significance*: *An Interconfessional Consultation*, éd. par Peter Manns et Harding Meyer, Philadephie, Fortress Press, 1983, pp. 247-268; «On Contextuality in Christian Theology», *Toronto Journal of Theology*, 1 (1), 1985, pp. 3-16; «Theology is an Earth Science», dans *Faith that Transforms. Essays in Honor of Gregory Baum*, éd. par Mary Jo Leddy et Mary Ann Hinsdale, New York/Mahwah, Paulist Press, 1987, pp. 99-112. C'est surtout le tome I de sa dogmatique qui en fournit l'exposition la plus systématique: *Thinking the Faith: Christian Theology in North American Context*, t. I, Minneapolis, Fortress Press, 1991 [©1989], pp. 69-145 et 325-265. Mais puisque cette approche informe toute sa théologie, on trouve partout des références au contexte.

[25] Voir surtout *Thinking the Faith*, pp. 145-236.

[26] D.J. Hall, «The Diversity of Christian Witnessing [...]», p. 262.

[27] D.J. Hall, «The Significance of Grant's Cultural Analysis for Christian Theology in North America», dans *G. Grant in Process: Essays and Conversations*, éd. par Larry Schmidt, Toronto, House of Anansi Press, 1978, p. 124.

[28] Hall reprend souvent l'exemple de la «théologie de l'espérance» de Jürgen Moltmann, qui, transposée en contexte nord-américain, a tout de suite été récupérée et interprétée en fonction de l'optimisme américain, la réduisant à une nouvelle forme de «pensée positive» (voir par exemple: *Hope against Hope. Towards an Indigenous Theology of the Cross*, éd. par David L. Swain, Genève [ce numéro a été publié au Japon], World Student Christian Federation, pp. 14-15, 20-23).

[29] La question de la pertinence du discours théologique, aussi bien à l'université que dans la société, s'est posée sous la poussée de la sécularisation exigeant de nouvelles conditions de crédibilité et de pertinence de l'acte théologique (R.-M. Roberge, «Les centres de théologie et les grands débats publics», *Laval Philosophique et Théologique*, 51(3), 1995, pp. 485-496). Hall a, entre autres, écrit sur ce sujet: «From Queen of Sciences to Servant of Humanity», *Grail* (*An Ecumenical Journal*), 10 (1-2), 1994, pp. 63-74; «Christian Theology, the University, and the Church», *The Modest Science*, The Birks Lectures, Montréal, Faculty of Religious Studies, McGill University, 16-17 oct. 1995, 82 p. (texte non publié); «Thinking the Faith

on the North American College Campus», *Plumline* (*A Journal of Ministry of Higher Education*), été 1996, pp. 31-38.

[30] Comme nous le verrons, la «crise des fondements de l'Occident», c'est-à-dire l'échec de la «religion du Progrès», constitue la problématique globale du contexte moderne de l'Amérique du Nord.

[31] D.J. HALL, *Thinking the Faith*, pp. 148-152.

[32] *Ibid.*, p. 155.

[33] Lorsqu'il s'agit de décrire le processus d'attachement à un contexte plus général, Hall pense que le mouvement procède de l'enracinement concret dans le particulier en allant vers des niveaux plus universels. C'est l'appartenance à un petit ensemble, plus immédiat (ma ville, ma région) qui rend possible le sens de la participation à un ensemble plus grand, plus englobant (ma province, mon pays). Cette dynamique est très utile à Hall pour réfléchir sur la problématique canadienne (voir D.J. HALL, *The Canada Crisis: A Christian Perspective*, Toronto, Anglican Book Center, 1980, pp. 19-22).

[34] Hall est très sensible à son milieu immédiat, c'est-à-dire à la situation de l'Église anglophone de Montréal et du Québec. Plusieurs articles en font écho: «On Being the Church in English Montreal», *The Ecumenist*, 15 (6), 1977, pp. 85-86; «On Being the Church in Quebec Today», *ARC*, 5 (1), 1977, pp. 8-10; «A Generalization on the Theological Situation of Protestantism in Quebec», *Theological Education in the 80's*, Toronto, The United Church in Canada, 1978, pp. 13-16; «Canada: Separate Stairways», *ARC*, 5 (2), 1978, pp. 2-4; «In Search of a Christian Perspective on Canada and Quebec», texte non publié présenté à la McGill Chaplaincy, Montréal, 20 nov. 1995, 17 p.

[35] D.J. HALL, «English Canada Should Build a Country», *The Chelsey Journal*, 5 (1), 1979, pp. 4-6.

[36] L'échec du Canada est dû en partie à son incapacité «à accepter et à s'approprier le "fait français" en tant que dimension vitale de notre héritage national» («Canada Searches its National Soul. A Country at the Crossroads», *The United Church Observer [New Series]*, 54 [12], 1991, p. 16).

[37] George Grant était un ami personnel de Hall, qui lui a rendu un hommage posthume dans «George Grant (1918-1988), a Tribute», *Grail* (*An Ecumenical Journal*), 5 (2), 1989, p. 73. Dans la préface de *Hope against Hope* où Hall énumère les auteurs dont il s'inspire pour comprendre le monde, il écrit: «J'ai intentionnellement placé George Grant en premier sur cette liste parce qu'il me semble comprendre la particularité de notre monde nord-américain mieux que la plupart, et c'est à cette particularité que notre théologie doit s'adresser.» (p. 11) Voir aussi: D.J. HALL, «The Significance of Grant's Cultural Analysis for Christian Theology in North America», dans *G. Grant in Process: Essays and Conversations*, éd. par Larry Schmidt, Toronto, House of Anansi Press, 1978, pp. 120-129. On pourra lire, entre autres ouvrages de George Grant lui-même: *Philosophy in the Mass Age*, *Technology and Justice*, 1959; *Technology and Empire. Perspectives on North America*, 1969.

[38] D.J. HALL, «The Significance of Grant's Cultural Analysis [...]», p. 129.

[39] J'ai déjà exprimé plus en détail la pensée de Hall sur ce sujet dans: Louis VAILLANCOURT, «La crise du Canada à la lumière de la "théologie contextuelle" de D.J. Hall», *Laval Philosophique et Théologique*, 51 (3), 1995, pp. 589-604.

[40] George Grant, *Lament of a Nation. The Defeat of Canadian Nationalism*, Toronto, McClelland and Steward Limited, 1965 (traduction française: Gaston Laurion, *Est-ce la fin du Canada? Lamentation sur l'échec du nationalisme canadien*, Montréal, Hurtubise HMH, «Cahiers du Québec» [sociologie], 1987).

[41] *Ibid.*, pp. 42-44.

[42] Hall considère que la situation du Canada est «pathétique», non seulement à cause du «statut de dépendance» — que ce soit envers les Européens, les Américains, ou d'autres — dont nous avons hérité quant à la définition de notre identité, mais surtout à cause de notre manque de confiance en nous-mêmes. Contrairement aux Américains, notre histoire n'est pas celle du «succès», mais de la «survie». Une théologie plus contextuelle, élaborée à partir des particularités de notre communauté, est impérative pour stimuler le sens de l'identité canadienne. Cette «théologie de la nation», vraiment indigène, pourrait aussi être «prophétique» pour les Américains. Sur la mission prophétique du Canada vis-à-vis des États-Unis, voir aussi: D.J. Hall, «"America": Living up to the Image?», *The Christian Century*, 99 (18), pp. 589-590.

[43] Reinhold Niebuhr fut son professeur durant sept ans au *Union Theological Seminary* de New York. Dans un hommage posthume qu'il lui rend, Hall fait siennes les paroles de A. Schlesinger: «il a eu sur moi plus d'influence intellectuelle que quiconque [...]». Voir «Remembering Reinhold Niebuhr: Letters of Reinhold and Ursula M. Niebuhr», *Theology Today*, 49 (2), 1992, p. 260.

[44] D.J. Hall, «Reinhold Niebuhr: An American Theologian», *Journal of Theology for Southern Africa*, 79, 1992, pp. 3-12.

[45] D.J. Hall, *Thinking the Faith*, pp. 197-244.

[46] *Ibid.*, pp. 197-198.

[47] C'est un des thèmes dominants dans l'œuvre de Hall, fondamental pour son ecclésiologie, la rupture Église/État créant des conditions radicalement différentes pour l'existence chrétienne. Cette situation de *disestablishment* de l'Église trouve en Amérique une expression différente de celle qu'elle adopte en Europe. Voir par exemple: D.J. Hall, *The Future of Religion in Canada* (The Ebbutt Lecture) Sackville, N.B., Mount Allison University, Department of Religious Studies, 1988; *An Awkward Church*, U.S.A., Presbyterian Church, 1993; «The Future of the Church» (The William Porcher DuBose Lectures), *Sewanee Theological Review*, 36 (4), 1993, pp. 463-492; *Thinking the Faith*, pp. 200-207.

[48] D.J. Hall a développé cette idée pour la première fois dans: «Rethinking Christ», *Antisemitism and the Foundations of Christianity*, éd. par Allan Davies, New York, Paulist Press, 1979, pp. 167-187.

[49] D.J. Hall, *Thinking the Faith*, p. 212.

[50] *Ibid.*, pp. 217-218.

[51] *Ibid.*, p. 221. Cette affirmation est fondée sur la pensée de G. Grant, qu'il cite à ce propos.

[52] *Ibid.*, p. 223.

[53] *Ibid.*, p. 224.

[54] Hall se réfère encore à George Grant (et à Jacques Ellul) pour démentir cette affirmation populaire et en montrer à la fois le danger et la naïveté. «Le caractère problématique de la société technologique ne tient pas dans la machine [*machinery*] qu'une telle société produit, mais dans la mentalité qui rend "nécessaire" la production de telles machines. Nous *sommes* la technique.» (G. GRANT, *Technology and Empire*, Toronto, House of Anansi Press, 1967, p. 137)

[55] D.J. HALL, *Thinking the Faith*, p. 227.

[56] *Ibid.*, p. 234.

[57] D.J. HALL, «A Venerable Tradition. Looking Back at the New Theology», *Toronto Journal of Theology*, 4 (2), 1988, p. 253. À ce sujet, voir chapitre 3, «L'ambiguïté chrétienne par rapport au monde», pp. 92-94.

[58] Peu d'écrits de Hall ne font pas référence explicitement à ce thème. Voir entre autres *Imaging God*, pp. 26-42 pour les raisons et les conséquences de cette attitude.

[59] D.J. HALL, *Confessing the Faith: Christian Theology in North American Context*, t. III, p. 112.

[60] Hall fait remarquer l'influence de la pensée calviniste sur la conception de la réussite en Amérique en rappelant «l'idée de la prospérité en tant que récompense divine pour l'exécution fidèle d'un appel», sur laquelle Max Weber a fondé sa célèbre thèse sur le protestantisme et le capitalisme. Voir *Confessing the Faith*, pp. 236-237.

[61] D.J. HALL, *Confessing the Faith*, p. 118.

[62] D.J. HALL, *Thinking the Faith*, p. 158.

[63] D.J. HALL, *The Steward: A Biblical Symbol Come of Age*, Grand Rapids/New York, Eerdmans/Friendship Press, 1991 [©1990], pp. 80-92.

[64] *Ibid.*, p. 81.

[65] *Ibid.*, p. 91.

[66] D.J. HALL, «After the American Dream», *The Lutheran*, 6 (3), 1993, p. 26.

[67] D.J. HALL, *Confessing the Faith*, pp. 290-295.

[68] D.J. HALL, *Thinking the Faith*, p. 197.

[69] «Le péché peut être défini en le juxtaposant avec chacune des trois "vertus" pauliniennes: en contraste avec la *foi*, c'est la *méfiance*; en contraste avec l'*amour*, c'est l'*aliénation*; en contraste avec l'*espérance*, c'est le *désespoir*. Les trois significations sont toujours présentes dans la réalité que le terme *péché* indique. Mais différentes situations, incluant différentes périodes historiques, font que l'un ou l'autre sens prédomine. Notre période historique est particulièrement confrontée au péché en tant que désespoir.» (D.J. HALL, *The Canada Crisis: A Christian Perspective*, Toronto, Anglican Book Center, 1980, p. 47. Pour le développement de cette idée, pp. 47-67.)

[70] Voir «Beyond Cynicism and Credulity: On the Meaning of Christian Hope», *Princeton Seminary Bulletin*, 6 (3), 1985, pp. 201-210.

[71] D.J. HALL, *Lighten Our Darkness: Towards an Indigenous Theology of the Cross*, Philadelphie, Westminster Press, 1976, p. 19.

[72] D. J. HALL, «Beyond Cynism and Credulity: On the Meaning of Christian Hope», p. 204.

[73] *Ibid.*

[74] *Ibid.*, p. 206.

[75] *Ibid.*, p. 207.

[76] *Ibid.*

[77] *Ibid.*, p. 208.

[78] C'est pour Hall une des caractéristiques de la théologie moderne que de s'être ouverte à ce que Tillich a appelé la «dimension tragique» de l'existence (D. J. HALL, «A Venerable Tradition. Looking Back at the New Theology», pp. 256-260).

[79] David J. MONGE, «Beyond Cynicism and Optimism: The Theology of Douglas John Hall», *Dialog*, 32 (2), 1993, p. 129.

[80] D.J. HALL, «Towards an Indigenous Theology of the Cross», *Interpretation*, 30 (2), 1976, p. 153.

[81] D.J. HALL, «Luther's Theology of the Cross», *Consensus (A Canadian Lutheran Journal of Theology)*, 15 (2), 1989, p. 7.

[82] D.J. HALL, *God and Human Suffering. An Exercise in the Theology of the Cross*, Minneapolis, Augsburg Publishing House, 1986.

[83] Hall est bien conscient des dangers de l'approche contextuelle. Voir *Thinking the Faith*, pp. 110-125; «On Contextuality in Christian Theology», pp. 12-14; «The Diversity of Christian Witnessing [...]», pp. 260-262.

[84] G. BAUM, «La théologie contextuelle de D.J. Hall», p. 151.

[85] Ses deux premières publications d'importance, *Hope against Hope. Towards an Indigenous Theology of the Cross*, éd. par David L. Swain, Genève (numéro publié au Japon), World Student Christian Federation, 1971, ainsi que *Lighten Our Darkness: Towards an Indigenous Theology of the Cross*, Philadelphie, Westminster Press, 1976, qui reprend ses idées initiales d'une manière plus développée, sont précisément une élaboration du concept de «théologie de la croix» en fonction du contexte nord-américain. Les deux concepts (contextualité et théologie de la croix) sont à ce point inséparables qu'ils forment l'articulation de base de toute sa dogmatique. Voir l'introduction de *Thinking the Faith*, pp. 17-56, où cela est particulièrement explicite.

[86] *Ibid.*, p. 14.

[87] D.J. HALL, *God and Human Suffering*, pp. 177, 213-216.

[88] D.J. HALL, «Religion and Empire: Triumph or Trap?», *Alternatives* (*An Alternate Lifestyle Newsletter*), 13 (3), 1987, pp. 14-20.

[89] De même pour la mission de la théologie dans l'université, voir D.J. HALL, «From Queen of Sciences to Servant of Humanity », *Grail* (*An Ecumenical Journal*), 10 (1-2), 1994, pp. 63-74.

[90] D.J. HALL, *The Church of the Cross: Ecclesia Crucis*, Chicago, Chicago Community Renewal Society and St. Paul's Church, 1980; «*Ecclesia Crucis*: The Disciple Community and the Future of the Church in North America», *Union Seminary Quaterly Review*, 46 (1-4), 1992, pp. 59-73; «*Ecclesia Crucis*: The Theologic of Christian Awkwardness», *Dialog*, 32 (2), 1993, pp. 113-121.

[91] La thèse de doctorat de Douglas Hall, soutenue en 1963 au *Union Theological Seminary*, s'intitulait: *The Suffering of the Church: A Doctrinal Study of an Aspect of the Church's Nature and Destiny*. Ce thème ecclésiologique traverse toute son œuvre théologique. C'est à partir de sa conception de l'Église, sa nature et sa mission par rapport au monde, que s'articule toute la théologie de Hall.

[92] Voir le dernier chapitre de *God and Human Suffering*: «The Church: Community of Suffering and Hope», pp. 123-147.

[93] D.J. HALL, «The Theology of the Cross and the Convenanting for World Peace», *Convenanting for World Peace and Justice*, éd. par Choan-Seng Song, Genève, World Alliance of Reformed Churches, 1989, p. 85.

[94] La tradition chrétienne a longtemps soutenu que la raison d'être de l'humain n'était pas à chercher en dehors de cette élévation anthropologique en tant que telle. Or une téléologie inscrite dans l'ontologie est devenue insignifiante pour notre contexte sécularisé et nihiliste. Hall suggère une réappropriation du sens de la finalité humaine dans l'«acceptation joyeuse de notre "créatureté" (*creaturehood*)». Il en fait même la condition *sine qua non* d'un quelconque changement d'attitude envers la création. Voir *Confessing the Faith*, pp. 335-343.

[95] D.J. HALL, «Man and Nature in the Modern West: A Revolution of Images», dans *Man and Nature on the Prairies*, éd. par Richard Allen, University of Regina, Canadian Research Center, «Canadian Plains Studies», n° 6, 1976, pp. 77-92.

[96] Certains auteurs ont une approche plus «anthropocentrique», d'autres plus «managériale», d'autres enfin plus «hiérarchique» du concept d'intendant (voir chap. 4, pp. 135-152).

[97] D.J. HALL, *The Steward*, p. 32.

[98] *Ibid.*

[99] *Ibid.*

[100] *Ibid.* Hall cite la première définition que propose le *Oxford English Dictionary*, p. 40: «Un fonctionnaire qui contrôle les affaires domestiques d'une maisonnée, supervisant le service à la table du maître, dirigeant les domestiques et réglant les dépenses de la maisonnée; un majordome.»

[101] *Ibid.*

[102] *Ibid.*, p. 34.

[103] Voir par exemple le Ps 24, 1 où Dieu est décrit comme le propriétaire du monde: «À Yahvé la terre et sa plénitude, le monde et tout son peuplement.»

[104] D.J. HALL, *The Steward*, p. 42.

[105] *Ibid.*

[106] *Ibid.*, p. 47.

[107] D'après la catégorisation qu'en a fait HALL, *The Steward*, pp. 42-51.

[108] *Ibid.*, pp. 49-51.

[109] Selon le titre de l'ouvrage de HALL: *The Stewardship of Life in the Kingdom of Death*, édition revisée en 1988 de l'original intitulé: *Christian Mission: The*

Stewardship of Life in the Kingdom of Death, Grand Rapids, Eerdmans Pub. Co., 1985.

[110] D.J. HALL, *The Stewardship of Life* [...], p. 33.

[111] *Ibid.*, p. XIV.

[112] J.B. METZ, *Pour une théologie du monde*, Paris, Cerf, 1971 [1968], p. 59.

[113] Par exemple, *The Canada Crisis*, pp. 96-98.

[114] D.J. HALL, *Hope against Hope. Towards an Indigenous Theology of the Cross*, p. 18.

[115] G. SIEGWALT, *Dogmatique pour la catholicité évangélique. Système mystagogique de la foi chrétienne*, t. 1, Paris/Genève, Cerf/Labor et Fides, 1986, p. 164.

Chapitre 3

LA THÉOLOGIE ÉCOLOGIQUE DE D.J. HALL: L'*INTENDANCE* DE LA NATURE PAR L'ÊTRE HUMAIN

Il s'agit maintenant dans ce chapitre d'entrer plus en profondeur dans la pensée spécifiquement écologique de Hall, ce qui nous conduira à l'application de son concept d'*intendance* au rapport humain/nature. Une recension méthodique de l'ensemble de ses écrits a permis de dégager les principaux concepts autour desquels s'articule sa théologie écologique.

1. Le thème du rapport humain/nature dans l'œuvre de Hall

Comme le thème de l'*intendance*, le rapport humain/nature occupe un espace considérable dans la réflexion de Hall[1]. Ce dernier considère le rapport de l'humain aux autres créatures comme le domaine le plus «évident» — et le plus urgent — d'application du concept d'*intendant*[2]. Dans le contexte de la crise écologique, l'*intendance* de la création est sans doute la manière privilégiée avec laquelle devrait s'exprimer aujourd'hui la mission fondamentale de l'Église dans le monde, à savoir l'*intendance* de la vie. En tant qu'intervenant de premier plan, Hall a vu dans le processus conciliaire du *World Council of Churches* intitulé «*Justice, Peace, and Integrity of Creation*» un exemple de la conversion de l'Église au monde, une illustration concrète d'une nouvelle conception ecclésiologique pour laquelle la mission de l'Église est l'*intendance*, plus spécialement l'*intendance* de la création.

2. La crise écologique pensée en contexte

Hall aborde et présente la crise écologique à la façon typique d'une théologie contextuelle. Sa manière de penser les choses contextuellement illustre en tous points la démarche que j'ai entreprise au premier chapitre: (1) situer la *crise écologique* (2) dans le contexte plus large de la *crise occidentale* (3) en la comprenant d'abord comme une *crise anthropologique et spirituelle* à laquelle le christianisme a participé et pour laquelle il s'avère un partenaire indispensable compte tenu de la profondeur de la problématique.

Selon Hall, nous vivons dans un monde qui a fait alliance avec la Mort sous toutes ses formes. Dans un tel contexte, la mission fondamentale de l'Église, en tant que partenaire de Dieu dans son œuvre de salut, est *l'intendance de la vie dans le royaume de la mort*[3], c'est-à-dire la lutte contre tout ce qui détruit la Vie. La dégradation généralisée de l'environnement est certainement un des processus de destruction les plus manifestes de notre «culture de mort». C'est pourquoi, dans son analyse du contexte occidental actuel, où il signale sept composantes importantes, Hall mentionne la «révolte de la nature» comme un «domaine spécialement crucial[4]».

Hall entend par «révolte de la nature» la crise écologique qu'il définit comme un problème complexe, à plusieurs facettes, résultant de la pression énorme exercée sur la nature par les sociétés industrialisées pour la faire produire au-delà de ses capacités[5]. Hall comprend la réaction de la nature comme une «révolte[6]» (un concept d'ordre relationnel) face aux demandes démesurées de l'humain afin de satisfaire un style de vie toujours plus exigeant. La nature résiste et montre son refus d'être traitée sans respect de ses lois internes[7]. Les principaux éléments de la crise que notre auteur relève correspondent *grosso modo* à ceux mentionnés au premier chapitre[8]: 1) la découverte des *limites* de la nature, 2) la reconnaissance de la *spoliation* de la nature (que les démographes attribuent surtout à l'accroissement de la population et que les sociologues relient davantage aux attitudes qu'au nombre), 3) le *dysfonctionnement des systèmes naturels* et la *disparition des espèces*. S'appuyant sur des paramètres provenant de multiples disciplines scientifiques, Hall fait sien le consensus général que la planète est très sérieusement menacée et que «dans un avenir rapproché sa capacité à supporter la vie pourrait être diminuée ou grandement entravée[9]». Il écrit ailleurs que «le monde n'a jamais été confronté à une crise pour la survie telle que celle que nous vivons maintenant[10]».

Hall constate que si on s'intéresse beaucoup à «l'état» de la planète, on se préoccupe peu des «causes» qui ont conduit à cette situation. Il y a malheureusement une tendance, même dans les Églises, «à traiter les problèmes environnementaux précisément en tant que problèmes [*issues*][11]». Hall pense que «notre silence concernant les *racines* de ce "problème"» vient de «la tendance déplorable de la part des corps ecclésiastiques à s'orienter vers des problèmes éthiques spécifiques sans débattre des *questions fondamentales* de l'éthique chrétienne[12]». Il n'y a donc rien de surprenant à ce que, dans l'exposition de sa théologie contextuelle, Hall inscrive la crise de la biosphère dans le contexte plus large de la crise de la civilisation occidentale. En effet, j'ai déjà noté que les problèmes spécifiques de la modernité, les «crises» (comme celle de l'environnement), ne sont que les manifestations perceptibles, à différents niveaux, d'un bouleversement plus profond[13]. Ce sont les causes de celui-ci qu'il faut identifier pour tenter ensuite de les modifier.

Une crise des fondements anthropologiques

Le point de départ de l'analyse de Hall, accessible à la plus élémentaire observation, est que «quelque chose va de travers» dans notre monde: «le monde n'est pas ce qu'il devrait être[14]». «Notre civilisation souffre d'un malaise fondamental» et la crise écologique n'est qu'un «symptôme[15]», comme le sont aussi les autres «crises», d'une méga-crise beaucoup plus profonde, celle de

> l'effondrement de la vision moderne du monde qui nous a fait exister et qui nous a soutenus depuis quelques siècles. Cette conception de l'humanité et du monde s'est montrée incapable d'intégrer les facteurs négatifs qu'elle-même a aidé à produire. D'ici à ce que nous soyons prêts à examiner de façon critique et ouverte cet échec *fondamental*, porter notre attention sur des problèmes moins ultimes ne fera que rendre la question plus confuse et aggraver le problème[16].

Une vision du monde est toujours construite sur une certaine image de l'humain. Or l'image de l'humain qui a donné naissance à l'Occident n'est plus tenable et a atteint sa limite. Ce qui «va de travers» dans le monde, «c'est nous-mêmes[17]» — non pas notre existence comme telle (ce que prônent certains courants de la *Deep Ecology*) —, mais plus précisément la représentation que nous nous faisons de nous-mêmes.

Aucune autre image de l'humain n'a jamais été aussi bien établie, répandue et enracinée que celle de «l'homme technocrate[18]», typique de la modernité. Inscrite dans nos institutions, nos valeurs, nos attitudes, nos manières de vivre, elle apparaît comme allant de soi, comme étant la seule et la meilleure façon d'être en ce monde. Et pourtant, elle n'est qu'une façon parmi d'autres pour l'humain de se situer en rapport avec le monde. Appropriée pour un temps, celui de la reprise en main par l'humain de sa destinée au sortir du Moyen Âge, cette vision de l'humain ne l'est plus aujourd'hui. L'image de l'humain «maître de la nature» n'est pas *en soi* négative ou destructrice. Elle est devenue mortifère dans le contexte actuel d'une planète qui n'arrive plus à suivre le rythme de production/consommation que lui impose l'Occident. Notre combat «contre» la nature, qui remonte à la préhistoire, est maintenant terminé. Nous n'avons plus à prouver notre «supériorité», mais à démontrer notre capacité d'autolimitation et de respect des autres créatures.

Une crise spirituelle révélatrice du péché

Dans sa recherche des origines «chrétiennes» de l'image moderne de l'humain, Hall relève quatre éléments de la doctrine du péché qui peuvent contribuer à la compréhension de l'humain comme «maître de la nature[19]».

Le premier est la transgression de la nature par l'être humain. La tradition chrétienne interprète la désobéissance de l'humain dans le récit de Genèse 3 comme une violation du commandement divin. Mais il n'est pas insignifiant que la Chute soit symbolisée par une transgression de la nature: la manducation du fruit défendu. Le récit de la tentation au jardin d'Éden est à mettre en rapport avec celui des tentations de Jésus, qui a refusé de violer les lois de la nature. Le péché est d'abord contre Dieu, mais puisque la relation à Dieu est médiatisée par la nature, celle-ci devient le lieu où l'humain tente de s'arroger une autorité absolue. Nous sommes sans cesse tentés d'étendre notre pouvoir sur la nature, qui sans cesse nous ramène à notre réalité d'êtres finis. La relation avec Dieu, tout comme celle avec la nature, nous fait découvrir les limites inhérentes à notre condition humaine: nous ne sommes pas Dieu. Puisque les dimensions «verticale» et «horizontale» de notre relationnalité sont inséparables, «la violation du commandement divin *est* une violation de la nature. La tentative d'usurper le pouvoir de Dieu *est* une tentative de domination illimitée de la nature[20]».

En second lieu, le péché est aussi le refus par l'être humain d'accepter sa propre nature, c'est-à-dire son identité et sa participation biologiques au monde des créatures. Le désir d'être «comme des dieux» s'incarne dans la «connaissance», dans une rationalité qui, à travers la science et la technique, permet à l'humain de transcender la nature et d'accéder à son humanité «essentielle», spirituelle, qu'il conçoit en complète discontinuité avec le monde naturel. Il rejette ainsi tout ce qu'il partage avec la nature à travers sa propre dimension corporelle, pour tenter de s'en extraire et de s'élever au-dessus de celle-ci.

Le troisième élément correspond à la tentative de se construire un autre environnement. Devenu comme un dieu qui contrôle la nature par la puissance de sa raison, l'être humain moderne rejette aussi l'environnement que Dieu lui a offert pour essayer d'en créer un plus conforme à ses désirs. Cet habitat artificiel, symbolisé par la ville, est fondé sur l'exclusion de la nature. Hall fait la remarque judicieuse que «les murs construits par nos civilisations humaines pour garder la nature à l'extérieur ont en réalité confiné à l'intérieur de ceux-ci les pires éléments de la nature *humaine*[21]».

Enfin, le péché n'est pas seulement un acte délibéré de positionnement contre Dieu, le prochain et la nature, mais aussi un *état*, inhérent à la vie humaine, d'aliénation par rapport à la nature. Nous sommes héritiers d'un état d'aliénation qui précède toute actualisation de rupture relationnelle. Le dogme du péché originel voulait exprimer cette dimension tragique de notre existence, incluant la profonde inimitié entre l'humain et la nature. Il y a une hostilité fondamentale entre l'humain et la terre qui le pousse depuis toujours à se créer un autre environnement. «La doctrine du péché originel reconnaît que l'histoire humaine dans son ensemble est en un sens très profond une lutte pour échapper à la *nature*[22].»

3. Double contribution chrétienne à la crise écologique

Pour Hall, aucune contribution significative à la résolution de la crise écologique ne peut se réduire au domaine «éthique», puisque fondamentalement ce sont les systèmes de représentation du monde qui sont en cause. Ceci est d'autant plus vrai du christianisme, qui, d'une part, a fourni à l'Occident ses principales images de Dieu, de l'humain et de la nature, et qui, d'autre part, a pour mission d'aller «au fond des choses», de comprendre le «pourquoi». Ce n'est pas seulement par nos *actions* que nous avons contribué à la crise mais aussi par nos *croyances*. Nous devrons donc travailler à sa résolution par une révision non seulement de notre agir mais aussi de notre *doctrine*. La foi chrétienne ne peut faire l'économie d'une mise à jour importante de sa doctrine, à un niveau plus profond, car c'est à travers elle que nous avons participé à la formation et à l'expansion d'une image de l'humain «dominateur». Si la religion chrétienne, dans l'histoire de notre culture, a eu un si grand impact sur la conception de l'identité et de la destinée humaines, elle peut encore, même dans une société sécularisée, avoir une influence significative sur la formation d'une nouvelle image de l'humain plus appropriée à notre contexte. Ce ne sera plus sous l'égide d'une Église impérialiste, mais de concert avec tous ceux et celles qui œuvrent pour la Vie.

Hall propose une réflexion en deux temps: 1) reconnaître comment le christianisme, à travers l'histoire, a contribué au développement de la crise écologique (théologie *historique*), puis 2) retourner aux sources, à l'Écriture et à la tradition, pour y (re)découvrir des richesses oubliées (théologie *critique*) et proposer une réappropriation du message chrétien en rapport avec le contexte actuel de la communauté (théologie *constructive*). En effet, «si le christianisme est coupable dans cette problématique [écologique], il est aussi porteur de potentialités, cachées et non éprouvées, pour s'attaquer à la crise. Conscient de ses contributions à la crise, le mouvement chrétien *peut* contribuer à son amélioration[23].» Il ne s'agit donc pas dans cette démarche d'une tentative, en tant que chrétiens et chrétiennes, de nous déculpabiliser de notre participation — plus ou moins passive et inconsciente — à la crise, mais bien de «faire la vérité[24]» sur le développement de celle-ci, tout en sachant que la tradition chrétienne a autre chose à offrir comme compréhension de l'humain et de son rapport au monde que ce qu'on a retenu d'elle jusqu'à maintenant. «Si nous voulons réfléchir au sujet de la crise écologique, nous devrons le faire à la lumière non seulement de nos traditions théologiques, mais aussi de nos mauvaises appropriations de ces traditions[25].»

La responsabilité du christianisme dans le développement de la crise

Une fois reconnu que c'est la mentalité technocratique, ou plus précisément l'image moderne de l'humain «maître de la nature», qui est principalement à l'origine de la crise de la biosphère, une question d'ordre historique surgit spontanément: comment l'humanité occidentale en est-elle arrivée à se penser ainsi? D'où provient cette conception de l'humain *au-dessus* de la nature, et qui réduit celle-ci au statut d'«objet»? C'est là que la théologie chrétienne doit faire son examen de conscience — et son acte de contrition.

Une chose est indéniable: «l'approche technocratique de l'existence s'est développée à l'intérieur d'une civilisation dont l'arrière-fond religieux le plus influent était le christianisme[26]». Certains en sont venus à la conclusion, plus mordante encore, que c'est le système de croyance occidental, c'est-à-dire la tradition judéo-chrétienne, qui serait à l'origine de la crise écologique. Hall fait ici référence (comme beaucoup d'autres) à la thèse fort connue de l'historien Lynn White Jr. et à son célèbre article de 1967 sur «les racines historiques de notre crise écologique[27]». Selon ce dernier, l'influence la plus décisive sur le développement de l'image de l'humain «maître de la nature» a été la religion biblique, en particulier le récit de Genèse 1, 26-28 octroyant à l'être humain un pouvoir de «domination» sur toute la terre. Avec sa désacralisation du monde, son anthropologie exaltée de l'être humain, et son mandat de «dominer la terre», elle aurait fourni les bases à la maîtrise techno-scientifique du monde — avec le résultat désastreux que l'on connaît[28].

Plusieurs penseurs chrétiens ont réagi à cette accusation en soulignant son manque flagrant de nuances[29]. Hall relève cinq arguments[30], surtout théologiques, qui invalident cette thèse: 1) les récits de création qui appellent l'humain à «dominer» insistent aussi sur le fait que ce dernier doit rendre des comptes au «Seigneur»; 2) la «domination» ou la «soumission» des autres créatures est une autorité limitée qui doit reconnaître les lois internes propres à chaque créature («chacune portant sa semence»); 3) le rapport des humains avec le reste des créatures est d'abord affaire de «relation», et non de possession ou d'exploitation; 4) les récits de création qui exaltent l'être humain mettent aussi en évidence l'humilité de son origine et sa culpabilité («tiré du sol»; tenté de s'extraire de sa condition humaine en voulant «être semblable à

Dieu»); sa potentialité positive (sa vocation) est en tension dialectique avec son actualité négative (le péché); 5) le manque de rigueur historique de White qui ne tient pas compte de l'évolution de l'Occident. En effet, «l'image de l'humain en tant que maître de la nature n'est devenue une manière crédible et opérante de penser l'humain — autrement dit, n'est devenue une image de l'humain — qu'au début de l'époque moderne[31]». D'autres conditions culturelles, c'est-à-dire celles qui ont présidé à l'essor de la modernité (l'idée de progrès, la foi en la raison, la notion de liberté, la croyance en un avenir meilleur, le développement scientifique et technologique, et d'autres facteurs d'ordres philosophique et religieux), étaient nécessaires pour que puisse être énoncée une telle interprétation du commandement de la Genèse.

Mais même si, sur le plan théologique, une exégèse sommaire des textes bibliques met en évidence des éléments (humilité, responsabilité, solidarité, péché, etc.) qui atténuent fortement l'image de l'humain «séparé» de la nature et critiquent l'interprétation moderne de la «domination», et même si une saisie plus nuancée de l'histoire occidentale permet de montrer la simplicité excessive de ce lien de cause à effet entre la foi chrétienne et la crise écologique, il reste qu'«aucune apologie chrétienne ne peut être totalement convaincante au sujet de cette accusation[32]». La question demeure: pourquoi ces éléments pondérants ou correcteurs de l'anthropologie hébraïque ont-ils été si peu reconnus et pris en compte? «Comment se fait-il, demande Hall, que la religion chrétienne, au dire de tous la principale force spirituelle du monde occidental, ait offert si peu de résistance à l'image moderne de l'*homo sapiens* en termes de maîtrise technocratique[33]?» Il y avait pourtant dans l'enseignement biblique d'autres aspects susceptibles de remettre en question l'image démesurée et unidimensionnelle de l'humain centrée sur son pouvoir sur la nature. La religion chrétienne aurait pu réaffirmer l'appartenance de l'humain à la création et la valeur intrinsèque de celle-ci. Surtout, elle aurait pu rappeler que dans la tradition de Jérusalem, l'*hubris*, c'est-à-dire «la recherche humaine de puissance sans amour[34]», a pour nom le «péché». «Non seulement l'Église a failli à sa tâche de critiquer cette image [élevée] de l'humain, mais elle a fourni à la construction l'infrastructure cultuelle de base[35].» En tant que culte officiel de la plupart des sociétés occidentales, c'est par ses représentations de l'humain et de la nature (et aussi de Dieu[36]!) que le christianisme a le plus subtilement et le plus efficacement contribué au développement de la crise.

Telle que la formule White, cette accusation peut être qualifiée de «naïve», à cause de l'interprétation qu'il fait de l'Écriture et de l'histoire du christianisme. Elle mérite cependant, quant au fond, d'être prise au sérieux. S'il n'est pas possible d'affirmer que le christianisme est *directement* et *premièrement* responsable de la crise écologique — au risque d'une grossière simplification, et de la Bible, et de l'histoire —, il est toutefois vraisemblable que la religion chrétienne ait servi à légitimer des structures de domination et une hiérarchisation mettant l'humain à part de la création, le coupant de son enracinement créaturel, favorisant des attitudes destructrices et ouvrant ainsi la voie à l'impérialisme technologique et aux abus de toutes sortes. «Même si la culpabilité du christianisme n'est en aucun cas aussi extrême que le soutient White, la tradition chrétienne a été indubitablement impliquée en profondeur dans le cautionnement de ces attitudes impérialistes envers la nature où nous pouvons localiser les racines ultimes de la présente crise écologique[37].» Nous ne pouvons pas échapper à une certaine culpabilité à cause du «mésusage idéologique du christianisme[38]» que nous avons permis dans notre rapport à la nature. Le christianisme n'est donc pas déchargé de toute responsabilité quant au développement de la crise écologique, ne serait-ce que par son inertie face à l'utilisation qu'on a faite de sa doctrine.

> Par la négligence, à tout le moins, sinon par un renforcement positif, la religion chrétienne a aidé et soutenu l'humanité occidentale dans sa quête incessante de la souveraineté sur la création. Cependant, il n'est pas facile d'en arriver à excuser le christianisme sur la base de la seule négligence; parce que sa négligence à mettre l'accent sur des aspects de la doctrine potentiellement correcteurs était presque inévitable étant donné la

proximité avec les cultures impériales dominantes de l'Occident. C'est aussi dans sa doctrine positive que la religion chrétienne a préparé la voie vers l'humanité technocratique[39].

Hall insiste surtout sur deux aspects problématiques majeurs dans la doctrine chrétienne conventionnelle quant à la culpabilité du christianisme dans la crise écologique: l'exaltation anthropologique de l'humanité par une interprétation substantialiste de l'image de Dieu et l'ambiguïté chrétienne par rapport au monde.

L'exaltation anthropologique

«Tiré du sol» (d'où le nom d'«Adam»), l'être humain partage la même condition que les autres créatures. Mais en même temps, «un peu moindre qu'un dieu», il s'en distingue. Il y a donc une «tension dialectique permanente» dans l'anthropologie biblique qui s'exprime de quatre façons[40]:

1) continuité/discontinuité avec la nature (créature/image de Dieu)
2) relations uniques/inséparables (entre Dieu, l'humain et la nature)
3) domination/service de la nature
4) propriétaire/tenancier de la nature

Cependant, sous l'influence des catégories de la philosophie grecque, l'accent a été mis sur le pôle plus «noble» de l'humain: sa ressemblance avec Dieu. La création de l'humain «à l'image de Dieu», associée à l'ordre divin de «dominer», a été interprétée en termes de différence radicale d'avec les autres créatures. Situé dans une classe à part sur l'échelle des êtres parce que doté de qualités uniques — en particulier la raison et la liberté — inhérentes au fait d'être créé à l'«image de Dieu», appelé à «soumettre» la création, l'être humain pouvait se croire le propriétaire de la création et tenter de contrôler son propre destin et celui du monde. Il y a donc eu rupture de la tension dialectique propre à l'anthropologie biblique et polarisation dans le sens de la discontinuité avec la nature, de la dépersonnalisation de la nature, de la «domination» sur la nature et de la possession de la nature.

La modernité, aidée par le christianisme historique qui n'a rien fait pour la maintenir, a détruit cette tension essentielle en focalisant l'anthropologie autour de l'image de l'humain «maître de la nature».

L'ambiguïté chrétienne par rapport au monde

La question fondamentale et décisive de toute la réflexion de Hall sur le thème du rapport humain/nature est celle-ci: «Le bien-être et la destinée du monde sont-ils l'objet d'une "préoccupation ultime" (Tillich) pour la foi chrétienne[41]?» La réponse est en effet déterminante pour l'attitude chrétienne vis-à-vis de la nature. Or, on constate que le christianisme historique a montré une «incertitude extrême au sujet de l'attitude appropriée envers le monde[42]».

Cela est particulièrement évident dans le domaine de la spiritualité qui est marquée par l'opposition entre l'amour de Dieu et l'orientation pour le monde, comme en témoigne la dichotomie séculaire entre sacré et profane, entre les dimensions «spirituelle» et «terrestre», «matérielle» ou «corporelle», de même que dans l'histoire du mysticisme, où la doctrine du *contemptus mundi* («mépris du monde[43]») fut, au mieux, interprétée comme une «indifférence» face aux réalités terrestres. De surcroît, cette attitude négative face au monde semblait être fondée bibliquement, si on se fie à certains textes du Nouveau Testament. Paul, et plus encore Jean, suggèrent une «sorte de spiritualité anti-mondaine[44]».

Selon Hall, l'ambiguïté chrétienne concernant le monde s'explique principalement par la combinaison de facteurs sociopolitiques: 1) l'hellénisation de la foi (dualisme de la pensée grecque); 2) des processus de spiritualisation à l'œuvre dans le christianisme historique (comme le manichéisme[45]); 3) l'institutionnalisation du christianisme par l'empire romain (favorisant un *statu quo* avec le monde); et religieux: 4) l'accentuation de la dimension individuelle et de la vie intérieure de l'Église (sectarisation par rapport au monde); 5) l'attente d'un retour prochain du Seigneur (ne pas être «pris par le monde»); 6) la confusion et les erreurs de compréhension autour de certains termes scripturaires (limites linguistiques à traduire les nuances de certains mots grecs: *kosmos*, *oikouménè*, *aion*)[46].

Pour toutes ces raisons, et en contrepartie inévitable à la surestime anthropologique, on en est venu à mettre l'accent sur la déchéance du monde, non seulement actuelle, mais aussi future. En effet, la question de l'ambiguïté face au monde se pose aussi dans une perspective eschatologique: notre monde est-il bien le monde que Dieu aime, qu'il s'est réconcilié en Christ, qu'il veut sauver, renouveler et conduire à sa plénitude? Le salut est-il réservé à l'humain ou implique-t-il aussi la restauration de la création?

Toujours sous l'impact de la philosophie grecque où la valeur des réalités est basée sur la dimension spirituelle, la rédemption de l'humain a généralement été conçue comme la libération de son statut de créature, au profit de la vie de l'«âme», lieu de l'intelligence et de la volonté. Dans cette conception spiritualisée du salut, on a beaucoup négligé le destin de la création «matérielle», considérée comme «inférieure». Selon Hall, on peut dire que dans l'ensemble le christianisme a laissé cette question sans réponse. Et quand s'est posée la question de la destinée de la création elle-même, la réponse a souvent été qu'elle devait être anéantie pour laisser place au «monde nouveau». Le destin du monde a été pensé sur le même modèle dichotomique que le destin du corps: à la conception de la résurrection comme séparation de l'esprit et de la matière vouée à la déchéance (destruction du corps en tant que microcosme), correspond la séparation de l'humain et du monde voué à l'anéantissement (destruction du monde en tant que macrocosme)[47]. Hall se demande si nous sommes aujourd'hui capables de présenter à nos contemporains, séduits par des eschatologies apocalyptiques, qu'elles soient religieuses ou séculières, une eschatologie de transformation et d'accomplissement du monde qui puisse faire opposition aux scénarios de destruction. Nous sommes devant une décision fondamentale: au nom de notre foi, devons-nous oui ou non prendre option pour le monde?

> Nous nous trouvons à un des carrefours les plus décisifs du pèlerinage chrétien dans l'histoire. Mais il y a une étape préliminaire que les chrétiens doivent franchir avant que leur engagement envers l'ordre naturel puisse être plus qu'un impératif éthique: c'est la décision théologique/ontologique que l'Évangile de Jésus, en tant que Christ, implique un indicatif fondamental concernant le monde, à savoir qu'il est grandement aimé, et que sa guérison [*mending*] est une dimension immédiate et vitale de l'œuvre de Dieu. Seul un tel indicatif pourrait soutenir des impératifs tels que le commandement de garder la terre en tant qu'*intendants* de la nature[48].

Pour Hall, ce n'est pas d'abord sous la pression d'événements *externes* comme la crise écologique que la foi chrétienne se découvre une «option pour la création»; c'est surtout au nom de sa propre cohérence *interne*, de sa fidélité au Christ venu «donner sa vie pour le monde».

L'apport du christianisme à la résolution de la crise

Les changements de société qui s'imposent nous invitent à participer à l'effort collectif de sauvegarde de l'environnement. Mais comme chrétiens et chrétiennes, avons-nous une contribution originale à apporter? Nous avons négligé certaines ressources de la Bible qui pourraient s'avérer utiles — voire indispensables — à la transformation requise à un niveau plus profond que celui de l'agir. Nous avons permis des interprétations erronées concernant la place de l'humain dans la création qui ont encouragé le développement d'attitudes dévastatrices face à la nature. La transformation de notre rapport à la nature devra passer par une révision de nos représentations de nous-mêmes, ce à quoi peut contribuer une réaffirmation vigoureuse et claire de la foi chrétienne au sujet de l'identité et de la vocation de l'humain dans la création.

Le réflexe chrétien premier face au questionnement éthique que fait surgir la crise écologique est de retourner à l'Écriture pour y chercher des «commandements», ou du moins des directives explicites sur le rapport de l'humain avec le reste de la création[49]. De fait, on trouve dans la Bible des éléments utiles à l'élaboration d'une «théologie de la nature». Hall en signale quelques-uns: 1) la nature plutôt que l'histoire comme paradigme de la vérité, 2) le théocentrisme des récits de création, 3) l'important mandat d'*intendance* confié à l'humanité, 4) la valeur intrinsèque de la création en dehors de l'humain, 5) la condition humaine comme partie prenante de la nature. Mais une théologie écologique fondée sur l'«évidence directe» des Écritures reste sur le même registre exhortatif que l'approche purement «éthique» de la crise fondée sur les impératifs formulés par les scientifiques. Elle n'invite pas à une conversion profonde de la pensée et de l'être. De plus,

> l'évidence biblique participe déjà sur ce point à l'«ambiguïté» qui a caractérisé l'histoire de la chrétienté. Si la pensée et la pratique chrétiennes entendent réussir, dans un contexte historique donné, un dépassement du témoignage multiple (pour ne pas dire de l'«ambiguïté») de la Bible qui suffise à les rendre capables d'intégrer son message et son agir, ils doivent toujours tenter de discerner les couches les plus profondes de la foi biblique. Sur la base de celles-ci, elles peuvent s'engager dans leur contexte avec un Évangile qui est fondamentalement biblique, même s'il ne l'est pas directement, et même si des «choses» peuvent se trouver dans la Bible qui peuvent sembler le contredire ou véhiculer un autre message[50].

Le problème avec l'être humain ce n'est pas simplement la façon dont il se comporte, mais *ce qu'il est*, plus précisément cette «distorsion de l'être», cette «aliénation fondamentale» que la tradition chrétienne appelle le «péché». Il faut donc retourner à l'interpellation la plus profonde de l'Évangile. Le renouvellement de la réflexion passe par une redécouverte, dans notre tradition, de la pensée sur l'être, conjuguée à la Parole de Dieu que porte cette situation historique.

Ce qui importe le plus, ce n'est pas que soit présente dans l'Écriture une invitation explicite à prendre soin de la création — en fait, la Bible dit peu de choses sur le comportement de l'humain face à la nature —, mais que cela soit porté par des fondations implicites incontournables. Ainsi donc, «même si le témoignage biblique peut bien ne pas parler directement de notre quête d'une théologie de la nature écologiquement responsable, il présente, en fait, des croyances de base qui, en dernière analyse, sont plus significatives pour cette recherche que n'auraient pu l'être des directives éthiques explicites[51]». L'attitude que nous adoptons envers une chose est profondément liée à la façon dont elle est perçue et conçue (par exemple, la conception de la nature comme une «ennemie» ou comme un «matériau» entraînera telle ou telle attitude). La profondeur de la crise actuelle et la réflexion sur la relation humain/nature qui en découle nous ramènent ultimement à la question de l'«être». Une théologie et une éthique chrétiennes de la nature devraient dériver de l'ontologie biblique. C'est justement là, d'après Hall, que se situe le cœur du problème — et de la solution: l'ontologie hébraïque, moins bien articulée, a été éclipsée par l'ontologie grecque.

4. La question ontologique

Après avoir, dans un premier temps, identifié ce qui va de travers dans notre compréhension du rapport humain/nature et confessé la part de culpabilité du christianisme historique dans la crise écologique, Hall propose dans un second temps une nouvelle conceptualisation — qui est, en fait, très ancienne — de cette relation, qu'il qualifie de «plus authentiquement chrétienne».

> Ce que nous devons nous demander, ce n'est pas seulement si nous avons péché en ce domaine ou en d'autres, mais si, parmi nos péchés d'omission, il n'y aurait pas, dans nos meilleures traditions, des aspects dont la négligence ou le rejet nous ont fait oublier certains correctifs ou alternatives aux conseils discutables que nous avons donnés. À la lumière de la nouvelle solidarité avec le reste de la nature à laquelle la technique a conduit une humanité prométhéenne déroutée, ne pourrions-nous pas recouvrer certains de ces trésors enfouis dans la tradition de Jérusalem qui pourraient aider notre espèce à se doter d'une conception plus appropriée de sa place dans l'ordre naturel[52]?

La théologie classique a en général surestimé la catégorie de l'*histoire*, au détriment de celle de la *nature*[53]. La théologie doit maintenant être repensée contextuellement, «sous le choc des ordures» (J. Sittler), dans une profondeur nouvelle. Devant la crise, il faut, plus que de nouvelles stratégies, une reconceptualisation théologique qui passe par une reprise fondamentale de la question de l'être — ce que Heidegger appelait une «interprétation plus originelle de l'être» —, à savoir «celle de l'être compris relationnellement[54]», tel que le suppose l'ontologie hébraïque.

Très tôt dans la tradition chrétienne, à cause du développement historique de l'Église lié à l'empire gréco-romain, les catégories de la philosophie grecque[55] sont devenues le véhicule conceptuel privilégié — pour ne pas dire unique — de la religion judéo-chrétienne. L'ensemble de l'élaboration doctrinale de la foi chrétienne concernant Dieu, l'humain et la création a pris appui sur une conception grecque de l'être, extrêmement hiérarchisée, étrangère à la pensée juive. La foi et la pensée chrétiennes, en partie incompatibles avec les conceptions ontologiques de la «tradition d'Athènes», en sont venues à se couper de la «tradition de Jérusalem» et à pratiquement oublier leurs racines juives. Or ce sont elles qui auraient pu nous garder de la spiritualisation et de l'abstraction excessives de la foi dont nous avons hérité. L'échec de la civilisation occidentale, c'est «l'échec de la tradition ontologique d'Athènes et de son prolongement[56]». C'est l'échec de cette ontologie hiérarchique, spiritualiste, substantialiste, statique et dualiste qui conduit inévitablement à la séparation de l'humain d'avec le reste des créatures et finalement à l'anthropocentrisme.

En même temps, la brisure qui caractérise notre monde et qui marque ainsi l'échec de certains concepts est une ouverture en creux pour la dimension d'interrelationnalité des choses. Bien que celle-ci ne soit pas comme telle systématisée dans l'Écriture, la tradition judéo-chrétienne est porteuse d'une certaine «ontologie», c'est-à-dire d'une conception particulière de l'être. Ce fut le travail des Réformateurs, formés à l'école de pensée très bien établie de la tradition d'Athènes, pour qui la catégorie fondamentale est celle de l'«être», de tenter de revenir à celle de Jérusalem, fondée sur la «relation». Selon Hall, contrairement à la métaphysique scolastique, les Réformateurs ont interprété la Bible de manière «relationnelle», plutôt que selon les catégories hellénistiques qui avaient cours. Par ce retour radical à l'Écriture et à son sens de la singularité, ils remettaient en question l'ontologie dominante et proposaient une approche plus holistique, intégrante et dynamique de la réalité. Pour Luther — et encore plus pour Hall —, la foi ne pouvait plus être décrite en termes de «nature», de «substance», d'«attributs», etc. La catégorie biblique centrale concernant l'être est celle de la «relation», puisque tous les concepts clés de la Bible (amour, alliance, péché, promesse, fidélité, communauté, etc.) ne se comprennent qu'en termes relationnels. Selon lui, la catégorie fondamentale de l'ontologie biblique, qu'il appelle «ontologie de communion», est celle de la *relation*.

L'«ontologie de communion» (relationnelle)

L'ontologie fondamentale de la tradition de Jérusalem est une «ontologie de communion». Hall décrit l'ontologie biblique comme une «ontologie de communion», c'est-à-dire que «l'être lui-même doit être une relation[57]». Contrairement à ce qu'affirment certaines interprétations «substantialistes», l'être humain n'est pas d'abord défini par une qualité particulière mais comme un *être-en-relation*, pourvu de capacités en vue justement de la relation. Notre existence même implique la relationnalité: être, c'est être-en-relation, c'est «être-avec».

«Être» signifie «être-avec»

Hall pense que le concept d'«être-avec» (*being-with*) est le plus apte à rendre compte de la compréhension biblique de l'être, qu'il s'agisse de l'humain ou de la nature — et même de Dieu. Heidegger a introduit le mot «*Mitsein*» («être-avec») pour surmonter l'abstraction de l'être et le resituer dans le temps et dans le monde. La langue allemande est plus favorable à ce genre d'expression que le français, puisqu'elle a conservé dans son vocabulaire courant plusieurs mots composés avec «*Mit*» qui évoquent spontanément l'image de l'«être-avec». L'expression «être-avec» est d'ailleurs proche du mot hébreu «*shalom*» qui exprime de manière concentrée cette idée d'harmonie entre Dieu, l'humain et toute la création, et donc le caractère relationnel de tout ce qui est. Puisque la crise écologique est la manifestation flagrante d'une relation difficile — pour ne pas dire dévastatrice — entre l'humain et la nature, Hall propose de puiser dans l'héritage judéo-chrétien les fondements d'une nouvelle relation humain/nature qui soit plus viable. En effet, la tradition chrétienne, tant dans les récits de création que dans les récits eschatologiques, nous présente le monde sous la forme d'un échange harmonieux entre nous et les autres créatures, tous appelés à la communion.

Une certaine théologie est fascinée par un Dieu solitaire, alors que le Dieu de la Bible ne se dévoile que dans la relationnalité, dans l'amour qu'il porte à ses créatures. Dieu n'est pas «seul», il est «trois». *Le Dieu biblique est en lui-même une relation.* «La Trinité n'est rien d'autre que l'extension de l'insistance ontique fondamentale selon laquelle Dieu est l'"être-avec", "Dieu est amour"[58].» Dieu est = Dieu aime = Dieu est avec. La doctrine de la Trinité, de même que celle de l'Incarnation, nous montre le Dieu biblique comme un «Dieu-avec-nous» («Emmanuel»). «L'"ontologie de communion" est un aboutissement naturel et nécessaire de la conception biblique de Dieu[59].»

La dialectique «différenciation/identification»

Le concept ontologique d'«être-avec» implique en lui-même deux autres notions importantes, conditions fondamentales à toute véritable relation: l'*identification* et la *différenciation*[60], le semblable et l'autre. Nous rencontrons ici une seconde dialectique (après celle d'expériences/attentes que nous avons exposée au chapitre 2) importante dans la pensée de Hall[61], spécialement dans sa théologie écologique.

Toute sa problématique sur le rapport humain/nature s'articule autour de cette dialectique: la crise écologique résulte de l'accentuation excessive et unilatérale de la différenciation de l'humain d'avec la nature, et de la négation — du moins la tentative de négation — de la dimension d'identification de l'humain avec la nature. L'anthropologie biblique, centrée sur le concept d'image de Dieu, interprété quasi exclusivement dans le sens d'une identification «spirituelle» avec Dieu, a renforcé la représentation de l'humain comme être supérieur et totalement différent des autres créatures.

Or l'humanité, selon les récits de la création, n'est ni supérieure ni totalement différente du reste de la création; elle existe en solidarité *avec* les autres créatures. Elle partage la même origine et est appelée à la même destinée. Cette dimension de participation se situe en tension dialectique avec une autre tout aussi importante, celle de l'individualité et de l'unicité. En effet, l'affirmation biblique de l'interrelationnalité de tout ce qui est ne signifie pas pour autant la négation de l'individualité de l'être. «Avec» n'est pas synonyme de «dans[62]». «Avec» est la seule préposition qui exprime cette polarité entre l'identité et la différence, l'appartenance et la mise à part, la participation et la particularité.

À partir de l'ontologie de communion, Hall suggère de comprendre la distinction humain/nature comme une *vocation* particulière plutôt que comme une supériorité de constitution sur les autres créatures (j'y reviendrai plus en détail ultérieurement). La seule réponse possible à la crise écologique consiste à remettre en question la transcendance absolue de l'humain sur la création et à développer une nouvelle image de l'humain qui rétablit la dimension d'identification avec la nature présente dans le second récit de la création. Aucun changement ne sera possible sans un déplacement majeur du côté de l'identification[63], c'est-à-dire de l'acceptation de notre «créatureté[64]», de notre lien d'appartenance bio-ontologique au monde des créatures. Sans la reconnaissance de cette dimension de participation et de solidarité avec l'ensemble des êtres créés, l'être humain ne pourra développer une attitude de respect et de compassion envers l'ordre naturel.

Une éthique de l'amour

La catégorie onto-relationnelle par excellence pour dire l'être de Dieu et notre être — à savoir l'«être-avec» — est celle de l'amour. Le langage de l'amour, présent d'un bout à l'autre de la Bible, est le plus approprié pour articuler l'ontologie fondamentale de la tradition de Jérusalem. C'est ce que Dieu nous a montré par l'incarnation et la rédemption. Pour Hall, «cet "être-avec" n'est finalement ni plus ni moins que l'amour[65]». Or, de cette «ontologie de communion» découle tout naturellement une «éthique de l'amour».

Ceci est d'une grande importance pour la relation entre l'éthique et la théologie. «Nulle séparation entre théologie et éthique, indicatif et impératif, nul besoin d'inférer l'une de l'autre. L'ontologie de l'amour (à savoir que Dieu est amour, et que nous sommes *imago Dei*) contient déjà une éthique de l'amour[66].» C'est dire que l'éthique chrétienne n'est pas dérivée ou extrapolée de la théologie; elle est déjà là, dans la conception même de la réalité, dans l'«ontologie de communion» que présuppose la foi. «L'éthique (l'amour) n'est rien d'autre que la théologie (Dieu aime) formulée sous le mode impératif[67].» Une telle éthique de la communion sera nécessairement orientée vers la restauration des relations brisées. La vocation humaine ne consiste pas dans la perfection de nos qualités ou de nos talents pour nous-mêmes, mais dans la mise en service de ceux-ci en vue d'une plus grande communion avec l'autre.

Les trois dimensions de l'«être-avec» humain: Dieu, le prochain, la nature

Se pose alors la question: mais qui est cet «autre» avec qui nous devons communier? Spontanément: «Dieu». Mais la réponse n'est pas assez inclusive. Voilà pourquoi Jésus a ajouté: «le prochain», puisque l'amour de Dieu passe obligatoirement par le prochain. Cependant, une troisième dimension, implicite celle-là, est aussi incluse dans cet amour de l'autre: la création (la nature). Cette dimension est inséparable des deux premières quant au commandement de l'amour puisqu'elle appartient aussi à l'ontologie fondamentale de la tradition de Jérusalem. L'ontologie de communion est inclusive et doit s'appliquer sans restriction à «tout ce qui est», y compris la nature — tel que nous le révèle, par la négative, la crise écologique, constat flagrant de son omission. La relationnalité de notre «être-avec» est donc tridimensionnelle: Dieu, les autres humains, la création non humaine.

Il est assez évident que le fondement de notre relationnalité et la relation première en vue de laquelle nous sommes créés sont d'«être-avec» Dieu, notre Créateur. C'est de lui seul que nous sommes totalement dépendants pour ce qui est de notre être. Il est aussi le premier et l'ultime référent du commandement judéo-chrétien de l'amour: «Tu aimeras le Seigneur ton Dieu de tout ton être [...].» Mais cette primauté ontologique non seulement n'exclut pas que l'amour de Dieu soit médiatisé, mais elle le présuppose: «Tu aimeras ton prochain [...].» «Être-avec» Dieu s'exprime nécessairement par un engagement envers le prochain.

«Être-avec» le prochain n'est pas un ajout au commandement de l'amour, il en est le véhicule concret. Toute la vie chrétienne se résume et se juge dans l'attitude d'amour que nous avons pour l'«autre», notre prochain humain. Dans le contexte de la crise écologique, la question est de savoir si ce «prochain» doit être limité à nos semblables humains ou s'il inclut aussi les autres créatures. C'est là que la théologie est appelée à explorer une nouvelle dimension de l'ontologie biblique.

La théologie et l'éthique chrétiennes ont amplement élaboré concernant les deux premiers destinataires de la relationnalité humaine: Dieu et le prochain. Nous sommes évidemment beaucoup moins familiers avec cette troisième modalité de notre «être-avec», la tradition ayant exclusivement mis l'accent sur les deux précédentes. Pourquoi? Tout simplement parce que rien dans le contexte de l'époque n'appelait une telle explicitation du commandement de l'amour. D'autres éléments, comme l'occupation romaine, ont interpellé Jésus au sujet de l'amour du «prochain-ennemi». Dans le contexte nouveau où il se trouvait, Jésus ne fit qu'expliciter ce qui était déjà contenu de façon implicite dans la Loi, à savoir l'«amour du prochain». Dans le Sermon sur la montagne, il n'a jamais parlé de l'amour de la création ou du respect de la nature — comme de bien d'autres choses qui font partie de notre situation contemporaine et qu'il ne pouvait même pas imaginer. Mais dans le contexte actuel de la crise écologique,

> ce qui est très important après tout, ce n'est pas que nous soyons capables de lire quelque part dans l'Écriture: «Tu aimeras aussi l'ordre naturel comme toi-même.» Plutôt, ce qui compte, c'est l'attitude biblique fondamentale envers la création, envers le salut, envers l'univers matériel (incluant le corps humain), envers les autres formes de la vie — envers la vie elle-même. [...] Le temps est venu — le nôtre aujourd'hui — où il est nécessaire pour le ministère prophétique et rabbinique du peuple de Dieu d'annoncer que l'amour de l'ordre naturel était déjà présent dans l'ontologie biblique. Ce n'est pas un nouveau commandement, bien qu'il doive être nouvellement annoncé. [...] Le même commandement de l'amour, déjà implicitement présent dans le lien de relationnalité et de mutualité ontiques reliant l'homme et la femme, le Créateur et la créature, s'étend naturellement et sans contrainte ou artifice à la relation entre l'humanité et le reste de la création [...] Ce qui était implicite est devenu explicite: la création sans voix mais non-plus-silencieuse doit être aimée. Peut-être que cette dimension du commandement de l'amour, implicite dans la tradition de Jérusalem, doit devenir pour nous la plus immédiate des trois. Il se peut que nous devions apprendre à exprimer toute la loi de Dieu dans le commandement de l'amour de la terre. Car c'est précisément à cause du manque d'un amour humain tourné vers la terre que la vie de la planète est aujourd'hui menacée[68].

Ainsi en est-il aujourd'hui, où notre situation historique demande d'expliciter le commandement de l'amour envers Dieu et le prochain en y incluant la nature, qui est déjà implicitement contenue dans l'ontologie biblique. Jusqu'ici, l'Occident a pu se payer le luxe d'ignorer cette troisième dimension de la relationnalité en considérant la nature comme une chose neutre. Or la nature n'accepte plus de rester silencieuse. Il fallait la grave crise que nous connaissons maintenant pour que l'occasion nous soit donnée de prendre conscience de ce qui était là depuis le début, à savoir que le commandement judéo-chrétien de l'amour contient une troisième dimension, l'ordre naturel, qui pourrait bien en devenir l'expression privilégiée pour notre époque.

L'interrelationnalité des trois dimensions: une «tri-unité»

Comme dans tout processus d'analyse d'un sujet dynamique, il est nécessaire pour la compréhension de faire des distinctions, en l'occurrence ici de séparer les trois orientations de l'«être-avec» humain. Cependant, ces trois dimensions de la relationnalité humaine sont inextricablement liées les unes aux autres. Hall y voit un parallèle avec la doctrine de la Trinité, puisque les trois dimensions de la relationnalité humaine sont «trois dans un». «Ces trois dimensions ou orientations de notre relationnalité humaine sont si inséparablement et intégralement liées les unes aux autres qu'il n'y a pas de relation appropriée à Dieu qui ne soit en même temps un nouvel être-avec ceux de notre espèce, avec le reste de la création, et vice versa[69].» Au point qu'on puisse dire en paraphrasant saint Jean que: «celui qui prétend aimer Dieu et son prochain tandis qu'il hait la terre, est un menteur[70]».

Selon la logique de la conception relationnelle de l'être humain, l'amour de Dieu et de notre prochain inclut aussi l'amour de la terre et de toutes les créatures qui l'habitent. Il devient évident aujourd'hui que l'amour de Dieu et du prochain (la communauté globale, planétaire et les générations futures) est indissociable du respect de la biosphère. Même si on peut dire à juste titre que l'éthique biblique est *théocentrée*, il faut aussi se rappeler que le Dieu de la Bible est tourné vers le monde qu'il aime, et donc que l'éthique chrétienne authentique est finalement *géocentrée* ou *cosmocentrée*. Une bonne part des impacts négatifs sur la nature vient du fait que le christianisme, en se centrant sur le *divin*, dans sa doctrine et dans sa pratique, a justement permis la séparation entre le *vertical* et l'*horizontal*, entre le souci de Dieu et le souci de l'autre (prochain ou nature). La relation à Dieu a été placée dans une classe à part, très spiritualisée, dépouillant la relation à l'autre et à la nature de toute forme de verticalité transcendante. Une partie de la rectification de notre rapport avec la nature réside dans la «reconnexion» de ces deux dimensions et dans la réattribution d'une dimension spirituelle et sacrée — jusque-là réservée à Dieu — à nos relations avec le prochain et avec la nature, puisque ces trois dimensions sont des aspects inséparables de notre être-avec-l'autre. Le monde naturel, en tant que support de la grâce, retrouve par là une dimension spirituelle et mérite de ce fait la même révérence qu'on accorde au divin. «Affirmer que l'être humain est non seulement être-avec Dieu, la Source, et être-avec le prochain, son égal, mais aussi être-avec toute la création, c'est situer la "nature" à l'intérieur du même cadre conceptuel et spirituel que celui qui s'applique aux deux autres orientations de notre relationnalité[71].»

L'être humain est donc tout à la fois *être-avec-Dieu*, *être-avec-les-autres* et *être-avec-la-nature*. L'essence de l'être humain, c'est d'«être-avec», c'est-à-dire *être-ensemble* et *être-pour*.

> Car la foi rend possible non seulement la reconnaissance du droit à la vie des autres êtres, humains et non-humains, mais l'amour de l'autre — jusqu'à l'amour sacrificiel. En solidarité avec toutes les créatures, l'humanité que Dieu souhaite, et à laquelle, en Christ, il nous appelle, est une humanité qui est prête non seulement à co-exister mais à pro-exister vis-à-vis du non-humain[72].

Le péché n'est alors que «la négation de la structure relationnelle de l'être humain[73]», c'est-à-dire *être-seul* (*être-contre*).

La question du rôle de l'humain dans la nature trouve facilement une réponse quand nous saisissons l'ontologie fondamentale que nous présente la Bible, à savoir que la vocation humaine est d'«être-avec-les-autres». Cette *possibilité* qui est affirmée par la théologie de la création et par celle de la rédemption est maintenant devenue, à cause de la crise (écologique), une *nécessité*[74].

D'une «théologie écologique» à une reprise dogmatique globale

Il est évident — ne serait-ce que par instinct de survie — que nous sommes appelés à réviser radicalement nos comportements, individuels et sociaux, bien trop modelés par l'impérialisme technocratique occidental. Mais, comme nous l'avons vu, au-delà d'une simple question d'*avoir* (redistribution des richesses) ou de *faire* (transformation de notre agir), il est question d'*être*. Les changements requis par la crise (au niveau comportemental) doivent d'abord se situer à l'intérieur, dans l'image que nous nous faisons de nous-mêmes, puisque c'est là que prennent racine les valeurs et les attitudes qui déterminent nos modes de vie et nos rapports au monde. La transformation qui est demandée, loin d'un réaménagement superficiel des choses, n'est rien de moins qu'une *metanoia*[75], une conversion intellectuelle et spirituelle, apte à induire une nouvelle manière d'entrer en relation avec la nature. Voilà le fondement de la nouvelle éthique écologique: une nouvelle image de l'humain plus fidèle à l'anthropologie biblique, car «la présente forme de notre autocompréhension est à la fois fausse et dangereuse[76]».

S'il est un point central de la réflexion théo-écologique, c'est bien sûr l'anthropologie, car «la tendance du christianisme historique à élever l'humanité au-dessus de la nature, situant sa finalité dans un état transcréationnel, est peut-être la cause la plus décisive du problème que, en tant que chrétien, nous avons à résoudre[77]». Cependant, puisque tout est interrelié, ce ne sont pas seulement l'anthropologie et la cosmologie qu'il nous faut réexaminer, mais l'ensemble de la dogmatique: la théologie (au sens strict de «discours sur Dieu»), la christologie, la sotériologie, l'eschatologie et l'ecclésiologie. L'exaltation anthropologique n'est pas sans lien par exemple avec la doctrine de Dieu et du Christ. À une image prométhéenne de l'humain ne peut correspondre qu'une divinité toute-puissante et transcendante, un Christ glorieux et déshumanisé, mais aussi un monde sans valeur et éphémère, une Église triomphante et impérialiste, et un salut spiritualisé et désincarné. C'est non seulement par l'élévation anthropologique mais aussi par toute une «théologie de la gloire» que le christianisme a contribué à l'échec global de la civilisation occidentale et, par le fait même, à la désintégration de la nature; c'est par une «théologie de la croix» que la pensée chrétienne pourra intégrer cette expérience négative et contribuer à la résolution de la crise. Par conséquent, c'est aussi d'une nouvelle image de Dieu, du Christ, du monde et de l'Église que nous avons besoin pour nous réapproprier l'Évangile dans le contexte actuel et réinventer notre rapport à la nature. Hall pense que «la crise de l'environnement est l'occasion d'une révision exhaustive et en profondeur de la pensée chrétienne conventionnelle, non seulement au niveau de la relation entre l'être humain et l'être extrahumain, mais en lien avec presque tous les aspects majeurs de la foi [...][78]». La réaction à la crise écologique se présente donc aux chrétiens et chrétiennes à la fois comme une *nécessité* (pour survivre) et une *opportunité* (par grâce) de réflexion sur eux-mêmes et sur leurs croyances[79]. La «re-cosmicisation» de la théologie[80], comme effort d'éco-contextualisation, amène à repenser l'ensemble de la doctrine chrétienne, mais plus particulièrement certains concepts anthropologiques.

5. Reconceptualisation de l'identité et de la vocation de l'humain dans la création

Si la question du rapport humain/nature ne doit pas se résoudre au niveau de l'éthique (au sens restrictif du mot) parce qu'elle est d'abord une crise anthropologique, alors une nouvelle représentation de l'humain est à chercher qui à la fois critique et offre une autre image de l'humain que celle du «technocrate» et du «maître de la nature». Le symbole doctrinal de l'*imago Dei* a eu une influence perverse dans la formation de cette image de l'humain. Traduit dans les catégories de la pensée grecque, il a été compris de manière à accentuer la différenciation par une discontinuité complète avec les autres créatures. Cette interprétation biaisée a été déterminante dans l'image que l'humain s'est faite de lui-même et par conséquent dans le rapport qu'il a entretenu avec la nature, polarisé autour de la notion de «domination». D'où la pertinence de retourner à l'anthropologie biblique pour resituer dans une perspective relationnelle le symbole de l'*imago Dei* qui définit l'être humain et la fonction de «domination» à laquelle il est appelé. Hall propose une nouvelle manière de concevoir l'identité et la vocation humaines dans le monde qui remet en question la supériorité de l'humain sur la nature et sa fausse interprétation de la «domination». Il ne s'agit pas de nier le caractère distinct de l'humain vis-à-vis du reste des créatures — la chose est absolument irréfutable — mais, d'une part, de «redéfinir et de réorienter ce qui est spécifiquement humain de façon à produire un effet différent dans l'ordre naturel[81]», et, d'autre part, de reconnaître et d'accepter notre identité créaturelle (notre créatureté).

*Compréhension relationnelle de l'*imago Dei

Le concept biblico-théologique central de la foi chrétienne, celui d'*imago Dei*, qui a été pendant des siècles la base de l'identité anthropologique, est le premier qui a besoin d'être redéfini. La conception de l'*imago Dei* qui a dominé l'histoire de la pensée chrétienne est celle que Hall appelle «substantialiste», c'est-à-dire que l'être humain est conçu comme «possédant» — à noter l'idée de possession — des qualités uniques dans le monde des créatures, en particulier la raison et la volonté, qui font de lui un être essentiellement distinct de tous les autres. Avec la Réforme et l'approche relationnelle de l'Écriture, le concept d'*imago Dei* commence à être interprété de façon différente. Pour Luther, la caractéristique essentielle de l'être humain, contrairement à la vision de l'école substantialiste, est sa capacité de relation à Dieu. Calvin ira un peu plus loin en voyant dans l'*imago Dei* non pas un *nom* (un attribut quelconque) mais un *verbe* (une action): nous «imageons[82]» Dieu dans la mesure où nous sommes tournés vers lui à la manière d'un miroir (ce qui veut dire aussi que, orientés vers autre chose, nous pouvons ne pas «imager» Dieu). Pour lui, «l'image de Dieu n'est pas une dotation permanente [...] mais une qualité qui dépend de notre position vis-à-vis de Dieu[83]», c'est-à-dire de la qualité de la relation créature/Créateur. Dans l'optique de l'ontologie de communion, être image de Dieu, c'est être-avec-Dieu de manière à refléter sa présence dans la création. L'intention de Dieu en créant un être «à son image» est d'avoir au milieu de la création une créature médiatrice. Si l'être de Dieu se définit par l'amour, nous en sommes donc l'image lorsque, comme lui, nous aimons. Le concept d'*imago Dei* ne peut être défini qu'en rapport avec ce qui est le cœur de l'éthique chrétienne: l'amour. Si l'être humain est doté d'attributs particuliers par rapport à l'ensemble des créatures, ils ne sont que des moyens en vue de cette fin qu'est la participation la plus plénière possible à toutes les dimensions de l'univers relationnel.

Critique radicale de la «domination»

De l'identité problématique de l'être humain, nous sommes conduits au rôle problématique de l'humain dans le monde. Cet «imagement» de Dieu, compris de manière relationnelle, n'est pas sans critiquer en profondeur la conception communément admise par la modernité occidentale de la vocation humaine à «dominer» la nature. Que signifie selon la foi et l'ontologie bibliques le mandat confié à l'être humain de «dominer les créatures»? Il est clair qu'aussitôt que l'être humain se considère comme essentiellement différent, dans le sens d'une supériorité de nature sur toutes les autres créatures, la porte est grande ouverte à l'idée d'une maîtrise absolue du monde naturel[84].

La thèse de Hall sur ce point est que l'échec occidental est justement la conséquence d'une incompréhension totale de la domination humaine conçue par la foi biblique. Selon lui, «rien n'est plus nécessaire dans notre contexte actuel qu'une nouvelle appréciation de la "domination" humaine [...][85]». Car comprise en cohérence avec l'ontologie biblique, «la vocation spécifique de l'être humain [...] est possible non pas à cause de quelque qualité ou talent ou puissance appartenant à la créature humaine comme telle[86]», mais à cause de sa capacité à «imager Dieu» dans son agir concret. «Dominer» à la façon de Dieu est à l'opposé de ce que cela signifie pour l'entendement général.

La rectification de l'anthropologie chrétienne exige par le fait même certaines transformations dans notre conception de Dieu. Un Dieu tout-puissant et abstrait gouvernant le monde arbitrairement ne peut servir de modèle à une authentique «domination».

D'ailleurs, ce Dieu est incompatible avec le Dieu de la foi chrétienne, un Dieu proche, souffrant, compatissant, un «Dieu-avec». Comme pour l'*imago Dei*, c'est l'amour qui sert à définir la domination. Le Dieu du christianisme est un Dieu qui aime, jusqu'au sacrifice, pour faire vivre ses créatures. «La domination divine du monde qui s'exprime ultimement dans la croix du Christ est une domination de service. Son objet est la préservation de la vie. [...] La souveraineté de Dieu est une fonction de l'amour. Si Dieu exerce la domination dans le monde, c'est afin de préserver la création contre ses forces destructives intrinsèques [...][87].»

Ce qui nous distingue des autres créatures ne doit donc pas être compris en termes de supériorité hiérarchique mais de vocation. Si nous sommes différents, c'est pour exercer une fonction unique dans la création. Parce que nous sommes «image de Dieu», nous sommes appelés à une responsabilité particulière: «représenter» Dieu dans sa création. Les concepts d'*imago Dei* et de «domination» se conjuguent dans celui de *représentation*[88]. L'identité humaine est dialectiquement liée à deux pôles: Dieu, dont nous sommes l'image, et la création à laquelle nous appartenons en tant que créatures. La fonction de «représentation», fondée sur cette double appartenance, exige donc que soit aussi reconnu le pôle d'identification à la nature.

Reconnaissance de notre «créatureté»

Le premier aspect de la reconceptualisation anthropologique dont il vient d'être question concernait la différenciation avec la nature ou, inversement, l'identification avec Dieu (*l'imago Dei* et la «domination»). Un second aspect, qui lui est complémentaire, se situe au niveau de l'identification avec la nature. L'être humain ne peut être un authentique représentant de la création que s'il se reconnaît membre à part entière de la communauté des créatures. Nous sommes «de la nature»: des êtres finis, mortels, sujets à tous les mouvements de la vie. Un des éléments essentiels au changement dans notre rapport avec la nature est sans contredit le passage d'une accentuation de la différenciation à une plus grande identification avec la nature. Lorsque est reconnue et affirmée notre «créatureté», notre identification au monde des créatures[89], il n'est plus possible d'entretenir une conception de la domination synonyme de «pouvoir sur».

Hall pense que la notion de «créatureté» (*creaturehood*) est «le cœur de l'anthropologie chrétienne[90]». L'appartenance créaturelle de l'humain est une donnée constante de la théologie biblique. Autant les récits de création, la sotériologie, que les visions eschatologiques, présentent l'être humain en solidarité avec l'ensemble des créatures. Le péché consiste précisément dans le refus et dans la tentative humaine de nous échapper de notre statut de créature. L'essence de la Bonne Nouvelle de l'Évangile pourrait, selon Hall, se formuler ainsi aujourd'hui: «Vous êtes libres d'être des créatures. Vous êtes libérés pour la créatureté. Vous n'avez plus à être des dieux ou des demi-dieux, ou des *superman/woman*, ou des Prométhées. [...] Vous pouvez être des êtres humains [...][91].» L'acceptation de notre créatureté — qui est bien plus que la simple reconnaissance intellectuelle de notre état de créatures — relève, tout comme l'accueil de l'Évangile, de la conversion (*metanoia*). C'est dire que l'enseignement et l'exhortation ne peuvent suffire; la réconciliation avec notre dimension créaturelle est une expérience de la grâce[92].

Le concept de «représentation»: une fonction sacerdotale

Le concept de représentativité[93], toujours selon Hall, «suggère une dynamique de relation entre deux qualités polaires ou opposées de la relation, l'identification et la différenciation[94]. Un représentant doit avoir ou atteindre un haut degré d'identité avec celui qui est représenté [...]. En même temps, il ne peut y avoir aucun acte de représentation nécessaire ou signifiant sans distinction[95].» La représentation décrit précisément la situation et la mission de l'humain dans le monde. En fait, il s'agit d'un concept plus séculier pour exprimer la fonction biblique de «prêtre[96]»: un membre de la communauté, choisi, élu de Dieu et du peuple, mis à part pour servir de médiateur dans la relation humano-divine.

L'être humain, créaturc parmi les créatures, est appelé à faire office d'intermédiaire dans la relation créaturo-divine.

En parallèle avec l'exercice de la fonction sacerdotale, qui consiste en gros à représenter Dieu devant l'humain et l'humain devant Dieu, on peut comprendre la vocation fondamentale de l'humain dans le monde comme la représentation de Dieu dans la création et celle de la création devant Dieu.

La facette la plus évidente de la représentativité est étroitement liée à notre identité d'image de Dieu. L'être humain est appelé à «imager» l'amour de Dieu dans la création, c'est-à-dire à exercer une «domination» qui se met au service de la vie. (La compréhension relationnelle de l'*imago Dei* et de la domination a été exposée précédemment.) Dieu nous a «équipés» pour prendre soin de la création.

La seconde facette de la représentation découle directement de la reconnaissance et de l'acceptation de notre «créatureté». C'est parce que l'être humain participe pleinement à l'existence créaturelle qu'il peut en être le représentant. «[La créature] est là pour articuler, par la médiation de sa créatureté particulière, la gloire que toute la création rend à son Créateur[97].» En acceptant sa solidarité avec le reste des créatures sans voix, l'être humain, à travers le don de la parole, peut offrir à Dieu, au nom de toute la communauté créaturelle, son action de grâce pour la vie, sa souffrance multiforme, et son espérance de salut. C'est pourquoi Hall parle d'une fonction «poétique[98]». «La créature parlante ne répond pas seulement pour elle-même. C'est toute la création qui trouve une voix dans l'*Homo loquens*[99].» Cette participation, cet «être-avec» tous les êtres de la création, voilà la vraie communion et la raison d'être de l'humain.

Ceci nous ramène au concept central de la théologie contextuelle et écologique de Hall, celui d'*intendance*. La métaphore biblique de l'*intendant* récapitule et condense en une seule image les concepts clés de l'anthropologie chrétienne interprétés à la lumière de l'ontologie biblique: l'«être-avec», la dialectique identification/différenciation, l'*imago Dei*, la «domination», la représentation, qui ne sont en réalité que des formules différentes pour exprimer une seule chose: notre identité médiatrice et notre responsabilité particulière dans le monde.

*Le Christ comme «représentant» et modèle d'*intendance

Distinguant «substitution» de «représentation», Hall montre que le concept de représentativité, fondé sur la dialectique identification/différenciation, est le plus apte à pointer en direction du mystère concernant l'identité humano-divine de Jésus Christ. La tradition, à travers les définitions dogmatiques (surtout celle de Chalcédoine), a cherché à exprimer, dans des catégories grecques qui, aujourd'hui, la rendent peut-être plus obscure que limpide, la «mystérieuse combinaison de deux natures» en cet être unique. En tant que représentant de Dieu (nature divine = pôle de différenciation d'avec la création), Jésus manifeste par excellence la présence de la divinité; en tant que représentant de l'être humain (nature humaine = pôle d'identification avec la création), il participe pleinement à notre condition finie. Sa critique de l'accent mis sur la dimension divine du Christ conduit Hall à proposer une approche du Christ plus incarnée, une nouvelle image. Dans la perspective de la théologie de la croix, il suggère de redonner à Jésus une figure plus humaine que ne l'ont fait les nombreuses christologies à tendance docétiste. Si Jésus est l'«Emmanuel», Dieu-avec-nous, alors l'incarnation est à comprendre comme une participation «existentielle» de Dieu à notre humanité[100].

Diverses influences historiques ont donc rendu le christianisme occidental complice de la rupture avec la nature. La réalité contextuelle de la crise écologique est l'occasion de repenser notre conception de l'être de façon à accentuer à la fois la dimension d'incarnation de l'humain et la dimension spirituelle de la création, déjà présentes à l'origine, mais qui ont été oubliées. La perspective hallienne met en évidence «le potentiel de notre tradition», peu exploité par l'Église officielle, susceptible de modifier notre attitude par rapport à la nature.

Dans le prochain chapitre, nous élargirons notre étude du concept d'*intendance* (*stewardship*) en consultant la littérature extra-hallienne sur ce thème, de manière à faire voir la pertinence et la cohérence de la théologie écologique de Hall.

Notes

[1] Il a consacré explicitement à ce sujet: un livre (*Imaging God. Dominion as Stewardship*), un chapitre (*The Steward*, ch. 7: «Stewardship as a Key for a Theology of Nature»), une partie importante du deuxième tome de sa dogmatique (*Professing the Faith*, 2e partie: «Creaturely Being», pp. 185-359.) et plusieurs articles spécialisés et de vulgarisation: «Man and Nature in the Modern West: A Revolution of Images», *Man and Nature on the Prairies*, éd. par Richard Allen, University of Regina, Canadian Plains Research Center, «Canadian Plains Studies», 6, 1976, pp. 77-92; «Christian Faithfulness on a Polluted Planet», dans *Signs of Times: Resources for Social Faith*, éd. par Virginia Rose Smith (Toronto, United Church of Canada), Kitchener, Ainsworth Press Ltd., 1984, pp. 41-43. Après 1983, la plupart de ses articles sur le sujet s'inscrivent dans le cadre du processus conciliaire «JPIC» (*Justice, Peace, and Integrity of Creation*, sur lequel je reviendrai ultérieurement) auquel il a participé de près et qu'il met en lien direct avec le thème de l'*intendance*: «Introduction», *Reintegrating God's Creation: A Paper For Discussion*, éd. par le World Council of Churches, Genève, Church and Society Documents, 3, 1987, pp. 5-9; «The Integrity of Creation: Biblical and Theological Background of the Term», *Reintegrating God's Creation: A Paper for Discussion*, éd. par le World Council of Churches, Genève, Church and Society Documents, 3, 1987, pp. 25-36; «JPIC: The Message and the Mission», *The Ecumenical Review*, 41 (4), 1989, pp. 492-500; «The Integrity of Creation», *Ecumenism*, 100, 1990, pp. 5-8; «Creation in Crisis», *Dianonia*, 2 (2), 1991, pp. 1-21; «The State of the Ark: Lessons from Seoul», *Between the Flood and the Rainbow: Interpreting the Conciliar Process of Commitment (Covenant) to Justice, Peace and Integrity of Creation*, éd. par D. Premen Niles, Genève, WCC Publications, 1992, pp. 34-48; «The Spirit to the Churches: Justice, Peace and Integrity of Creation», Sixteenth General Synod (Minutes), éd. par The United Church of Christ, Cleveland, 1987, s. p.

[2] D.J. Hall, *The Steward*, p. 185.

[3] D.J. Hall, *The Stewardship of Life in the Kingdom of Death*, 1985.

[4] D.J. Hall, *Thinking the Faith*, p. 200.

[5] *Ibid.*, p. 220. Cette définition rejoint celle que j'ai donnée au chapitre 1.

[6] Il n'est pas le seul à utiliser cette expression. Voir par exemple: G. Siegwalt, *Dogmatique pour la catholicité évangélique*, t. III, n° 1, Genève/Paris, Labor et Fides/Cerf, 1996, p. 60.

[7] «Privé de ses droits inhérents, n'ayant aucune possibilité d'appel au-delà du tribunal humain, le monde naturel, blessé et battu, se rebelle; c'est-à-dire que les lois de survie inhérentes aux processus naturels protestent elles-mêmes devant la menace.» (*Thinking the Faith*, pp. 220-221)

[8] Sa définition de la crise «écologique» s'applique au domaine biologique, alors que nous l'avons élargie à l'ensemble des phénomènes par lesquels se manifeste le déséquilibre; elle englobe ainsi également les problèmes humains (désordres sociaux, troubles de la santé physique et mentale, etc.). Cependant, Hall partage cette vision plus globale pour ce qui est de la «crise» de l'Occident.

[9] D.J. HALL, *Thinking the Faith*, p. 220. À la différence de Drewermann, par exemple, qui y consacre une bonne moitié de son ouvrage *Le progrès meurtrier*, Hall s'attarde très peu à décrire les phénomènes par lesquels se manifestent les désordres environnementaux. Il tient pour acquis qu'il s'agit d'un constat bien établi, communément admis, un élément contextuel indéniable à partir duquel il faut réfléchir de façon urgente.

[10] D.J. HALL, «Man and Nature in the Modern West», p. 92.

[11] D.J. HALL, «Creation in Crisis», p. 2.

[12] *Ibid.* (C'est moi qui souligne.)

[13] Dans son premier article sur le rapport humain/nature, «Man and Nature in the Modern West», Hall parle plus précisément de «révolution».

[14] D.J. HALL, *Imaging God*, p. 5.

[15] Expression de plus en plus employée pour interpréter ce phénomène. Une métaphore qui n'est pas sans rappeler l'origine médicale du terme, d'où sa fréquente association avec l'idée de «malaise» de la civilisation.

[16] D.J. HALL, *Thinking the Faith*, p. 198.

[17] D.J. HALL, *Imaging God*, p. 6.

[18] D.J. HALL, «Man and Nature in the Modern West», p. 82ss.

[19] D.J. HALL, *Lighten Our Darkness*, pp. 94-98.

[20] D.J. HALL, *Lighten Our Darkness*, p. 95.

[21] *Ibid.*, p. 97.

[22] *Ibid.*, p. 98.

[23] D.J. HALL, «Creation in Crisis», p. 13.

[24] C'est une expression très présente dans l'œuvre de Hall. Elle signifie regarder le monde tel qu'il est, avec tout ce qu'il y a de négatif, ne pas avoir peur d'entrer dans les ténèbres pour y recevoir la lumière de Dieu.

[25] D.J. HALL, «Creation in Crisis», p. 3.

[26] D.J. HALL, *The Steward*, p. 190. D'autres auteurs font aussi le lien entre le développement de la pensée scientifique et l'influence du christianisme en Occident.

[27] L. WHITE Jr., «The Historical Roots of Our Ecological Crisis», *Science*, 155 (3767), 10 mars 1967, pp. 1203-1207. Cet article a donné lieu à tout un débat dont témoigne une littérature assez abondante: R. WRIGHT, «Responsibility for the Ecological Crisis», *Christian Scholar's Review*, 1, 1970, pp. 35-40; B. WRIGHTSMAN, «Man: Manager or Manipulator of the Earth?», *Dialog*, 9 (4), 1970, pp. 200-214; R.A. BAER, «Christian's Responsibility in Man's Relation to Nature», *The Lutheran Forum*, avr. 1970, s.p.; L. WHITE Jr., «Continuing the Conversation», dans *Western Man and Environmental Ethics*, éd. par I. Barbour, Reading (Mass.), Addison-Wesley, 1973, pp. 55-64; P. TRIBLE, «Ancient Priests and Modern Polluters», *Foundations*, 17 (2), 1974, pp. 158-163; R. V. YOUNG, «Christianity and Ecology (*Genesis* 1, 28 and All That)», *National Review*, 26 (51), 20 déc. 1974, pp. 1454-1458 et 1477-1479; T. S. DERR, «Religion's Responsibility for the Ecological Crisis (Lynn White and his Magical Essay)», *Worldview*, 18 (1), 1975, pp. 39-45; A. R.

PEACOCKE, «On "The Historical Roots of Our Ecological Crisis"», dans *Man and Nature*, éd. par H. Montefiore, Londres, Collins, 1975, pp. 155-158; B. BENNETT, «On Responding to Lynn White: Ecology and Christianity», *Ohio Journal of Religious Studies*, 5 (1), 1977, pp. 71-77; R. ELSDON, «Christianity and the Environmental Debate», dans *Bent World. A Christian Response to Environmental Crisis*, Downers Grove (Ill.), Intervarsity Press, 1981, pp. 9-16; H. P. SANTMIRE, «The Liberation of Nature: Lynn White's Challenge Anew», *The Christian Century*, 102, 22 mai 1985, pp. 530-533.

[28] Cette thèse a ensuite été reprise par: Arnold TOYNBEE, «The Genesis of Pollution», *Horizons*, 15 (3), 1973, pp. 5-9; «The Religious Background of the Present Environmental Crisis», dans *Ecology in Religion and History*, éd. par D. et E. Spring, New York, Harper and Row, 1974, pp. 137-149; Jackson LEE ICE, «The Ecological Crisis», *Religion in Life*, 64 (2), 1975, pp. 203-211; Carl AMERY, *Fin de la Providence*, Paris, Seuil, 1976 [1972 pour l'éd. allemande].

[29] Par exemple: I. J. KAHLIL, «The Ecological Crisis: An Eastern Perspective», *St-Vladimir's Theological Quaterly*, 22, 1978, pp. 193-198.

[30] D.J. HALL, «Creation in Crisis», pp. 5-6.

[31] D.J. HALL, «Man and Nature in the Modern West», pp. 84-85.

[32] D.J. HALL, *Thinking the Faith*, p. 222.

[33] *Ibid.*

[34] D.J. HALL, *The Steward*, p. 199.

[35] D.J. HALL, *Imaging God*, p. 54.

[36] C'est la position de J. Moltmann que l'origine historique et théologique de la crise moderne se situe précisément dans le passage à une nouvelle conception de Dieu: «Indépendamment des facteurs économiques, sociaux, ou politiques, ce qui a été le plus déterminant pour la compréhension que l'homme avait de lui-même, il y a quatre cents ans, c'est la nouvelle conception de Dieu de la Renaissance et du nominalisme: Dieu est le Tout-Puissant, et la *potentia absoluta* est l'attribut caractéristique de sa divinité. C'est pour cette raison que son *image* sur terre, l'homme — ce qui voulait dire pratiquement l'homme de sexe masculin — doit tendre à la puissance et à la sur-puissance pour acquérir sa divinité. [...] Comment l'homme peut-il acquérir la puissance? Par la science et la technique, car "la connaissance est puissance", célébrait Francis Bacon: le but de la connaissance scientifique des lois de la nature est la puissance sur la nature et par là la restauration de la similitude avec Dieu et de la souveraineté de l'homme.» (*Dieu dans la creation. Traité écologique de la création*, Paris, Cerf, 1988, pp. 43-44)

[37] N. A. SCOTT, «The Poetry and Theology of Earth: Reflections on the Testimony of Joseph Sittler and Gerard Manley Hopkins», *Journal of Religion*, 54, 1975, p. 117.

[38] D.J. HALL emprunte cette formule à J. Miguez-Bonino, dans *Imaging God*, p. 25.

[39] D.J. HALL, «Creaturely Being», p. 266.

[40] D.J. HALL, *Lighten Our Darkness*, pp. 79-92.

[41] D.J. HALL, *Imaging God*, p. 26.

[42] *Ibid.*, pp. 26-27.

[43] Voir *Le mépris du monde. Problèmes de vie religieuse*, Paris, Cerf, 1965.

[44] D.J. Hall, *Imaging God*, p. 27. (Voir par exemple: 1 Co 7, 31; 1 Co 2, 12; Ga 6, 14; Ep 6, 12; Jn 15, 18; 1 Jn 1, 19; 1 Jn 2, 15-17; 2 P 1, 4.)

[45] C'est la thèse de C. Derrick que la crise environnementale est la conséquence d'un dualisme persistant, mais non reconnu, dans le monde occidental. Le mépris — inconscient — du monde matériel ne pouvait que conduire à l'exploitation de la nature (*Merveilleuse création. Pour une théologie de l'environnement*, Paris, Téqui, 1983).

[46] D.J. Hall, *Imaging God*, pp. 32-36 et «Creaturely Being», p. 197.

[47] D.J. Hall, *Imaging God*, pp. 28-29.

[48] *Ibid.*, pp. 40-41.

[49] C'est une tendance majeure en théologie écologique — comme ce fut le cas aussi en théologie féministe — de relire la Bible en faisant ressortir les passages où il est le plus explicitement question du rapport humain/nature. Les mêmes extraits sont régulièrement cités: Ancien Testament: Genèse 1-3 (récits de la création); Genèse 9, 1-17 (alliance avec Noé); Exode 23, 12 (sabbat des animaux); Lévitique 25, 2-5 (sabbat de la terre); Deutéronome 20, 19-20 (protection des arbres); Deutéronome 22, 6-7 (protection des oiseaux); Psaume 8, 6-9 (domination sur les animaux); Sagesse 11, 24-26 (Dieu, ami de la vie); Ecclésiaste 17, 2-4 (reprise de Genèse); Isaïe 11, 6-9 (paix paradisiaque); Isaïe 65, 17 et 66, 22 (cieux nouveaux et terre nouvelle); Ezéchiel 34, 1-31 (bons et mauvais pasteurs); Nouveau Testament: Jean 10, 1-16 (bon pasteur); Romains 8, 19-22 (solidarité de destin); 2 Pierre 3, 13 et Apocalypse 21, 1 (cieux nouveaux et terre nouvelle).

[50] D.J. Hall, *Imaging God*, p. 174.

[51] *Ibid.*, pp. 192-193.

[52] *Ibid.*, p. 168.

[53] Moltmann fait la même observation concernant la christologie (voir *Jésus, le Messie de Dieu,* pp. 375-377).

[54] *Imaging God*, p. 168.

[55] Hall caractérise l'ensemble de la philosophie grecque en soulignant sa tendance à la systématisation et à l'abstraction théorique, à la recherche d'universaux transcendant le particulier, à l'identification de la réalité «réelle» avec l'être spirituel et intangible, à la classification hiérarchique des êtres, à la conception «substantielle» de l'être en termes de qualités ou d'attributs.

[56] D.J. Hall, «Creation in Crisis», p. 20.

[57] D.J. Hall, *Imaging God*, p. 115.

[58] *Ibid.*, p. 120.

[59] *Ibid.*, p. 119.

[60] *Ibid.*, pp. 178-183. La présentation de ce binôme est reprise dans: *The Steward*, pp. 205-214 et *Professing the Faith*, pp. 516-522.

[61] La mission du Christ, de l'Église et de l'humain est explicitée à partir de l'articulation de ces deux concepts. Hall la retrace d'abord dans l'ecclésiologie primitive. En

effet, on trouve un exemple de cette dialectique dans la conception néo-testamentaire de l'Église où est conservée l'ontologie de relation. Dans la *koinonia* ecclésiale à laquelle nous sommes appelés, Paul (1 Co 12, 14-27) utilise l'image du corps: chaque membre a une fonction particulière unique et, en même temps, par sa solidarité, il participe au bien de tout le corps. Paul enchaîne en parlant de l'amour, qui consiste précisément dans l'équilibre entre deux écueils: celui de la différenciation excessive (égoïsme) et celui de l'identification excessive (fusion).

[62] Une catégorie biblique importante mais qui appartient davantage à la dimension eschatologique, et n'est pas réductible à l'union ontique (voir *Imaging God*, p. 120).

[63] Hall met en garde cependant contre la polarisation de certains courants écologistes nord-américains (p. ex.: la *Deep Ecology*) qui vont dans le sens d'une identification excessive, en réaction à la différenciation extrême de l'humain vis-à-vis de la nature en Occident. La réponse romantique «d'identification mystique» avec la nature s'avère tout aussi néfaste et insoutenable que la première.

[64] Il n'existait pour «*creaturehood*» aucun équivalent français satisfaisant qui ne nous obligeât à une lourde périphrase (par exemple, «le fait d'être créature» ou «l'état de créature», etc.), fort peu commode dans certains cas. Nous avons donc opté pour un néologisme, de facture plus simple, construit sur le même modèle que d'autres substantifs comme «dureté» ou «fermeté». La «créatureté» exprime de façon plus explicite le lien profond existant entre l'humain et le reste de la création, du seul fait de leur statut commun de créature (ce que J. Moltmann appelle «la communauté créaturelle») et souligne l'appartenance cosmique de l'humain, c'est-à-dire son enracinement physique et biologique.

[65] D.J. HALL, *Imaging God*, p. 122. Malheureusement, selon Hall, la connotation «sentimentaliste» du mot «amour» — le seul qui puisse rendre pleinement compte de la réalité relationnelle —, le rend pratiquement inutilisable dans notre culture où il est tellement galvaudé.

[66] *Ibid.*, p. 123.

[67] D.J. HALL, «Stewardship as a Key to a Theology of Nature», dans *The Steward*, p. 208.

[68] D. J. HALL, *Imaging God*, pp. 124-127.

[69] D.J. HALL, *Imaging God*, p. 133.

[70] 1 Jn 4, 20

[71] *Ibid.*, p. 178.

[72] D.J. HALL, «*Creaturely Being*», pp. 333-334.

[73] *Ibid.*, p. 128.

[74] D.J. HALL, *The Steward*, p. 254s.

[75] Hall définit la *metanoia* comme «un changement fondamental dans la perception et la conduite humaine» («Creaturely Being», p. 342), «une transformation au niveau de l'être personnel et social» (*Imaging God*, p. 13), «une sorte de retournement, une transformation ou une altération fondamentale de notre image de nous-mêmes» («Creation in Crisis», p. 12).

[76] D.J. HALL, *Imaging God*, p. 17.

[77] D.J. Hall, «Creaturely Being», p. 335.

[78] D.J. Hall, «Creation in Crisis», p. 7. C'est aussi ce que pense G. Siegwalt que «chaque article du Credo a, en raison de l'unité dialectique de la création et de la nouvelle création, une portée pour la relation de l'homme à la nature et donc pour la problématique écologique» (voir «La crise écologique: un défi pour la pensée, pour la foi et pour la praxis», *Le Supplément* [*Revue d'éthique et de théologie morale*], 169, 1989, p. 98).

[79] D.J. Hall, «Creation in Crisis», p. 7.

[80] Longtemps conçue comme «a-cosmique» (voir A. Gesché, «Cosmologie et anthropologie», *Revue Théologique de Louvain*, 14, 1983, pp. 147-166).

[81] D.J. Hall, *Imaging God*, p. 59.

[82] Néologisme: verbe qui décrit l'action d'«imager» Dieu, c'est-à-dire de refléter activement son image. «Être image de Dieu», selon l'interprétation relationnelle de l'*imago Dei*, n'est pas une «qualité» donnée à l'humain, mais une attitude, un mode d'être, qui naît de la relation intime avec Dieu.

[83] D.J. Hall, «Creaturely Being», p. 216.

[84] Et nous savons que le désir illimité de «dominer» l'ordre naturel aboutit logiquement à la domination de la nature «en nous», c'est-à-dire à la maîtrise de la dimension plus impulsive, instinctuelle, émotive, inconsciente, etc. de notre être. C'est la thèse développée par E. Drewermann: l'Église catholique, par ses institutions et ses pratiques, par sa morale du refoulement, a tout fait pour contrôler la dimension naturelle de l'humain (corps, pulsions, sexualité, etc.), ce qui n'est que la face existentielle d'une attitude similaire vis-à-vis de la nature en général (voir *Le progrès meurtrier. La destruction de la nature et de l'être humain à la lumière de l'héritage du christianisme*, Paris, Stock, 1993 [édition originale allemande, 1981]).

[85] D.J. Hall, «Creaturely Being», p. 351.

[86] D.J. Hall, *Imaging God*, p. 104.

[87] *Ibid.*, p. 199.

[88] Voir Louis Vaillancourt, *Le thème biblico-anthropologique de l'«image de Dieu» comme clé d'interprétation chrétienne de la domination de l'humain sur la nature*, mémoire de maîtrise, Université de Sherbrooke, 1993, pp. 65-79.

[89] Hall voit dans cette confession joyeuse de notre «créatureté» un aspect si fondamental du message chrétien que selon lui, on serait justifié de dire que «c'est là l'Évangile», «Creaturely Being», p. 211.

[90] D.J. Hall, «Creaturely Being», p. 337.

[91] *Ibid.*, p. 340.

[92] *Ibid.*, p. 342.

[93] D.J. Hall, *Confessing the Faith*, pp. 506-526. Le concept de représentativité est particulièrement apte à pointer en direction des mystères que sont l'Église, le Christ, et la personne humaine.

[94] J'ai déjà présenté cette dialectique, pp. 99-100.

[95] D.J. Hall, *Confessing the Faith*, p. 516.

[96] Cette thématique, très développée dans la pensée orthodoxe, sera traitée plus amplement au chapitre 6, pp. 189-211.

[97] D.J. HALL, *Imaging God*, p. 184.

[98] D.J. HALL, «Creaturely Being», p. 352.

[99] D.J. HALL, *Imaging God*, p. 204.

[100] Puisqu'une partie ultérieure sera consacrée spécifiquement à l'approche christologique de l'*intendance*, je réserve le développement de cette idée pour le chapitre 7.

Chapitre 4

PERTINENCE DU CONCEPT D'*INTENDANCE* POUR UNE THÉOLOGIE ÉCOLOGIQUE

Dans le chapitre précédent, j'ai présenté les principales articulations conceptuelles de la théologie écologique de D.J. Hall. Je veux maintenant montrer la validité, la pertinence et la cohérence de sa théologie en tant que discours chrétien sur la crise écologique. Dans un premier temps, je situerai sa pensée sur l'*intendance* parmi d'autres auteurs qui se positionnent différemment vis-à-vis de ce concept. Ensuite, je ferai voir en quoi les principaux concepts théologiques que Hall articule autour de l'*intendance* contribuent à la compréhension des causes profondes de l'éco-crise et à la révision de l'image de l'humain qu'elle impose.

1. L'*intendance*: débat autour du concept

Étant donné que le concept d'*intendance* est de plus en plus présent dans la réflexion théologique concernant la problématique écologique, d'autres théologiens que Hall l'utilisent aussi, de manière plus ou moins élaborée ou systématique, comme substitut à la notion vigoureusement décriée — mais peut-être surtout mal comprise — de «domination». On constate cependant dans la littérature que l'emploi du concept d'*intendance* comme symbole pour décrire un nouveau type de rapport humain/nature ne fait pas d'emblée l'unanimité. On se questionne sur la signification et la réception du terme dans le cadre d'une théologie écologique. Dans la préface de *Earthkeeping in the 90's. Stewardship of Creation*[1], Loren Wilkinson fait remarquer que «le mot et le concept d'*intendance* ont reçu une approbation croissante de la part du public», mais que «dans certains milieux, on rejette l'idéal de l'*intendance* comme étant l'exemple parfait de l'arrogance humaine[2]».

À la suite d'une conférence de Hall lors des *Theological Lectures Series* de l'*Augustana University College*[3] en 1991, la revue *Dianonia*, éditée par cette même institution, publiait un *symposium* sous le thème: *The Environmental Crisis and Christian Culpability*. Dans un texte d'une vingtaine de pages intitulé «Creation in Crisis», Hall exposait, en condensé, les grandes lignes de sa théologie écologique[4]. Deux théologiens canadiens ont alors exprimé leurs commentaires à la présentation de Hall[5], reprochant notamment à sa théologie écologique d'être trop anthropocentrique, managériale, hiérarchique et intellectuelle, ainsi que de trop mettre l'accent sur la distinction avec les autres créatures. Ce à quoi Hall a réagi à son tour[6].

Cette discussion, bien que très circonstanciée, me servira d'amorce pour entrer dans le débat plus large qui entoure la problématique écologique: comment renouveler, de façon efficace, notre compréhension théologique du rapport humain/nature? Le concept d'*intendance* peut-il contribuer à la révision anthropologique nécessaire à l'établissement d'une nouvelle manière pour l'être humain de se situer et d'agir dans la création? Voyons ce qu'il en est de ces critiques, et comment Hall y répond.

Un concept trop «anthropocentrique»?

Réagissant à la pensée de Hall, C. Ridd considère que le mot *intendance*, en cohérence avec l'ensemble de la tradition théologique chrétienne, est tellement évocateur d'une anthropologie où l'humain est la mesure de toutes choses, qu'il verse subtilement mais inévitablement dans l'idolâtrie de la nature humaine.

> Tout ce bavardage au sujet de l'«*intendance*» ne rendra pas aux choses leur totalité (*shalom*). Je ne dis pas que nous ne devrions plus employer cette expression. C'est une bonne expression, meilleure que celle de la «domination» que Hall condamne. Mais l'expression «*intendance*» est en elle-même incorrigiblement anthropocentrique, hiérarchique et managériale (aussi atténuée soit-elle), et n'empêchera pas l'attitude «instrumentaliste» que Hall cherche à contrecarrer. Au contraire, elle maintient celle-ci, même si elle donne à son usager la satisfaction de prêcher contre celle-ci. [...]
>
> L'«*intendance*» est une [des manières de raconter l'histoire du monde], peut-être meilleure que la plupart des autres. Mais elle est bien-trop-humaine, anthropocentrique. Si nous ne pouvons pas comprendre directement les paroles de la terre (*eco-logos*), nous pourrions à tout le moins être circonspects dans l'usage que nous faisons des nôtres (par exemple, l'«*intendance*»). Le mot est maintenant, dans la plupart de ses emplois, une idole, et une idole dangereuse. Si Hall l'emploie idôlatriquement (c'est-à-dire anthropocentriquement), ce que je pense, qui pourra être immunisé contre cela[7]?

Son commentaire est plutôt ambigu: d'une part, il affirme que le mot *intendance* est une bonne manière, «peut-être la meilleure», de dire les choses, mais tout en l'invalidant aussitôt parce qu'à son avis trop anthropocentrique. Hall réplique qu'il ne faut pas confondre la «*concentration anthropologique* de la tradition de Jérusalem» avec l'anthropocentrisme[8]. Il y a selon Hall deux raisons, une positive et une négative, qui expliquent la concentration anthropologique que l'on retrouve dans l'Écriture: 1) l'insistance sur l'unicité de la créature humaine, faite à l'image de Dieu, et appelée, par responsabilité et non par supériorité (ce qui distingue la tradition de Jérusalem de celle d'Athènes), à être la représentante de Dieu (son *intendante*) auprès des créatures; 2) la réalité du péché qui empêche l'humain de répondre adéquatement à sa vocation («imager» Dieu), qui le pousse à chercher sans cesse à s'élever (Prométhée) ou à s'abaisser (Sisyphe), et qui rend nécessaire l'action de la grâce (dans une *metanoia*) pour qu'il puisse accepter joyeusement sa «créatureté».

Ce n'est pas une question de supériorité ontologique mais d'appel, en solidarité avec les autres créatures, à assumer une responsabilité particulière dans et pour le monde.

Et pourquoi, se demande Ridd, la création non humaine ne pourrait-elle pas être l'*intendante* de l'humain? Et si l'*intendance* de l'humain en venait à signifier son «extinction»...? Hall rétorque catégoriquement que cette proposition est en contradiction totale avec toute la pensée chrétienne, et que, de plus, elle verse dans l'absurde: des écologistes tentant de convaincre les gens que ce qu'ils peuvent faire de plus utile pour la planète est de se suicider!

Un concept trop «managérial»?

Une autre critique adressée à Hall concernant l'*intendance* est qu'il s'agit d'un concept trop «managérial». Dans le chapitre de son livre *A Place in Creation* où il aborde la crise écologique dans une perspective religieuse, David Hallman conclut par une appréciation assez critique de la théologie de Hall et de son emploi du concept d'*intendance*. Selon lui, l'approche de Hall, qui consiste à ne pas rabaisser l'humain, n'est pas très convaincante, car le risque est trop grand d'interpréter l'affirmation de cette responsabilité particulière de l'humain en termes de pouvoir sur la création.

> Même un concept théologique comme celui de l'*intendance* doit être regardé avec une dose de scepticisme légitime. Bien qu'elle mette l'accent sur une relation plus responsable et attentionnée avec la Création, l'*intendance* continue de situer l'être humain dans une position de pouvoir. C'est un modèle de *management*. Il suppose que nous connaissons ce qui est le mieux pour la Terre, même si les arbres ont assez bien fait les choses en poussant par eux-mêmes et que les huards ont su comment survivre depuis 50 millions d'années. Aujourd'hui, les sociétés humaines menacent l'existence des huards. Nous devons apprendre comment vivre *avec* le reste de la Création et arrêter de la contrôler sans cesse, que notre intention soit bonne ou non.
> Le concept d'*intendance* de la Terre est très utile pour aider les gens à se débarrasser de leur sentiment que la Terre leur

appartient et qu'ils peuvent en faire ce qu'ils veulent. Mais je pense que c'est un concept de transition qui fera place dans les années à venir à des redéfinitions beaucoup plus radicales de notre relation, en tant qu'humains, avec la Terre[9].

Hall a répondu vigoureusement à cette critique de Hallman:

> On affirme dans certains milieux «soucieux de l'environnement» que l'*intendance* est un concept trop «managérial». [Et il cite le passage ci-dessus de Hallman.] Non seulement ce genre d'analyse dénote une conception de l'*intendance* qui ignore tout de la recherche et de l'imagination bibliques et théologiques, mais il verse dans le mysticisme bourgeois qui plane au-dessus de la mentalité des sociétés affluentes de l'Occident, recevant en particulier l'adhésion de certaines classes d'intellectuels et de personnes «religieuses»[10].

Hall est catégorique sur ce point: «*intendant* ne veut pas dire *manager*[11]». Même si le concept inclut en pratique une dimension managériale, il est loin de s'y réduire.

Paulos Gregorios, un théologien orthodoxe, n'est pas non plus très en faveur de l'usage du vocable *intendance*, l'interprétant lui aussi comme un équivalent de *management*. À son avis,

> c'est une erreur d'opposer à la domination de l'homme sur la nature l'*intendance* de celle-ci. Remplacer le concept de domination par celui de l'*intendance* ne nous amènera pas bien loin, parce que même dans ce dernier se trouve cachée la possibilité de l'objectivation et de l'aliénation qui sont la cause fondamentale de la maladie de notre civilisation. La nature serait une sorte de propriété, non pas notre possession, celle de Dieu, bien sûr, placée entre nos mains pour un usage rentable et efficace. [...] Nous continuerions de réduire la nature à [...] rien d'autre qu'un objet placé entre nos mains pour être gardé en sûreté et bien géré [...] Ce serait aussi une erreur théologique d'utiliser Gn 1, 21 [sic] comme base pour substituer le concept d'*intendance* à celui de domination, avec lequel la théologie a fonctionné dans le passé concernant la relation à la nature. La question va beaucoup plus profondément que la bonne gestion (*management*) de quelque chose d'extérieur à soi[12].

Gregorios a raison de s'opposer au remplacement du concept de «domination» par celui d'*intendance*, si celui-ci n'est compris que dans une perspective «managériale». Hall propose une conception de l'*intendance* qui «va beaucoup plus loin que la bonne gestion de quelque chose d'extérieur à soi». Quelques lignes plus bas, Gregorios écrit que «l'humanité a une vocation spéciale en tant que prêtre de la création, en tant que médiateur par qui Dieu se manifeste à la création et la sauve. Mais cela ne fait pas que l'humanité soit en discontinuité totale avec la création, puisque le prêtre doit être partie intégrante du peuple qu'il représente[13].» C'est exactement ce que Hall veut signifier par l'*intendance*, qui inclut précisément l'idée de représentation comme concept clé pour articuler l'identité et la vocation de l'humain dans la création.

Pour des motifs similaires, d'autres auteurs hésitent aussi à user du terme *intendance* pour décrire, en régime chrétien, le juste rapport de l'humain avec la nature. John Nash écrit que «même si le concept éthique d'*intendance* possède, à juste titre, des connotations positives pour de nombreux chrétiens, suggérant l'amour et le service», il serait aussi porteur de dimensions négatives comme «la notion anthropocentrique et instrumentale de *management* de la biosphère en tant que "propriété" ou "ressource" appartenant à l'humain[14]». Anne Clifford pense aussi que «l'accent sur l'*intendance* humaine de la création peut trop facilement impliquer le *management* instrumental de la nature non humaine, comme si elle était une propriété principalement à la disposition des usages et des profits humains[15]».

De même pour M. et K. Himes, il est clair que «la prétention au pouvoir doit être contrebalancée par la vocation à la responsabilité, l'appel traditionnel à l'*intendance*», terme qui rend bien la relation entre l'humanité et le reste de la création. Mais si le terme *intendance* interdit toute forme d'exploitation ou de gaspillage, il n'en demeure pas moins qu'il est «porteur de l'idée que la création non humaine est là pour être utilisée». Dans notre culture individualiste, le concept d'*intendance,* qui signifie «la participation à l'activité créatrice de Dieu», se trouve alors réduit à «une analyse de coûts/bénéfices[16]». Selon eux, «la discussion religieuse sur la responsabilité humaine envers la création doit aller au-delà de l'*intendance*, tant pour le bien de la théologie que pour celui de l'environnement[17]». La plus grande limite à l'utilisation du terme *intendance* est que sur le plan théologique, il prête le flanc à une interprétation déiste où Dieu est vu comme ayant créé le monde pour ensuite se retirer et l'abandonner aux mains de l'être humain. C'est ainsi qu'au lieu de signifier le soin donné à la création de Dieu, l'*intendance* en vient souvent à désigner le travail de l'humain pour façonner son monde. C'est pourquoi M. et K. Himes optent plutôt pour le thème du «compagnonnage» (*companionship*) qui «a été largement submergé par celui de l'*intendance*[18]».

L'approche «managériale» de l'*intendance* a en effet tendance à dominer la littérature éco-théologique américaine[19], probablement à cause de l'étymologie du mot (en grec, *oikonomia*), la plus accessible au sens commun, et aussi de son arrière-fond ecclésiastique[20]. La dimension économique, c'est-à-dire la «bonne gestion» des richesses — en l'occurrence celles de la terre — forme l'ancrage concret sur lequel s'élabore la symbolique. Cette base sémantique amène des auteurs à une interprétation principalement économique du concept. À titre d'exemple, B. Goudzwaard, un économiste chrétien néerlandais, propose une conception de l'économie qui, resituée à partir de son principe premier, l'*intendance*, se présente comme le «*management* de la création[21]». Le mandat de l'*intendance*, vocation de tous les humains[22], est de prendre soin de ce qui leur a été confié (la nature, les personnes, soi-même).

Selon Goudzwaard, quand on étudie la conception moderne de l'«économie», on constate que les trois principaux éléments qui se dégagent de la racine étymologique d'*oikonomos* (la responsabilité, la représentation, la préservation) en sont absentes. Il rappelle que, chez Aristote, l'économie est mise en opposition à la *chrematistike* (l'art d'acquérir et d'accumuler de l'argent). Le système économique actuel, parce que basé sur la notion de «prix de la rareté[23]», n'engendre plus que des «interactions mécaniques de variables[24]» fort complexes. Une économie responsable doit reposer sur une nouvelle référence de base qui découle du principe de l'*intendance*, ce qu'il appelle l'«administration attentionnée[25]». L'*intendance* apparaît ainsi comme un concept charnière entre l'économie (selon la conception d'Aristote d'une «sage économie») et la foi judéo-chrétienne (la *Thora* prescrivant de préserver la terre et le message évangélique exhortant à ne pas thésauriser, à partager avec les pauvres). Un tel système économique, selon Goudzwaard, produirait alors des «interactions sociales entre sujets responsables[26]», capables de tenir compte à la fois des réalités humaines et des ressources de la terre.

Dans cette perspective, l'être humain est donc un gérant (*manager*) qui doit chercher à équilibrer des besoins conflictuels: les siens et ceux de la nature, les besoins du présent et ceux des générations futures, etc. Pour remplir adéquatement cette fonction, l'*intendant* doit avoir des «connaissances écologiques» qui lui servent de guide. À l'intérieur des limites que lui impose la nature, il lui reste un espace de liberté où exercer son pouvoir de décision et de responsabilité.

Si la dimension managériale est une composante essentielle de l'*intendance* qui ne peut être évacuée, elle ne doit pas pour autant en constituer le seul axe, au risque d'une simplification qui aurait tôt fait de lui enlever sa portée principale de redéfinition du rapport humain/nature[27]. L'aspect managérial ou économique ne devrait donc apparaître que comme une conséquence logique de l'*intendance* et non comme son contenu spécifique. Si l'on restreint le concept d'*intendance* à la seule dimension managériale, «penser la nature en termes de "propriété", et la relation humaine avec elle en termes de "*management*", pourrait bien, en dernière analyse, être bibliquement inadéquat[28]». Pire encore, une conception strictement managériale du rapport humain/nature ne ferait que nous garder à l'intérieur du même cadre administratif, technique et chosifiant où nous sommes déjà enfermés. Il faut un concept qui fasse éclater l'approche réductrice et exclusive du rapport humain/nature. C'est pourquoi Hall se démarque radicalement de la conception managériale de l'*intendance* en ressaisissant ce concept dans toute sa profondeur anthropologique.

Un autre auteur, Vincent Rossi, suit la même piste que Hall lorsque, dans un premier temps, il constate lui aussi une réduction managériale de l'*intendance*.

> [...] à la lumière de l'usage répandu de ce terme qui renvoie à la notion séculière de *management* des ressources naturelles, j'en suis presque venu à être convaincu de la nécessité d'abandonner le concept d'*intendant* parce que trop compromis. L'idée biblique d'*intendance* est à présent identifiée, bien que cela soit incorrect, avec l'anthropocentrisme d'un «*management* avisé» [...][29].

Il comprend que l'*intendance* chrétienne puisse apparaître pour plusieurs écologistes comme un concept qui n'est pas assez «profond» (*deep*) pour faire face aux besoins de la crise écologique ou qu'il trahisse un «chauvinisme» excessif en faveur de l'être humain au détriment des autres créatures.

Cependant, réfléchissant à la portée réelle du concept lorsqu'il est bien compris, il en vient plutôt à le proposer comme fondement d'une éthique écologique profonde.

> Le concept biblique d'*intendance*, s'il est compris correctement et totalement, dans toutes ses implications sociales et son envergure spirituelle, demeure (malgré mes réserves antérieures) une fondation valide et adéquate sur laquelle construire un éthos écologique profond. En fait, en Occident, puisque nos racines spirituelles demeurent judéo-chrétiennes, malgré plusieurs siècles de rationalisme sécularisé, le concept biblique d'*intendance* pourrait bien être la seule base pour un mouvement d'écologie profonde[30].

Un concept trop «intellectuel»?

Toujours dans le même ouvrage précité, Hallman écrit que «le thème de l'*intendance* remet en question l'approche de la domination absolue qui a caractérisé les premières interprétations théologiques de la relation des humains avec la Terre. Il fournit une nouvelle vision de ce que Dieu, en tant que Créateur, a voulu. Mais l'*intendance* est-elle suffisamment puissante pour réorienter l'exploitation de la Terre par nos sociétés?[31]»

Hallman présente la réponse de Hall à la question: «Que devrait signifier la domination sur la création?» Aux dires de Hall, puisque nous sommes créés «à l'image de Dieu», nous devrions avoir avec la création une relation semblable à celle de Dieu: un amour qui engendre et soutient la vie. L'exercice de notre autorité devrait se manifester par un amour «qui prend soin». «Pour Hall, le "*dominion*" ne devrait pas être conçu comme un pouvoir absolu sur le reste de la création, mais comme une *intendance* — prendre soin de la création comme Dieu le ferait[32].» Or ce n'est pas dans le sens d'*intendance* que fut comprise la domination dans les sociétés occidentales. Au contraire, on l'a interprétée d'une façon hiérarchique, mettant l'accent sur la distinction entre l'humain et le reste de la nature, en comprenant cette différence comme une supériorité. Voilà pourquoi, selon Hallman, «nous avons besoin d'une redéfinition radicale de notre relation avec le reste de la création[33]». Mais il soulève aussitôt une objection:

> Nous devons nous demander sérieusement si cette redéfinition est possible alors que nous restons accrochés à des concepts comme celui de domination. Hall fait un travail admirable de réinterprétation de la domination selon la perspective de l'*intendance* et soutient qu'une telle interprétation est plus fidèle à l'intention originale des auteurs de l'Écriture.
> Cependant, quel impact une telle réinterprétation peut-elle avoir? Bien qu'elle ait du sens sur le plan rationnel, peut-elle avoir l'effet profond qui est nécessaire pour qu'un changement survienne non seulement dans nos esprits mais aussi dans notre cœur? Afin de nous orienter dans un rapport plus harmonieux avec la Terre, nous avons besoin non seulement de reconnaître intellectuellement qu'il nous faut aimer la Terre, mais aussi de sentir ce besoin dans nos âmes et de permettre une transformation de notre cœur. Une réinterprétation du concept de domination peut bien ne pas être assez puissante pour stimuler ces changements.
> Il est encore plus difficile d'imaginer comment ce nécessaire changement peut être communiqué et compris par la société en général, qui a très peu conscience des nuances de telles notions théologiques. Hall a raison d'affirmer que nous avons

besoin d'images différentes. Le public aura besoin d'être confronté à des idées qui peuvent parler à tout l'être — à leur imagination et à leur subconscient, et pas seulement à leur intelligence[34].

Hallman y voit donc un concept trop intellectuel parce que, pour être reçu et compris, il a besoin d'être expliqué et nuancé. Il est inapte à produire un changement concret parce que pas assez radical et pas assez stimulant «affectivement». Il pense que d'autres approches vont plus loin. Il présente alors trois perspectives contemporaines centrées sur le Dieu-Créateur, qu'il nomme ainsi: 1) «l'interrelation amoureuse de Dieu avec la création», qu'on retrouve dans la *Process Theology* de Whitehead et dans le développement plus systématique qu'en ont fait J. Cobb et D. Griffin[35]; 2) «les nouveaux modèles de Dieu» en tant que Mère, Amoureux et Ami que propose S. McFague[36]; 3) «l'auto-révélation de Dieu à travers la création», une vision principalement informée par la connaissance scientifique moderne de l'univers[37]. Si Hallman trouve que l'*intendance* est trop «intellectuelle», que dire de la *Process Theology* et de l'auto-révélation à travers la vision scientifique du monde!

Il suggère ensuite des avenues de réflexion théo-écologiques autres que celles centrées sur le Dieu-Créateur: 1) une nouvelle approche christologique, inspirée de la théologie de la libération, où Jésus Christ fait figure de libérateur pour toute la création; 2) une révision de la pneumatologie où l'Esprit, dans une perspective plus immanentiste, fait office de principe holistique, créateur, individualisant et orienteur[38]; 3) la contribution de la théologie féministe qui a donné naissance à l'*éco-féminisme*, un courant qui propose de nouveaux modèles relationnels non hiérarchiques[39].

Un concept trop «hiérarchique»?

L'*intendance* est un principe éthique largement répandu dans les milieux américains, chrétiens et séculiers[40]. Selon L. S. Jung, «cette éthique, adoptée pratiquement par toutes les organisations judéo-chrétiennes des États-Unis, a été la perspective principale de la religion concernant la responsabilité humaine vis-à-vis de la nature[41]». Dans la version religieuse américaine de l'*intendance*, le monde naturel, créé par Dieu, a été confié à la responsabilité de l'humain qui, en tant qu'*intendant* de Dieu, devra en rendre compte. Jung soutient, à l'encontre de Hall, que «l'éthique de l'*intendance* est fondamentalement hiérarchique[42]», puisque l'être humain y est considéré comme essentiellement «différent». Il n'y a aucun lien entre le domaine de la nature et celui de l'identité humaine, l'accent étant mis sur «la séparation et la distinction de l'humain d'avec la nature et le monde naturel, presque au point d'occulter le fait que les êtres humains sont eux-mêmes des êtres naturels et matériels[43]». Plus encore, l'être humain est conçu comme étant «supérieur» au reste de la nature qu'il doit «dominer» et «cultiver» (Genèse 1, 26-28 et 2, 15). Survienne un conflit entre les intérêts de l'humain et ceux de la nature, il est clair que prédominent ceux de l'humain, la conservation et le soin de la nature ne trouvant de sens que dans l'utilité de cette dernière pour l'humain. Une telle représentation du rapport humain/nature, fondée sur la supériorité humaine, conduit inévitablement au manque de respect de la nature. Jung en arrive à dire que, finalement, «l'éthique de l'*intendance* est structurée de telle sorte qu'elle peut facilement dégénérer en une justification d'un usage inconsidéré de la nature, pourvu que cela serve les intentions humaines[44]». En ne considérant pas comme central le domaine de la nature, «la théologie elle-même a été complice de cette dégénération[45]».

Comme nous l'avons vu, Hall n'interprète pas cette différence comme une question de *constitution* mais plutôt de *vocation*. «Être-avec» la nature ne signifie nullement «être au-dessus». La distinction de l'humain d'avec le reste de la nature, comprise à l'intérieur de la tension biblico-anthropologique entre identification et différenciation, est le fondement d'une responsabilité particulière et non d'une supériorité ontologique.

Un concept trop «dualiste» et «objectivant» qu'il faut renouveler?

Pour Jung, la séparation de l'humain et de la nature s'est aussi exprimée dans le dualisme. L'*intendance* a eu «un effet pernicieux[46]» en contribuant à l'abstraction de plus en plus grande de la nature par l'humain — ce que suppose la conception mécaniste et instrumentale de la vision scientifique du monde. La principale faille que perçoit Jung dans l'éthique de l'*intendance* et qui, selon lui, «sous-tend son actuelle inefficacité», réside dans «la présupposition fondamentale de la séparation entre la nature et l'esprit[47]». Le Dieu-horloger qui a créé le monde s'est ensuite retiré des processus naturels, compris comme autonomes et confiés à l'humain, pour n'être plus en relation directe qu'avec l'être humain, identifié à Dieu dont il est l'«image» par l'esprit. Il pense, comme M. et K. Himes, que «le modèle de l'*intendance* relève d'une conception déiste de Dieu, du moins par rapport à la nature[48]».

Cette conception de l'*intendance*, incapable d'une attitude prophétique qui remette en question le processus d'objectivation découlant de l'idéologie productiviste où la nature est désacralisée, a offert très peu de résistance à la tendance à nier la valeur propre de la nature — et par conséquent la matérialité corporelle de la nature humaine — et à vouloir la dominer. L'auteur conclut que le manque de respect de la nature, qui est au centre de l'idéologie de l'efficience, a été encouragé, souvent inconsciemment, à travers l'éthique judéo-chrétienne — culpabilité que Hall reconnaît également et dont il tente de retracer les présupposés théologiques sous-jacents.

Le concept d'*intendance*, il faut le reconnaître, comporte des «risques d'utilisation». Il peut prêter le flanc, comme l'a souligné Jung, à une interprétation de type «productiviste» qui contredit le principe même qui est à sa base. Jung constate que dans la culture religieuse américaine, où prédomine une vision scientifique et instrumentale de la nature, l'*intendance* a été intégrée à l'idéologie de l'efficience.

Étant donné la critique dont le concept d'*intendance* est l'objet, se pose alors la question pour Jung, comme pour Hallmann, de savoir s'il ne faudrait pas chercher «une alternative plus radicale[49]». Jung pense que non, dans la mesure où «le monde est compris sur la base d'une spiritualité de la création». Et il poursuit: «tout modèle alternatif devrait, à tout le moins, inclure ce qui fait la force fondamentale du modèle de l'*intendance*, à savoir la responsabilité (*accountability*) devant Dieu [...][50]».

Par conséquent, la solution ne se trouve pas dans l'abandon du concept d'*intendance*, mais dans son renouvellement grâce à une spiritualité plus centrée sur la création. La réorientation de l'éthique de l'*intendance* suppose l'abolition de la séparation nature/esprit, et, par le fait même, la redécouverte de la dimension naturelle de l'humain et la revalorisation spirituelle de la nature, deux des aspects les plus importants de la perspective hallienne. Jung pense comme Hall que la tradition judéo-chrétienne contient des éléments qui peuvent contribuer au dépassement de la dualité nature/esprit: sa conception holistique de l'humain, sa christologie cosmique, son sens de l'appartenance de la terre à Dieu, sa conception de la création «continuée», sa *shalom* pour toute créature, son Incarnation de Dieu dans le monde, etc. Cette dernière image lui apparaît d'ailleurs particulièrement puissante pour communiquer l'attention permanente de Dieu pour la création. Comme Hallman, il pense que la métaphore du monde en tant que «corps de Dieu[51]» réintroduit la présence de Dieu dans le monde et réaffirme la responsabilité humaine vis-à-vis de la terre. «Si le monde est le corps de Dieu, et les êtres humains les *intendants* de ce corps, alors la responsabilité écologique est vraiment centrale dans l'éthique chrétienne[52].»

Si le concept d'*intendance* peut être renouvelé dans le sens d'une réaffirmation de la continuité nature/esprit (à travers des notions comme celles de «créatureté» et de re-spiritualisation de la nature, que propose Hall), alors il pourra être capable d'inspirer de nouvelles attitudes envers la terre. Mais si on ne peut «retrouver cette conception plus profonde de l'*intendance* et si son devoir original de prendre soin de la terre ne peut être restauré, il vaudrait mieux — pour le salut de la terre et celui de l'avenir humain — qu'il soit oublié[53]».

Ce survol du débat autour du concept d'*intendance* permet de conclure que sous ses formes «réduites» ou «unidimensionnelles», le concept d'*intendance* est pratiquement inutilisable en lien avec la thématique écologique. Mais il est possible, selon Hall, de retrouver le sens profond de la métaphore et de lui rendre toute sa richesse symbolique originelle.

Un concept anthropologique «englobant»

C'est exactement à cette tâche de renouvellement — qui en fait n'est qu'un retour aux sources — que s'emploie Hall, pour qui ce «symbole biblique arrive à maturité[54]». Sa réflexion est un effort pour redonner à l'*intendance* toute sa profondeur et sa richesse de sens, en tant que symbole d'intégration approprié pour notre temps, particulièrement en ce qui concerne le respect de la nature. La pensée de Hall sur ce thème est, par rapport à l'ensemble de la production théologique, particulièrement originale et novatrice.

Hall est considéré par ceux qui connaissent sa pensée comme un chef de file, «l'un des représentants majeurs[55]» de la théologie de l'*intendance* de la nature. La compréhension hallienne de l'*intendance* se situe clairement dans une approche qu'on pourrait appeler «anthropologique» ou «intégrale[56]», c'est-à-dire comme un effort de redéfinition de l'être et de la raison d'être de l'humain dans le monde autour d'une réappropriation nouvelle d'un vieux symbole. Toute l'entreprise de Hall consiste à réhabiliter le symbole anthropologique de l'*intendant*, compris comme «image de Dieu», afin qu'il puisse inspirer une nouvelle «image de l'humain» plus écologique. Il propose une réflexion écologique qui englobe toutes les dimensions du mystère chrétien et non pas seulement le rapport à la nature. Le symbole de l'*intendance* s'inscrit dans une reconceptualisation théologique globale qui interpelle à la fois nos représentations de Dieu, du Christ et de l'Église. C'est pourquoi le nouveau rapport créature/création que Hall développe entraîne aussi une nouvelle manière de comprendre les rapports Créateur/création et Créateur/créature. Le concept d'*intendance* se présente donc comme un modèle théologique multidimensionnel d'une très grande densité.

La compréhension anthropologique de l'*intendance* ne nie pas les interprétations partielles (managériale, économique ou technique) mais les intègre et amène le concept à un niveau plus profond et plus riche sur le plan théologique. C'est à ce niveau que l'*intendance* peut avoir son impact le plus déterminant, puisque, faut-il le rappeler, la crise écologique est une crise anthropologique et spirituelle. Or la représentation de l'humain conditionne l'économique et le technique. L'image de l'humain comme *intendant* vient remettre en question l'attitude «dominatrice» de l'humanité moderne en exprimant une nouvelle façon de comprendre son rapport au monde. Être «*intendant*», ce n'est pas d'abord être un habile technicien ou un bon gestionnaire, c'est être positionné vis-à-vis de Dieu de telle sorte que cela engendre une nouvelle manière de se positionner par rapport à la nature et à l'autre. C'est penser l'humain comme un être essentiellement «médiateur». L'*intendance* permet de ressaisir en un seul symbole tous les pôles relationnels qui composent la relationnalité humaine: Dieu, le prochain, la nature.

2. Pertinence et cohérence des principaux concepts de la théologie hallienne de l'*intendance*

Si l'*intendance* ne fait pas l'unanimité en tant que concept clé d'une anthropologie chrétienne écologiquement responsable, il n'en demeure pas moins que chez Hall se trouvent un développement et une articulation de celui-ci qui surpassent toute autre entreprise (connue) sur ce thème. L'objectif sera maintenant de mettre davantage en évidence la pertinence des concepts qui gravitent autour de celui de l'*intendance* et qui lui servent d'ancrage à la fois dans la tradition théologique chrétienne et dans la réalité contextuelle d'une nature menacée.

Comme la réflexion théologique de Hall est empreinte d'une très grande cohérence et d'une profonde organicité, il apparaissait artificiel et inopportun de procéder à une analyse systématique de chacun des concepts pris isolément. Je les traiterai donc en les regroupant selon les deux axes méthodologiques de la théologie contextuelle: ceux qui s'apparentent davantage au contexte et ceux qui sont plus en lien avec la tradition. Mais d'abord, quelques mots sur les influences théologiques de Hall.

Les sources de la théologie «contextuelle» de Hall

J'ai donné un bon aperçu au chapitre 2 de l'approche contextuelle propre à Hall[57]. Pour lui, «l'exégèse des textes bibliques ou des traditions théologiques ne sera jamais suffisante; nous devons apprendre à tenir compte avec un égal sérieux de l'exégèse de notre monde. Ce n'est que lorsque les deux histoires sont prises ensemble et mises en lien qu'une théologie contextuelle devient possible[58].» Hall s'applique méthodiquement à laisser parler les réalités synchroniques (contexte) qui nous invitent, en tant que croyants et croyantes, à revisiter diachroniquement notre héritage (texte). Son travail est centré sur la recherche des puissances de vie de la Parole qui ont été enfouies au cours de l'histoire du christianisme et que le contexte actuel appelle avec force. Fidèle à la tradition protestante (*sola scriptura*), théologien de la Parole, sa source première est évidemment l'Écriture[59], mais qu'il garde en constant dialogue avec ce qui caractérise notre *sitz im Leben* (milieu de vie).

Dans son dialogue avec la culture et la tradition, Hall utilise plusieurs penseurs, théologiens et philosophes — mais aussi poètes, musiciens, romanciers et scientifiques — chez qui il trouve des matériaux propices à l'élaboration de sa réflexion. De grands noms sont évoqués: Augustin, Calvin, Luther, R. Niebuhr, Heidegger[60], sans oublier ces deux géants de la théologie protestante moderne que sont K. Barth et P. Tillich sur qui il s'appuie beaucoup. Mais il faut noter une certaine «étroitesse» de sa théologie contextuelle. Hall fait peu référence aux auteurs contemporains nord-américains, lui qui a pour projet de construire une théologie en contexte nord-américain. Certains lui ont même reproché une tendance à l'européocentrisme[61], qu'il est le premier à dénoncer! Les auteurs américains les plus cités sont H. Berkhof, P. Santmire, B. Birch, J. Cobb, J. Carmody, C. Derrick, L. Eiseley, L. Rasmussen et J. Macquarrie. Mais dans l'ensemble, leur contribution demeure assez secondaire. Chez cet auteur qui fait grand cas de la dimension locale et géographique de la production théologique «contextuelle», on est surpris de l'absence quasi totale de références à des théologiens québécois[62]. On comprendra cependant que sa formation et ses racines sont ailleurs, principalement aux États-Unis où il est très connu, et que son terrain d'activité théologique est exclusivement anglophone, malgré le fait qu'il réside et enseigne à Montréal depuis 25 ans. La barrière linguistique semble avoir eu une très grande incidence sur son discours et sa pratique théologiques.

On pourra aussi s'étonner que Hall ne fasse aucune allusion à Richard Niebuhr chez qui on trouve clairement exprimée — peut-être pour la première fois par un théologien moderne dans le contexte de la crise écologique — l'idée centrale dans la pensée de Hall de la domination humaine conçue comme une *intendance*. En effet, D. Trickett, dans sa thèse de doctorat intitulée *Toward a Christian Theology of Nature: A Study Based on the Thought of H. Richard Niebuhr*, nous apprend que Richard Niebuhr, même s'il ne développe pas beaucoup cette idée, a recours au concept d'*intendance* comme fondement d'une «éthique de la responsabilité universelle». Niebuhr soutient, selon Trickett, que:

> tout comme Dieu domine ultimement sur toute la création, de même l'être humain a reçu une domination similaire, quoique limitée, sur ses semblables les créatures; tout comme la domination de Dieu, ou sa souveraineté, est comprise comme une fidélité et une attention amoureuse, de même la domination humaine doit être comprise comme un authentique souci pour le bien-être des créatures non humaines. Niebuhr pense que la domination humaine, sur le modèle de la domination de Dieu,

> devrait être conçue en termes d'*intendance*, ou de service. [...] La domination ainsi comprise est un exemple de «la relation entre les êtres, de la bonté-l'un-pour-l'autre, dans laquelle leur potentialité d'être bon l'un pour l'autre est actualisée». [...] L'idée défendue par Niebuhr que la domination humaine doit être conçue comme une *intendance* représente un pas, encore que ce pas ne soit que sommairement articulé, vers la formulation d'une éthique de la responsabilité universelle[63].

Hall ignorait probablement l'existence de ce texte[64].

Les concepts plus contextuels

Hall n'est pas sans savoir qu'on ne trouve pas dans la Bible de véritable «ontologie». Réagissant à P. Tillich qui dit «qu'il n'y a pas de pensée ontologique dans la religion biblique», il fait remarquer aussi «qu'il n'y a pas de symboles ou de concepts théologiques qui n'ont pas d'implications ontologiques[65]». Interrogeant les deux grandes lignes d'interprétation théologique du symbole biblique de l'image de Dieu, il démontre, d'une part, l'impasse des diverses interprétations substantialistes et il fait voir, d'autre part, que l'ontologie sous-jacente correspondant le mieux à la pensée biblique est une ontologie «relationnelle», une «ontologie de communion».

C'est de Joseph Sittler, un pionnier de la «théologie écologique[66]», que Hall dit puiser à la fois l'idée et l'expression d'«ontologie de communion», et c'est cet auteur qu'il cite dans *Imaging God*:

> La réalité n'est connue que dans les relations [...]. Il n'y a pas d'ontologie d'entités, de cas concrets, de formes, de processus isolés, qu'il soit question de Dieu, de l'homme, de la société ou du cosmos. La seule structure ontologique que nous puissions utiliser pour penser les choses chrétiennement est une *ontologie de communauté, de communion*, d'écologie — et ces trois mots convergent conceptuellement vers une pensée d'un genre commun. L'être lui-même doit être une relation, non une entité[67].

Cependant, Hall découvrira plus tard, comme il le souligne dans sa dogmatique[68], que Sittler se serait lui-même inspiré de son collègue J. Haroutunian, tel qu'il l'indique dans *Essays on Nature and Grace*[69], dont je reproduis en partie l'extrait cité: «Nous n'avons pas d'autre statut ontologique excepté la communion. Notre être est communion. La vieille controverse entre les réalistes et les nominalistes au sujet des universaux et des particuliers est sans rapport avec l'ontologie de communion[70].» Conséquemment, l'ecclésiologie d'Haroutunian est une ecclésiologie de communion parce que «le salut est la communion et la communion est l'Église[71]».

Dans la perspective hallienne, l'«ontologie de communion» s'inscrit comme le prolongement de la notion la plus centrale et la plus fondamentale de la foi judéo-chrétienne: l'amour de Dieu et du prochain. Tout le problème écologique réside dans l'*exclusion* de cet «autre» qu'est la nature et, inévitablement, dans le traitement irrespectueux dont elle est l'objet. Par conséquent, sa résolution va dans le sens de l'*inclusion* de la nature en tant que «prochain» de l'homme. La question était de savoir si cet «autre» pouvait être reconnu dans le visage de la nature. En fait, Hall n'y voit pas un ajout ou une extrapolation, mais plutôt une extension intrinsèque, une continuité jusqu'ici occultée, ignorée. À cause de cette référence au cœur de la Loi mosaïque et évangélique, on anticipe facilement tout le poids d'engagement concret que suscite une telle affirmation. Il ne s'agit pas d'une réalité accessoire de la foi, d'un commandement «secondaire», mais du «plus grand commandement», celui de l'amour de l'autre dans tout le déploiement des richesses de la capacité relationnelle humaine. Se centrer sur l'amour, c'est se centrer sur l'être de Dieu et l'être humain en tant qu'image de Dieu. Hall n'est pas en train de construire un système complexe et abstrait pour justifier le respect de la création; il s'applique à donner au commandement de l'amour, qui est le cœur de l'Évangile, toute sa force et son expression. L'*intendance* n'est pas une action qu'il faut poser: c'est une manière de «se poser», une façon d'être. Si c'est notre être — et pas seulement notre agir — qui constitue le «problème» dans notre rapport avec la nature — ce que soutient la tradition chrétienne à travers la doctrine du péché —, alors toute théologie écologique qui ne tente pas de repenser l'ontologie rate la cible.

Le concept d'«ontologie de communion», tel que l'interprète Hall, apparaît donc extrêmement pertinent en rapport avec la problématique générale de la crise écologique. Nombreux sont ceux qui considèrent la dichotomie sujet/objet héritée de Descartes comme une des causes principales de la rupture humain/nature. Cette reprise ontologique, basée sur la relationnalité de l'être, remet radicalement en question le dualisme de la philosophie cartésienne, qui a profondément influencé la culture occidentale. D'autres auteurs, utilisant des expressions différentes comme le «entre» ou l'«interrelationnalité des choses» (G. Siegwalt), la «communauté créationnelle des créatures» (J. Moltmann, de même que H. P. Santmire et M. Fox), font aussi appel à une ontologie basée sur l'interrelationnalité de tout ce qui existe. Dans une société où tout a été douloureusement sacrifié à l'analyse, à l'isolement, à la séparation, à la distinction, Hall rappelle que le péché est «la négation (ou la tentative de négation) de la structure relationnelle de l'être», c'est-à-dire «être-seul[72]». On pourrait le paraphraser en disant que «la crise environnementale est la négation de la structure écologique de l'être humain». Par conséquent, la recherche d'un meilleur équilibre passe par l'acceptation et le respect de la structure relationnelle de l'être humain, d'abord dans son «être-avec-Dieu» et dans son «être-avec-les-autres», mais aussi et simultanément, dans son «être-avec-la-nature» (ce qui explique la tendance de plus en plus marquée vers une conception holistique du monde). Hall a très bien exposé l'indissociabilité de l'interrelationnalité tridimensionnelle de l'être humain. La religion chrétienne a trop insisté sur les deux premières dimensions au détriment de la troisième. La crise écologique vient rappeler avec force la nécessité de reconnaître cette dimension relationnelle de l'être humain, jusqu'ici oubliée par la foi judéo-chrétienne.

L'être humain, tant dans la perspective chrétienne que dans une perspective biologique, apparaît comme le grand responsable de la communion (équilibre) ou de la division (crise écologique) entre tous les êtres. Dans la foi chrétienne, on va jusqu'à affirmer que c'est par lui que le salut doit advenir pour toute la création. Dans ces conditions, peut-on imaginer une ontologie «chrétienne» qui ne soit pas «communionnelle», alors que toute la révélation, prophétique et christique, annonce, inaugure et instaure un Royaume de communion avec Dieu et entre tous les êtres?

On remarque aussi le lien très fréquent — pour ne pas dire systématique — qui est fait avec la thématique biblique d'«image de Dieu», à qui doit s'identifier l'*intendant* (ce qui est l'articulation centrale de Hall dans *Imaging God*). Le concept d'«être-avec» illustre très bien la structure fondamentale de l'être humain et vient donner une nouvelle expression plus signifiante pour nos contemporains au concept d'*imago Dei*. Plus encore, il vient faire éclater l'interprétation relationnelle déjà très féconde de l'image de Dieu. Par cette interprétation centrée sur le potentiel relationnel de l'être humain, non seulement Dieu se donne un partenaire en vue d'une relation d'amour avec lui, mais l'*être-avec* vient ouvrir cette relationnalité à l'ensemble des créatures non humaines qui partagent notre existence. L'être humain n'est pas appelé à la seule relation avec Dieu, mais avec toutes les autres créatures qui l'entourent. On voit tout de suite la grande pertinence de cette idée d'une communion élargie pour une nouvelle compréhension du rapport humain/nature.

«Être-avec» implique aussi la dialectique différenciation/identification. «Être-avec», c'est d'abord «être-différent», c'est «être-autre», ce qui suppose, dans l'«être-ensemble», le respect de l'altérité. L'identification dans l'«être-avec» ne nie pas l'altérité mais au contraire la présuppose. Être «image de Dieu», c'est «être-avec-l'autre» dans l'amour de son altérité, tel que le Créateur se tient devant chacune de ses créatures. La communion avec l'autre, en l'occurrence ici la nature, implique une volonté de conserver l'intégrité de son altérité. L'accueil et la promotion de l'altérité, source de la communion, est l'antithèse de la destruction. Cependant, «être-avec-l'autre» dans l'harmonie est, selon l'expérience commune , un défi de taille. Un idéal nous est proposé dans la réalisation de la communion que seule notre transformation en «créatures nouvelles» par la puissance du Christ ressuscité rend possible.

L'altérité demeurera toujours un mystère. Plus grand encore est celui de la médiation de la nature dans notre relation à Dieu. Voilà pourquoi Hall suggère une forme de «resacralisation» de la nature, de réattribution d'une dimension mystique susceptible d'engendrer un plus grand respect. Cette idée de révérence[73] qui devrait qualifier notre attitude par rapport à la nature, cette «re-spiritualisation» du monde dans sa dimension de mystère, se retrouve aussi chez J. Carmody qui parle, quant à lui, de «re-mythologisation[74]» de la nature. On ne peut en effet s'étonner que la nature, dans une vision purement matérialiste, soit inévitablement réduite à l'état de simple «chose». Et pourtant, en tant que chrétiens et chrétiennes, nous portons une part de responsabilité dans l'œuvre de désacralisation du cosmos. Or, ce n'est pas tant la désacralisation du monde, mais l'illusion de sa possession qui a été néfaste. Si nous avions reconnu que le monde appartient à Dieu et que nous n'en sommes que les *intendants*, notre attitude eût été toute différente.

Hall a démontré qu'une théologie — et par conséquent une éthique — écologique chrétienne découle de l'ontologie relationnelle de la tradition hébraïque, occultée à travers le processus d'hellénisation de la foi. La catégorie de «relation» est probablement celle qui a le plus grand poids synchronique (contexte écologique), mais aussi diachronique (tradition théologique). Comme nous l'avons vu au chapitre 1, la notion de relation est l'élément central de la définition de l'*écologie* («la science qui traite des *relations* entre les êtres vivants et le milieu dans lequel ils vivent»). Elle est devenue déterminante pour la compréhension de la «crise» globale qui nous affecte, elle aussi définie comme un ensemble de phénomènes interreliés impossibles à isoler.

Et pourtant nous continuons d'entretenir une vision anthropologique fondamentalement «non relationnelle». Nous vivons comme si l'être humain était une entité totalement indépendante du reste de l'ordre naturel — ce qui nous conduit au bord de la catastrophe. D'après Himes, *la dimension relationnelle de l'héritage judéo-chrétien* doit remplacer l'individualisme de notre présent horizon. L'esprit de consommation, le mythe du progrès et notre mentalité technicienne sont tous problématiques en ce qui concerne l'environnement; ils sont aussi symptomatiques. Chacun est une distorsion d'un bien humain, une distorsion qui provient de *l'anthropologie non relationnelle de notre époque*. Si notre sensibilité environnementale doit être changée, la transformation doit avoir lieu *à la racine du problème*. [...] Les traditions juive et chrétienne nous présentent une vision du monde où l'humanité n'est pas contre la nature, mais *en fait partie*. Aucun élément n'est correctement perçu de façon isolée. *L'exploration de cette anthropologie relationnelle est la base de la contribution que la théologie peut apporter au mouvement environnemental*[75].

C'est à ce niveau qu'il faut situer l'importante contribution de Hall: mettre à jour la dérive anthropologique de la culture occidentale qui est à l'origine de la crise écologique et explorer la solution qu'offre le concept biblique de l'*intendance*. Mais cela semble insuffisant pour les Himes, qui pensent que, «bien qu'il soit important d'essayer de réaffirmer le thème de l'*intendance* dans sa forme originale, il est aussi nécessaire de s'attaquer à la source du problème, de faire face à l'individualisme appauvri et appauvrissant grâce à l'anthropologie relationnelle des traditions juive et chrétienne[76]». C'est exactement ce que fait Hall. Il ne se limite pas à une simple «réaffirmation du concept de l'*intendance*» dans son essence première; il montre comment celui-ci condense et incarne symboliquement l'anthropologie relationnelle de la tradition hébraïque et chrétienne. Pour lui, proposer une nouvelle image de l'humain comme *intendant* et revisiter l'anthropologie de la tradition juive ne sont pas deux choses séparées, mais une seule et même démarche: l'anthropologie relationnelle hébraïque trouve dans le concept d'*intendance* son expression la plus appropriée pour notre contexte.

La métaphore de l'*intendant* sert à décrire la position de l'humain vis-à-vis de Dieu et des autres créatures. On retrouve essentiellement la même idée concernant le rapport humain/Dieu derrière le concept de «représentation royale» ou, plus précisément, de «vassalité[77]». C'est ainsi que C. Westermann comprend la notion biblique d'«image de Dieu», non au sens d'«essence» particulière mais plutôt de «position» de l'humain face à Dieu. Cette capacité de représentativité constitue à la fois l'identité et l'appel fondamental de l'humain dans le monde. Elle est la référence éthique à partir de laquelle il peut se poser chrétiennement dans un juste rapport avec la création. L'actualisation de son potentiel de représentation de Dieu dans sa relation avec la nature est devenue une question de survie: ou il ressemblera au Dieu qui donne la vie, ou il sera associé aux œuvres de mort et il se perdra.

Les concepts plus traditionnels:
*l'*imago Dei *et la «domination»*

On sait que la doctrine de l'image de Dieu a connu un développement multiforme dans l'histoire de la théologie. Hall n'a pas tort de se rallier à l'école relationnelle, considérant que celle-ci est plus fidèle au texte biblique et plus englobante que ne le sont les trop partielles conceptions substantialistes. En effet, une étude approfondie de la formule biblique «image et ressemblance de Dieu» permet d'en venir à une conclusion: l'image de Dieu doit être conçue ontologiquement comme la «responsorialité» de l'humain en face de Dieu, c'est-à-dire la capacité fondamentale donnée à l'être humain pour entrer en relation avec Dieu et ainsi agir à la manière de Dieu. En ce sens, l'interprétation relationnelle que fait Hall de cette notion biblique et anthropologique est tout à fait conforme aux résultats de l'exégèse moderne. L'expression «image de Dieu», selon les sciences bibliques modernes, signifie que la vocation humaine au cœur de la création est celle d'une «représentativité responsable» du Créateur dont l'être humain est le vis-à-vis sur terre. Cette interprétation relationnelle de la formule «image de Dieu» permet entre autres la révision du concept de domination dans le sens nouveau d'un service de la vie[78].

Mais il n'y a pas que les Réformateurs qui ont compris relationnellement le concept d'image de Dieu. Chez les théologiens orthodoxes, on trouve aussi cette interprétation qu'«une image n'a pas de signification en dehors de la relation qu'elle doit refléter[79]». «L'image de Dieu n'est pas par conséquent quelque chose de statique mais une potentialité et une ouverture de l'humain: une potentialité pour la croissance en Dieu vers une *theosis* ou une "déification" toujours plus grande, mais aussi pour un rôle libre et s'étendant à l'ensemble de la création[80]». Dans la perspective orthodoxe, l'*imago Dei* implique déjà quelque chose de l'*intendance*[81].

Les attributs qui qualifient l'*intendant* et qui, par conséquent, définissent sa fonction correspondent globalement au portrait de l'être humain créé «à l'image de Dieu» que nous dépeint la Genèse. En effet, le concept biblique d'image de Dieu se comprend précisément à partir de ces dimensions que sont la représentativité et la responsabilité[82], qui supposent autorité et autonomie. Dans le contexte présent, sur le plan de la signification, les concepts d'«image de Dieu» et d'*intendant* peuvent donc être considérés à peu près comme équivalents, le second terme étant une version plus séculière du premier. Tout comme dans la définition de l'humain en tant qu'image de Dieu, la métaphore de l'*intendant* vient proposer un nouveau modèle de la relation maître/serviteur qui critique et rejette l'idée contemporaine de la «domination» — laquelle est justement à réviser. Le thème de l'«image de Dieu» est mis en lien avec le concept de «domination» que l'*intendance* vient remplacer ou qualifier, pour ainsi redéfinir le pouvoir de l'être humain sur la nature en accentuant la dimension de service.

Pour J. Black[83], que l'on peut considérer comme un pionnier dans la réflexion sur l'*intendance*, une société construite sur la croyance en la domination de l'humain sur la nature — comme c'est le cas pour la civilisation occidentale — doit «équilibrer» cette attitude par une autre plus soutenable à long terme. Selon sa lecture de la Bible, les Hébreux se sont donné un concept pour le «*management*» de la terre, celui de la responsabilité devant Dieu, qui fait maintenant partie de notre héritage chrétien. Ainsi, «le conflit apparent entre la domination sur la nature et la stabilité environnementale à long terme a été médiatisé durant très longtemps par l'élaboration d'un sens de la responsabilité face à Dieu concernant la manière avec laquelle l'homme a exercé sa domination[84]». Encore une fois, le lien quasi inévitable est fait avec le concept d'*imago Dei.* Pour Black, être «image de Dieu» signifie «partager une identité d'intérêt et de responsabilité[85]». On voit tout de suite se profiler les deux éléments centraux de l'*intendance* dans la perspective hallienne: l'identité et la vocation.

Dans la pensée de L. Wilkinson sur l'*intendance,* on constate une grande affinité avec celle de Hall. Tous deux voient dans le concept d'*intendance* une définition de l'identité et de la vocation de l'être humain. Pour Wilkinson, «concevoir l'*intendance* comme l'exercice d'une domination déléguée dans le service de la création, c'est dire quelque chose concernant la nature humaine et sa fonction[86]». Par ce concept, on affirme l'intégrité de la nature humaine bipolaire, transcendante et immanente. L'être humain, selon la Bible, appartient à la terre (*Adamah*) et s'en différencie («image de Dieu»). En tant qu'*intendant*, l'être humain est constitué à la fois pour répondre à Dieu et pour participer à la nature. L'*intendance* est d'abord une tâche «générale», inhérente à notre humanité en tant que telle, et qui constitue l'horizon fondamental de notre vie, quelle que soit notre situation personnelle. À partir de cet axiome général de l'*intendance*, des principes plus spécifiques peuvent être tirés en rapport avec les tâches plus «contextuelles» qu'exige la situation concrète de chacun[87].

Utilisant le vocabulaire théologique plus classique de la dialectique «transcendance/immanence», Wilkinson partage le même point de vue que Hall, à savoir qu'aujourd'hui, dans le contexte de la crise écologique, l'accentuation doit porter sur le pôle de l'enracinement créationnel (ce que Hall appelle «l'identification avec la nature») plutôt que sur la transcendance (ou la «différenciation» en langage hallien). «Il est encore plus essentiel [maintenant] de se faire rappeler notre enchâssement dans la création[88].» Wilkinson met aussi en garde contre les écueils entrevus par Hall en réaction à la crise environnementale: l'absolutisation technicienne de la transcendance (la position «scientifique») et la négation de la transcendance combinée à une radicalisation de l'immanence (la réaction romantique), que ce soit dans un «retour à la nature» ou à travers diverses formes de panthéisme.

On retrouve dans la définition de l'*intendance* de Wilkinson les quatre mêmes éléments constitutifs que chez Hall: 1) une domination déléguée, c'est-à-dire une autorité qui découle de celle du Créateur; 2) le service de Dieu, de l'humain et de la nature; 3) une responsabilité devant Dieu de l'usage de la création; 4) la reconnaissance que Dieu est propriétaire de la nature qui nous est confiée. À l'intérieur de ce cadre anthropologique, on peut interpréter la Chute (le péché) comme le choix d'exercer la domination sans la dimension de service. Parce que nous avons rompu la relation avec Dieu, toutes nos relations sont brisées et la relation de «domination» sur la nature a été pervertie. Le Christ, en restaurant notre relation à Dieu, renouvelle aussi notre manière d'«imager» Dieu dans le monde, notre *intendance*. C'est pourquoi Wilkinson comprend «l'histoire biblique comme un long enseignement pour apprendre aux humains l'équilibre entre la domination et le service; le véritable Seigneur est un serviteur. La leçon culmine dans la mort de Jésus[89].»

Après avoir montré la pertinence pour une théologie écologique du concept de l'*intendance* tel que l'interprète Hall, je pense que toute la richesse du thème n'a pas été épuisée. Certains aspects de la reconceptualisation hallienne du rapport humain/nature, en cohérence avec ses propres visées contextuelles, apparaissent peu ou pas assez développés. Ce sera l'objet des deux prochains chapitres.

Notes

[1] Il s'agit de l'édition revue de *Earthkeeping. Christian Stewardship of the Natural Resources*, dont le sous-titre a été changé. Loren Wilkinson explique la suppression de l'adjectif «chrétien» au nouvel intitulé pour souligner que l'*intendance* est une vocation «humaine», et le remplacement de «ressources naturelles» par «création» pour réaffirmer que la nature est création de Dieu et non simple matériau (voir L. Wilkinson, *Earthkeeping in the 90's. Stewardship of Creation*, Grand Rapids, Eerdmans Pub. Co., 1991, p. x).

[2] *Ibid.*, p. ix.

[3] Tenues les 14-15 mars à Camrose en Alberta.

[4] *Dianonia*, 2 (2), 1991, pp. 1-21.

[5] Carl Ridd, «Response to Douglas Hall, "Creation in Crisis"», *Dianonia*, 2 (2), 1991, pp. 22-33; Jacob Waschenfelder, «Biblical Ontology and the Environmental Crisis: A Question of Method», *Dianonia*, 2 (2), 1991, pp. 34-52.

[6] «A Response to Responses», *Dianonia*, 2 (2), 1991, pp. 53-63.

[7] Carl Ridd, «Response to Douglas Hall's "Creation in Crisis"», *Dianonia*, 2 (2), 1991, pp. 27-28.

[8] D.J. Hall, «A Response to Responses», *Dianonia*, 2 (2), 1991, p. 57. Hall récuse toute forme de «centrisme», puisque ce qui importe, selon l'ontologie de cette tradition, c'est ce qui se passe au niveau relationnel *entre* Dieu, l'humanité et la création, toute centration étant alors relative. Ainsi, on pourrait dire de Dieu qu'il est «anthropocentré» et «géocentré», alors que l'humain est «théocentré» et centré sur son prochain.

[9] David G. Hallman, *A Place in Creation. Ecological Visions in Science, Religion and Economics*, Toronto, The United Church Publishing House, 1992, p. 101. Dans le paragraphe où il commente la citation de Hall, Hallman montre qu'il n'a pas vraiment saisi son intention. Il n'est pas d'abord question d'une valorisation de l'humain, mais du fait que l'appel humain à l'*intendance* — qui suppose évidemment une particularité créationnelle — se trouve au cœur de l'Évangile du Christ. S'il est un mot central dans la théologie de l'*intendance* de Hall, c'est bien la préposition «avec», que justement Hallman souligne (italique). Toute la théologie de l'*intendance* de Hall repose sur cet «avec» qu'il pense comme le pivot ontologique du rapport humain/nature.

[10] D.J. Hall, «Creaturely Being», p. 350, note 26.

[11] D.J. Hall, «A Response to Responses», p. 58.

[12] Paulos Gregorios, *The Human Presence. An Orthodox View of Nature*, Genève, World Council of Churches, 1978, p. 84.

[13] *Ibid.*, p. 85. L'idée de la fonction sacerdotale de l'humain dans la création sera développée plus en détail dans la partie sur la contribution de l'Église orthodoxe au déploiement du concept d'*intendance*. Voir chap. 6.

[14] John Nash, *Loving Nature. Ecological Integrity and Christian Responsibility*, Nashville, Abingdon Press, 1991, p. 107.

[15] Anne M. Clifford, «Feminist Perspectives on Science. Implications for an Ecological Theology of Creation», *Journal of Feminist Studies in Religion*, 8 (2), 1992, p. 83.

[16] M. J. et K. R. Himes, «The Sacrament of Creation», p. 44.

[17] *Ibid.*, pp. 46-47.

[18] *Ibid.*, p. 44.

[19] Bon nombre d'auteurs utilisent le terme *intendance* d'une manière très large, sans définir le concept d'une façon précise, simplement pour signifier «une bonne gestion» des ressources de la terre.

[20] Avant qu'il ne soit employé dans le sens éthico-anthropologique qu'on lui attribue maintenant, le terme a longtemps été en usage dans la structure et le fonctionnement de l'Église protestante nord-américaine. On nommait ainsi la pratique paroissiale qui consistait à recueillir, par une démarche spéciale auprès des fidèles (dîme ou autre forme de collecte), les fonds nécessaires à l'organisation de la vie ecclésiale. Ceux qui n'avaient pas la disponibilité pour s'engager concrètement dans les «œuvres» étaient sollicités, afin qu'ils donnent généreusement les sommes d'argent indispensables aux diverses activités caritatives. Par leurs contributions pécuniaires, ils participaient à l'annonce de l'Évangile, d'où l'opposition qui s'est établie dans la mentalité populaire entre «intendance» et «mission». Par *intendance*, on entendait la tâche tout à fait profane du *management* des biens ecclésiastiques en vue des fins plus spirituelles que devait servir l'Église. À cause de la corrélation fort répandue entre le thème de l'*intendance* et les questions strictement financières, plusieurs auteurs réagissent à une telle réduction du concept. Cette conception étroite, opérationnelle et purement fonctionnelle de l'*intendance* a eu — et a encore dans les milieux protestants — des conséquences néfastes sur l'emploi beaucoup plus «théologique» et englobant qu'il est possible de faire de ce symbole.

[21] B. Goudzwaard, «Creation Management. The Economics of Earth Stewardship», *Epiphany*, 8 (1), 1987, pp. 37-45 (1ère partie) et 8 (2), 1988, pp. 67-72 (2e partie).

[22] Il rejoint sur ce point Tucker, pour qui il existe une «*intendance* de base» ou «naturelle», où tous les humains, en tant qu'appartenant à la création et participant à la finitude, sont appelés à un usage responsable et au partage des ressources. Cette approche s'appuie sur le principe naturel de l'interdépendance mutuelle de toutes les créatures, que la science met de plus en plus en lumière. Tucker conçoit aussi une *intendance* «spécifiquement chrétienne», un peu à la manière de L. Wilkinson, qui divise le concept en deux catégories: une *intendance* «générale» et une plus «spécifique» (G. Tucker, «The Nature of Christian Stewardship», dans *Spotlighting Stewardship*, éd. par M.J. Parr, United Church of Canada, DonMills, Canec, 1981, p. 47).

[23] B. Goudzwaard, «Creation Management [...]», 1ère partie, p. 42.

[24] *Ibid.*, p. 44.

[25] *Ibid.*, pp. 42, 45.

[26] *Ibid.*, p. 45.

[27] Comme nous le verrons plus loin dans la partie sur la tradition hébraïque, un précepte comme celui du *bal tashhit* peut lui aussi tendre à être compris en termes économiques, mais, fondamentalement, «il repose sur un principe éthico-religieux beaucoup plus large qu'une simple règle de prudence commerciale, et ses applications peuvent très bien inclure des considérations écologiques» (N. LAMM, «Ecology in Jewish Law and Theology», dans *Faith and Doubt. Studies in Traditional Jewish Thought*, New York, Ktav Publishing House, 1971, p. 172).

[28] J. G. F. COLLISON, «Biblical Perspectives on Stewardship of the Earth's Resources», *Bangalore Theological Forum*, 18 (4), 1986, p. 154.

[29] Vincent ROSSI, «Theocentrism: The Cornerstone of Christian Ecology», *Ecology and Life*, éd. par W. Granberg-Michaelson, Waco, Word Book, 1988, pp. 156-157.

[30] *Ibid.*, pp. 156-157.

[31] D. G. HALLMAN, *A Place in Creation*, p. 76.

[32] *Ibid.*, pp. 67-68.

[33] *Ibid.*, p. 69.

[34] *Loc. cit.*

[35] Voir à ce sujet: D. GRIFFIN, «Whitehead's Contribution to a Theology of Nature», *Bucknell Review*, 20 (3), 1972, pp. 3-24; D. GRIFFIN, «A New Vision of Nature», *Encounter*, 35, 1974, pp. 95-107; J. COBB, *A Christian Natural Theology*, Philadelphie, The Westminster Press, 1965; J. COBB, *Is It too Late? A Theology of Ecology*, Beverly Hills, Bruce, 1972; J. COBB, «Process Theology and Ecological Model», dans *Cry of the Environment. Rebuilding the Christian Tradition*, éd. par P.N. Joranson et K. Butigan, Santa Fe, Bear and Co., 1984, pp. 329-336; P. GREGORIOS, «Process Theology — An Alternative to the Classical Metaphysics of the West», *The Human Presence. An Orthodox View of Nature*, Genève, WCC, 1978, pp. 39-49. Aussi: B. LOOMER, «A Process-Relational Conception of Creation», dans *Cry of the Environment. Rebuilding the Christian Tradition*, pp. 321-328; J. BENNETT, «Nature: God's Body? A Whiteheadian Perspective», *Philosophy Today*, 18 (3-4), 1974, pp. 248-254; André GOUNELLE, «Théologie du *Process* et création», *Revue d'Histoire et de Philosophie Religieuses*, 70 (2), 1990, pp. 181-197.

[36] Voir: Sally MCFAGUE, *Models of God. Theology for an Ecological, Nuclear Age*, Philadelphie, Fortress Press, 1987; «Models of God for an Ecological, Evolutionary Era: God as Mother of the Universe», dans *Physics, Philosophy and Theology. A Common Quest for Understanding*, éd. par R.J. Russel, W.R. Stoeger, et G.V. Coyne, Vatican State, Vatican Observatory, 1988, pp. 249-263; «Imaging a Theology of Nature: The World as God's Body», dans *Liberating Life. Contemporary Approaches to Ecological Theology*, éd. par C. Birch, New York, Orbis Books, 1990, pp. 201-227; *The Body of God. An Ecological Theology*, Minneapolis, Augsburg Fortress, 1993.

[37] D. G. HALLMAN, *A Place in Creation*, pp. 76-81.

[38] C'est l'approche de J. MOLTMANN dans *Dieu dans la création.*

[39] La littérature sur ce thème est extrêmement abondante, et ne pourra donc recevoir ici, compte tenu du caractère succinct du présent ouvrage, l'attention qu'elle mérite. Mentionnons tout de même quelques titres importants qui indiquent le

développement exponentiel de l'éco-féminisme depuis une vingtaine d'années: Suzan GRIFFIN, *Woman and Nature: The Roaring Inside Her*, New York, Harper and Row, 1978; Carolyn MERCHANT, *The Death of Nature: Women, Ecology and the Scientific Revolution*, San Francisco, Harper and Row, 1980; Elizabeth DODSON GREY, *Green Paradise Lost*, Wellesley, Roundtable Press, 1981; Ynestra KING, «Feminism and the Revolt of Nature», *Heresies: A Feminist Journal of Arts and Politics*, 4 (1), 1981, pp. 12-16; Kathleen RYAN, «Woman and Nature under Christianity or How Hierarchies Distort», dans *Religion and Nature*, éd. par K.J. Sharpe et J.M. Ker, Aukland, The University of Aukland Chaplaincy Publishing Trust, 1984, pp. 31-42; Ariel Kay SALLEH, «From Feminism to Ecology», *Social Alternatives*, 4 (3), 1984, pp. 8-12; Val PLUMWOOD, «Ecofeminism: An Overview and Discussion of Positions and Arguments», *Australian Journal of Philosophy*, 64, 1986, pp. 120-138; Karen WARREN, «Feminism and Ecology: Making Connections», *Environmental Ethics*, 9, 1987, pp. 3-20; Judith PLANT (éd.), *Healing the Wounds. The Promise of Ecofeminism*, Between the Lines, Toronto, 1989; Irene DIAMOND et Gloria FEMAN ORENSTEIN (éd.), *Reweaving the World. The Emergence of Ecofeminism*, San Francisco, Sierra Club Books, 1990; Anne PRIMAVESI, *From Apocalypse to Genesis. Ecology, Feminism and Christianity*, Minneapolis, Fortress Press, 1991; Rosemary RADFORD RUETHER, *Gaia and God. An Ecofeminist Theology of Earth Healing*, San Francisco, Harper and Row, 1992; Rosemary RADFORD RUETHER, «Patriarchy and Creation: Feminist Critique of Religious and Scientific Cosmologies», *Feminist Theology*, 2, 1992-93, pp. 57-69; Monique DUMAIS, «Dieu selon des perspectives écoféministes», *Dire Dieu aujourd'hui*, éd. par C. Ménard et F. Villeneuve, Montréal, Fides, «Héritage et Projet», 20, 1994, pp. 49-61.

[40] Selon L.S. JUNG, «l'équivalent séculier de l'éthique de l'*intendance* est l'éthique de la conservation [...]» («The Recovery of the Land: Agribusiness and Creation-Centered Stewardship», dans *Religion in the Life of a Nation: American Recovery*, éd. par S. Rowland, Urbana et Chicago, University Press of Illinois, 1990, pp. 117-118).

[41] L.S. JUNG, «The Recovery of the Land», p. 117. Il affirme plus loin que «[l'éthique de l'*intendance*] a été la croyance de base de ces organisations [judéo-chrétiennes] en ce qui a trait à la responsabilité environnementale» (p. 118).

[42] *Ibid.*, p. 119.

[43] *Ibid.*, p. 118.

[44] *Ibid.*, p. 119.

[45] *Ibid.*

[46] *Ibid.*, p. 117.

[47] *Ibid.*, p. 119.

[48] *Ibid.*

[49] *Ibid.*, p. 126, note 27.

[50] *Ibid.*

[51] L'auteur fait référence à l'ouvrage de Grace JENTZEN: *God's World, God's Body*, Philadelphie, Westminster Press, 1984. Il souligne aussi l'apport important de la théologie féministe à la réflexion écologique, en particulier la dénonciation de toute

structure hiérarchique (patriarcale, sexiste, «classiste») accordant plus de valeur à certains êtres qu'à d'autres et la recherche de modèles unifiants et interrelationnels.

[52] L.S. JUNG, «The Recovery of the Land», p. 123.

[53] *Ibid.*

[54] D.J. HALL, *The Steward.*

[55] D. HALLMAN, *A place in Creation*, p. 75.

[56] Si nous reprenions la nomenclature de la typologie de Durel utilisée au chapitre 1, nous pourrions dire que Hall se situe dans la troisième catégorie, «éthico-philosophico-religieuse».

[57] Voir pp. 40-47.

[58] D.B. CLENDENIN, «*Thinking the Faith: Christian Theology in North American Context* (A review of)», *Journal of the Evangelical Theological Society*, 33, 1990, p. 548.

[59] Sa démarche inclut toujours ce qu'il appelle «l'arrière-fond scripturaire» des concepts comme ceux de l'*imago Dei* ou de l'*intendant.*

[60] Le *Mitsein* heideggérien vient soutenir l'idée du *being-with*. Il s'agit dans ce cas d'un emprunt plutôt «instrumental» pour renforcer l'enracinement philosophique et linguistique de l'expression «être-avec». Hall aurait pu trouver des appuis solides chez ce philosophe pour qui la métaphysique classique, caractérisée par «l'oubli de l'être», ne pouvait que conduire au développement démesuré de la technique et à la «perte de l'être» qui en résulte. Mais l'usage restreint qu'il fait de la philosophie heideggérienne est cohérent avec sa méthode qui est avant tout biblique et ouverte.

[61] Bien que nous ne partagions pas du tout l'ensemble de sa critique sur Hall, Suzan B. THISTLETHWAITE a fait remarquer au sujet de *Thinking the Faith* la nette prédominance des auteurs européens sur les auteurs américains («*Thinking the Faith: Christian Theology in North American Context* (A review of)», *Theology Today*, 46, 1989, p. 313).

[62] Le seul qu'il cite à l'occasion est son collègue G. Baum.

[63] David TRICKETT, *Toward a Christian Theology of Nature: A Study Based on the Thought of H. Richard Niebuhr*, thèse de doctorat, Southern Methodist University, 1982. La citation de Niebuhr est tirée de *Radical Monotheism and Western Culture*, New York, Harper and Row, 1960, p. 108.

[64] L'auteur fait référence dans ce passage à des manuscrits non publiés de H. Richard NIEBUHR, «Christian Ethics», conférences données en 1961.

[65] D.J. HALL, *Imaging God*, p. 126.

[66] Joseph SITTLER publiait en 1954: «A Theology for Earth», *The Christian Scholar*, 37 (3), pp. 367-373, devenu aujourd'hui un classique sur le thème. Voir aussi: *The Ecology of Faith*, Philadelphie, Mullenberg Press, 1961; «The Care of the Earth», *The Care of the Earth and Other University Sermons*, Philadelphie, Fortress Press, 1964. N.A. SCOTT, «The Poetry and Theology of Earth: Reflections on the Testimony of Joseph Sittler and Gerard Manley Hopkins», *Journal of Religion*, 54, 1975, pp. 102-118.

[67] J. Sittler, «Ecological Commitment as Theological Responsibility», *IDOC*, 9, 1970, pp. 75-85. Article repris dans *Zygon*, 5 (2), 1972, pp. 172-181. (C'est nous qui soulignons.)

[68] D.J. Hall, «Creaturely Being», p. 158.

[69] J. Sittler, *Essays on Nature and Grace*, Fortress Press, Philadelphie, 1972, pp. 106-107.

[70] Joseph Haroutunian, *God with Us. A Theology of Transpersonal Life*, Philadelphie, Westminster Press, 1965, p. 150. Sur la pensée de Haroutunian, voir aussi: J. Sittler, «Joseph Haroutunian: Total Theologian», *Journal of Religion*, 50, 1970, pp. 215-228; S. Crocco, «Joseph Haroutunian: Neglected Theocentrist», *Journal of Religion*, 68 (3), 1988, pp. 411-425.

[71] J. Haroutunian, *God with Us*, p. 96.

[72] D.J. Hall, *Imaging God*, p. 128.

[73] J.B. McDaniel, *Of God and Pelicans: A Theology of Reverence for Life*, Louisville, Westminster/John Knox Press, 1989.

[74] John Carmody, «"Sagesse écologique" et tendance à remythologiser la vie», *Concilium*, 236, 1991, pp. 115-125.

[75] M. J. et K. R. Himes, «The Sacrament of Creation», p. 43. (C'est moi qui souligne.)

[76] *Ibid.*, p. 46. Nous avons déjà relevé plus haut au sujet du débat entourant l'*intendance* que, pour M. J. et K. R. Himes, le thème du compagnonnage, indissociable d'une vision sacramentelle de la création, leur apparaît plus approprié que celui de l'*intendance*. Il doit selon eux être redécouvert à cause de la mutualité qu'il implique, empêchant qu'un membre de la relation soit réduit à un «cela» — pour employer le langage de M. Buber. Hall opte pour le concept d'*intendant* qu'il juge porteur du même potentiel de mutualité.

[77] Claus Westermann, *Genesis 1-11. A Commentary*. Excursus «The History of the Exegesis of Gn 1, 26-27», Minneapolis, Augsburg Pub. House, 1984 [1974, éd. allemande], pp. 147-165. Plusieurs auteurs se rallient à cette interprétation de la notion d'image de Dieu.

[78] J'ai déjà fait voir dans le cadre de mon mémoire de maîtrise que le concept biblique d'image de Dieu s'avère une clé anthropologique centrale dans la compréhension judéo-chrétienne de la domination de l'humain sur la nature (voir Louis Vaillancourt, *Le thème biblico-anthropologique de l'«image de Dieu» comme clé d'interprétation chrétienne de la domination sur la nature*).

[79] G. Mantzarides, «The Divine Liturgy and the World», *The Greek Orthodox Review*, 26 (1-2), 1981, p. 63.

[80] J. Meyendorff, «Creation in the History of Orthodox Theology», *St-Vladimir's Theological Quaterly*, 27, 1983, p. 35.

[81] Voir chapitre 6.

[82] Sur l'interprétation du concept d'image de Dieu, voir mon mémoire de maîtrise: *Le thème biblico-anthropologique de l'«image de Dieu» comme clé d'interprétation chrétienne de la domination sur la nature.*

[83] John Black, «The Concept of Stewardship», dans *The Dominion of Man. The Search for Ecological Responsibility*, Édimbourg, Edinburg University Press, 1970, pp. 44-57.

[84] *Ibid.*, p. 47. Contrairement à Passemore, Black trouve le fondement biblique de ce concept en Gn 2, 15.

[85] *Ibid.*, p. 50.

[86] L. Wilkinson, *Earthkeeping. Christian Stewardship of Natural Resources*, Grand Rapids, Eerdmans Pub. Co., 1980, p. 225.

[87] *Ibid.*, pp. 231-232.

[88] L. Wilkinson, «A Response to Stewardship of Environment (of Carl F.H. Henry)», dans *Applying the Scriptures. Papers from International Council on Biblical Inerrancy (Summit III)*, éd. par Kenneth S. Kantser, Grand Rapids, Zondervan Pub. House, 1987, p. 499.

[89] L. Wilkinson, «Global Housekeeping: Lords or Servants?», *Christianity Today*, juin 1980, p. 29.

Chapitre 5

ENRICHISSEMENTS DU CONCEPT D'*INTENDANCE* DANS LES SOURCES BIBLICO-HÉBRAÏQUES

Après avoir fait ressortir les qualités et la pertinence de la théologie écologique de Hall, je veux montrer dans ce chapitre que certains aspects de la théologie hallienne de l'*intendance* mériteraient un développement plus substantiel, de manière à consolider la validité de ce concept dans la résolution de la crise écologique. Je pense qu'il est possible, sans sortir de la logique proposée par Hall, d'aller un peu plus loin dans le déploiement de l'*intendance* à partir d'une exploration des données de la tradition de Jérusalem (bibliques et rabbiniques). Une appropriation plus ample de cet héritage, puisant tant dans ses sources biblico-hébraïques que dans la littérature juive plus contemporaine, permettra de donner encore plus de profondeur à la théologie de l'*intendance*.

1. Une théologie biblique de l'*intendance*

Le thème de l'*intendance*, à strictement parler, n'est pas d'usage fréquent dans la Bible[1], comparativement, par exemple, à celui de la royauté. Il n'en demeure pas moins, comme celui plus classique de l'«image de Dieu[2]», d'une grande utilité pour penser théologiquement la fonction de l'humain dans le monde, et par conséquent, la problématique du rapport humain/nature.

Dans le cadre d'une éthique écologique chrétienne, le développement de la réflexion théologique sur le thème de l'*intendance* prendra donc appui sur l'interprétation des sources scripturaires. Puisque le concept d'*intendance* a son origine dans la Bible, une étude sérieuse de ce thème suppose une investigation biblique, ce que Hall a fait, quoique de façon peut-être un peu sommaire[3].

Je propose donc d'explorer plus en profondeur l'usage biblique du concept d'*intendant* (*oikonomos* dans la Septante[4]), pour dégager les éléments constitutifs de ce dernier[5]. Ceci permettra de voir comment le Nouveau Testament l'a chargé d'un sens métaphorique, préparant la voie à d'éventuelles analogies, dont son application contextuelle à la problématique écologique.

L'«intendant» dans l'Ancien Testament

Dans l'Ancien Testament, le mot *intendant* sert à traduire principalement deux titres hébreux: *ben-bayith,* «fils de la maison» ou *aser al habbayit*[6], «celui qui est sur la maison», et *na'ar*, qui signifie, entre autres choses, «serviteur, intendant (de la maison de)[7]». La première acception, servant à désigner un haut fonctionnaire de l'État qui dirige le palais royal, est souvent traduite par «maître du palais». Cette fonction est celle de Joseph auprès de Pharaon (Gn 41, 40)[8] dont il administre le royaume (Gn 42, 6). Joseph dispose d'ailleurs lui-même de son *intendant* (maître du palais ou majordome), comme il en est fait mention en Gn 43, 16.19 et Gn 44, 1.4. À l'époque des rois, «le "maître du palais", d'abord membre du cabinet royal (1 R 4, 6) devient bientôt une sorte de premier ministre[9]».

La seconde désignation, celle de *na'ar*, a le sens de «gérant». «Le titre de *na'ar*, littéralement, "garçon, valet, serviteur", qui peut être utilisé parfois avec une connotation militaire, apparaît surtout dans le contexte de gestion de propriété agricole[10].» On a recours à cette double référence dans le Premier livre des Chroniques pour décrire, d'une part, l'organisation militaire composée de «classes» ayant à leur tête un *intendant* (27, 2-15) et, d'autre part, la distribution des responsabilités concernant l'agriculture et l'élevage, un *intendant* étant nommé pour les ouvriers agricoles employés à la culture du sol, un pour ceux qui étaient affectés aux réserves de vin, aux réserves d'huile, aux oliviers, au bétail, aux chameaux, aux ânesses, etc. (27, 25-31), bref, un pour tous «les biens appartenant au roi David[11]». Deux autres passages renvoient aussi au contexte militaire (Jdt 14, 13; Dn 1, 11.16), mais c'est le contexte agricole qui domine. Ainsi, dans le livre de Ruth, on parle de «celui des serviteurs qui commandait aux moissonneurs» (Rt 2, 5). Mais «l'exemple le plus clair est celui de Çiba, *intendant* de la maison de Saül (2 Sm 9, 9; 19, 18) qui finira par prendre possession d'une partie de la propriété de son maître[12]». Lemaire nous apprend aussi quelque chose de très significatif: «Ce titre de *na'ar*, "intendant" (*steward*), apparaît aussi sur plusieurs sceaux et estampilles: on avait parfois interprété le nom suivant *n'r* comme le nom d'un roi, mais il s'agit seulement d'un riche notable ou d'un haut fonctionnaire grand propriétaire terrien; pour la gestion de la "maison" de son maître, ce *n'r* avait à utiliser son propre sceau[13].» On comprend alors pourquoi a pu apparaître une certaine confusion autour de ce terme.

L'«intendant» dans le Nouveau Testament

Un certain nombre de vocables grecs convergent autour de la notion d'*intendance*, que la *Bible de Jérusalem* traduit aussi par «charge». Je porterai mon attention surtout sur *oikonomos*[14] (10 fois), un mot composé de *oïkos*, qui signifie «maison», et de *nomos*, «règle, loi, ordre, principe, norme», c'est-à-dire «celui qui met de l'ordre dans la maison», autrement dit l'«économe», celui qui veille, selon les règles établies, à la bonne gestion de la maisonnée. Cependant, pour mieux comprendre toutes les nuances de l'*intendance* dans le Nouveau Testament, d'autres expressions apparentées comme *oikonomia* (9 fois), *oikodespotes* (12 fois), *episkopos* (5 fois) et *epitropos* (3 fois) seront aussi mises à contribution.

En ce qui concerne *oikonomos/oikonomia*, il apparaît utile, à la suite de W. Tooley[15], de distinguer entre les emplois littéraux et les emplois métaphoriques, ce qui correspond en pratique à la division entre les évangiles et les lettres pauliniennes.

Sens littéral

Le terme «intendant» (*oikonomos* ou *epitropos*) n'est employé que par Matthieu et Luc, soit en Mt 20, 8 (la parabole des ouvriers de la onzième heure), Mt 24, 45 (la parabole du majordome)[16], Lc 8, 3, Lc 12, 42 (le passage parallèle à Mt 24, 25) et Lc 16, 1-8 (la parabole de l'intendant infidèle). Marc et Jean ignorent ce terme, même si l'on retrouve l'idée en Jn 2, 8-9 (le «maître du repas», lors des noces de Cana). Comme dans l'Ancien Testament, il désigne une personne qui a pour fonction d'administrer les biens ou les personnes à l'emploi d'un autre (par exemple en Lc 8, 3: «Chouza, l'intendant (*episkopou*) d'Hérode»). Paul en fait aussi un usage très limité au sens propre, soit en Rm 16, 23 dans une salutation à Éraste, «le trésorier [*oikonomos*] de la ville»[17] et en Ga 4, 1-2 où il est question des «intendants» (*oikonomous*) et des «tuteurs» (*epitropous*)[18]. Même si dans les récits paraboliques le terme «intendant» continue de faire référence à une fonction précise d'administration[19], son usage fait cependant déjà appel à un autre niveau qu'on ne peut qualifier de strictement «littéral». En effet, le langage parabolique lui-même — puisque c'est ce qui caractérise ce genre de discours — suggère que l'*intendant* n'est plus redevable à un quelconque souverain terrestre (comme le roi ou le Pharaon dans l'Ancien Testament), mais dit quasi explicitement que l'*intendant* relève de Dieu (ou du Christ). On sait que Jésus, dans les paraboles, lorsqu'il parle «d'un *intendant* et de son maître», veut amener son auditoire à dépasser le niveau des rapports humains et l'élever par analogie à entrevoir la nouveauté du rapport humain/Dieu, qui ne suit plus le modèle vétéro-testamentaire suzerain/vassal ou maître/serviteur, mais renvoie à la relation Père/fils.

Les Synoptiques mettent en évidence que la fonction de l'*intendant* requiert de la part de ceux qui l'exercent «d'être fidèles [*pistoi*] dans l'accomplissement de leurs devoirs[20]». Un passage concernant l'association *intendance*/fidélité, celui de Lc

16, 1-8 («l'*intendant* infidèle»), mérite une attention particulière à cause de son incidence sur notre thème. B. Dominguez en a fait une étude intéressante dont je m'inspire ici[21]. Au verset 1 de la parabole, le maître apprend que l'*intendant* agit en «dilapidant ses biens». L'auteur se demande ce que signifie cette expression, en quoi consiste précisément l'infidélité. On dirait, dans notre langage moderne, «en abusant» ou «en exploitant». Mais pour mieux comprendre le sens de cette expression, on peut aussi se référer à la parabole du «fils prodigue» (Lc 15, 11-32) qui vient tout juste avant. En effet, on retrouve la même expression pour décrire la conduite du fils au plus fort de son irresponsabilité: «il dissipa son bien en vivant dans l'inconduite[22]» (15, 13). La formule grecque (*zoon azotos*) signifie littéralement: «en vivant sans penser aucunement à la vie[23]». Si on revient à la parabole de l'*intendant* infidèle, les versets suivants (5-7) nous montrent comment celui-ci «dilapide les biens»: il semble ne pas être très productif et agir avec négligence dans la gestion des biens que son maître lui a confiés (en lui occasionnant des pertes). Il se dégage de ces deux passages deux manières d'être infidèle, irresponsable: en tombant soit dans l'exploitation, soit dans la paresse. Dans les deux cas, l'*intendant* infidèle recherche une satisfaction égoïste.

Nous sommes proches ici des notions hébraïques d'élection et de berger: ceux qui sont élus pour diriger le sont en vue du bien de tous, par l'exercice d'une responsabilité, et non pour leur bien-être personnel. Les pasteurs d'Israël sont considérés comme des *intendants* de Dieu qui peuvent être trouvés indignes de leur charge et être déchus pour abus de pouvoir. C'est le cas en Ezéchiel 34 où les pasteurs sont fautifs «spécialement par le mauvais usage de leur position privilégiée dans le but d'en tirer des avantages personnels[24]». Dans cette ligne, ne pourrait-on pas interpréter le destin du «serviteur souffrant» d'Isaïe comme celui qui «paye», par substitution, pour la mauvaise gestion de ses prédécesseurs et se charge de leurs péchés? Placé pour juger et contester les *intendances* antérieures, il subit alors les injures et la vengeance de ces mauvais *intendants*.

Cette exhortation à la fidélité sera faite aux chefs de l'Église avec encore plus de vigueur dans les écrits pauliniens, la responsabilité étant décuplée par la charge qui est confiée: l'«administration» des biens spirituels. Il ne s'agit plus, comme dans l'Ancien Testament, de la responsabilité à l'égard de biens matériels, mais plutôt de l'Évangile, destiné à toute la «maisonnée de Dieu», c'est-à-dire l'humanité.

Sens métaphoriques

C'est dans les lettres de Paul — exception faite des deux passages cités plus haut (Rm 16, 23 et Ga 4, 1-2) — ainsi que dans la première lettre de Pierre que le terme *intendant* évolue vers une nouvelle signification plus symbolique[25], plus théologique. Il est utilisé comme symbole ou modèle de l'Église, du Christ et de la relation humain/Dieu, dans le contexte de l'attente du retour du Seigneur[26].

Un modèle ecclésiologique

L'image de l'*intendant* est d'abord appliquée à la constitution de l'Église naissante. Elle est «tout à fait sur mesure pour exprimer l'interprétation fortement rabbinique que Paul se fait du rôle et de l'organisation de l'*ecclesia* [l'Église] chrétienne primitive[27]». Paul (de même que Luc à une occasion en Ac 20, 28) a recours à la métaphore de l'*intendant* pour parler des dirigeants et de la «bonne gestion» de la communauté ecclésiale. En Col 1, 25, Paul (et indirectement ses associés) se décrit lui-même comme un *intendant*: «car je suis devenu ministre de l'Église en vertu de la charge [*oikonomia*][28] que Dieu m'a confiée[29]». L'image vise en premier lieu les responsables de la communauté[30], «ceux que l'Esprit a constitués intendants [*episkopos* = «surveillant»] pour paître l'Église de Dieu» (Ac 20, 18). Les *intendants* sont les ministres de l'Église à qui Dieu a donné autorité[31], ceux qui ont la responsabilité de l'annonce de l'Évangile et de l'édification des croyants. Ayant reçu «par révélation la connaissance du mystère» (Ep 3, 3), ces ministres sont les dépositaires du «plan [*oikonomia*] de salut[32]». «Qu'on nous regarde donc comme des serviteurs du Christ, des *intendants* [*oikonomous*] des mystères (*musterion*) de Dieu. Or tout ce qu'on demande à ses intendants, c'est que chacun soit trouvé fidèle [*pistos*]» (1 Co 4, 1-2). Comme dans les évangiles, on remarque l'association avec le thème de la fidélité. L'*intendant* doit conserver et transmettre la tradition dans toute sa pureté, sans rien modifier de la doctrine reçue.

La métaphore de l'*intendant* est employée dans la lettre à Tite (1, 7) de même que dans la première à Timothée (3, 1-2) pour qualifier la fonction d'épiscope (*episkopos*). Celui-ci, «en sa qualité d'*intendant* de Dieu», «doit être irréprochable». En tant que gardien du «dépôt de la foi», il doit être «fermement attaché à la parole digne de foi [*pistou logou*]», telle qu'elle a été transmise, de manière à pouvoir enseigner une «saine doctrine» (Tt 1, 9).

La lettre de Pierre (1 P 4, 10) étend encore plus la mission d'*intendance*. Elle n'est ni plus ni moins qu'une «démocratisation» de Tite (1, 7), une extension de ce qui n'était qu'implicite chez Paul. «Dans ce passage, chaque membre de l'Église est un *intendant* partageant les dons reçus de Dieu avec les autres membres de l'Église, pour le bien de toute la communauté chrétienne, dans leur vivre ensemble et leur témoignage[33].» Ce ne sont plus seulement les ministres autorisés qui ont la charge d'annoncer l'Évangile, mais toute l'Église qui est *intendante*. Les dons de l'Esprit sont multiples et doivent être mis à la disposition de toute la communauté. Chacun est porteur de richesses et de capacités que Dieu souhaite que nous partagions. Chaque croyante ou croyant qui résiste à la tentation de se replier égoïstement sur ses talents personnels et les partage avec les autres devient un bon *intendant*. Nous retrouvons l'image de la maisonnée où chacun contribue à sa façon au service mutuel, essentiel à la vie en commun. Ce texte fait ressortir la solidarité qui existe entre les membres de la communauté chrétienne et humaine. L'*intendant* est appelé à servir non seulement Dieu son maître, mais aussi à prendre soin de tout ce qui appartient à son maître.

On constate donc un développement dans l'utilisation de l'image de l'*intendant*. D'une figure strictement séculière, concrète, elle en vient à symboliser d'abord la responsabilité spirituelle qu'ont les dirigeants des premières communautés chrétiennes, puis, par extension, la mission particulière de chaque chrétien et de chaque chrétienne de faire fructifier la grâce reçue dans le service mutuel pour l'édification du Royaume.

Un modèle eschatologique

La métaphore de l'*intendant* est aussi liée à une autre dimension, omniprésente dans tout le Nouveau Testament, celle du retour du maître et de son jugement. En effet, si *intendance* il y a, c'est à cause du départ du maître (Dieu). En son absence, il a délégué son autorité à des serviteurs à qui il demandera de rendre des comptes quand il reviendra. Il jugera alors de la conduite de ces derniers et les rétribuera en conséquence. Ne connaissant pas le moment précis de son retour, les serviteurs sont invités à demeurer vigilants, à «veiller» sur les biens du maître, à se tenir prêts en tout temps pour être trouvés «fidèles».

Ce thème de la vigilance, par le biais d'images comme celles du «voleur» et de la «femme enceinte», apparaît sous la plume de Paul en 1 Th 5, 1-9[34]. Il est amplement développé par la tradition synoptique[35]. Matthieu fait précéder le discours sur le «Jugement dernier» (25, 31-46) d'un enseignement sur l'attitude de veille requise en l'absence du maître (Mt 24, 42-44 et son parallèle en Lc 12, 35-48, passage où le terme *oikonomos* apparaît) et par trois paraboles sur l'attente du retour du maître: celle du majordome (24, 45-51), celle des dix vierges (25, 1-13) et celle des talents (25, 14-30), qui sont autant d'exhortations à «veiller». La fidélité dans l'exercice de la responsabilité doit se manifester par cette attitude de vigilance, de conduite bien «réglée» malgré l'absence du maître, de disponibilité au service, quelle que soit l'heure où celui-ci se présentera. La parabole des talents (chez Matthieu et son parallèle en Lc 19, 11-27) est un très bon exemple de relation entre un maître absent et des serviteurs ayant reçu un avoir à faire fructifier. À son retour, le maître demande des comptes à propos de la gestion des sommes distribuées à chacun. Les serviteurs sont jugés en fonction du rendement qu'ils ont fait produire au bien qui leur a été confié[36]. Ceux qui ont fait croître leur avoir sont qualifiés de «bons et fidèles» — à noter encore une fois le lien avec la fidélité —, alors que celui qui n'a fait que le conserver intact est sévèrement réprimandé et répudié.

Plusieurs paraboles où le terme *intendant* n'est pas explicitement utilisé présentent malgré tout des situations où la responsabilité des biens d'un maître absent est confiée à des serviteurs[37]. C'est le cas notamment de la parabole des vignerons homicides (Mt 21, 33-43; Mc 12, 1-12; Lc 20, 9-19) où le propriétaire d'une vigne, parti à l'étranger, revient pour en percevoir les fruits. La parabole décrit bien l'attitude irresponsable des serviteurs qui refusent de livrer les produits de la récolte.

C'est donc en raison de la perspective eschatologique, du départ du Christ et de l'attente de son retour pour le jugement au «Jour du Seigneur», que les chrétiens et les chrétiennes sont appelé(e)s à «se tenir prêt(e)s» pour «rendre des comptes» de l'usage qu'ils auront fait de leurs dons et des biens de la terre. L'Évangile est une invitation à «veiller» et à «sur-veiller» (*episkopos* = «sur-veillant»), c'est-à-dire à «veiller sur», à prendre soin de ce dont nous sommes responsables au nom de Dieu. Comme l'«épiscope» devait veiller sur la vie de la communauté, l'être humain est chargé non seulement de conserver, mais de faire fructifier la vie. C'est pour cela qu'il a reçu autorité, liberté et créativité «sur» la création, et c'est en fonction de l'exercice de cette responsabilité qu'il sera jugé. Son pouvoir, à l'image de Celui qu'il représente au cœur du monde, doit favoriser la vie.

Un modèle christologique

À l'encontre de la perspective ecclésiologique de l'*intendance* qui est explicite dans la littérature paulinienne, la dimension christologique l'est beaucoup moins. Cependant, même si nulle part dans les Synoptiques Jésus n'est décrit littéralement comme un *intendant*, il se désigne comme le «représentant», l'«image» de Dieu. Cette idée, centrale pour notre propos, ne sera ici qu'effleurée, le chapitre 7 y étant entièrement consacré. Qu'il suffise de mentionner que la métaphore de l'*intendance* est étroitement associée à une autre, celle des «clés». En théologie rabbinique, cette dernière est utilisée pour «affirmer la primauté de Dieu, la délégation de l'autorité aux dirigeants d'Israël, et pour accentuer le besoin de fidélité de leur part dans l'exercice du pouvoir qui leur est confié. Ce sont précisément les thèmes que l'on retrouve dans l'emploi d'*oikonomos* en 1 Co 4, 1-2[38].» Or Jésus a lui aussi recours à la symbolique des clés

> pour critiquer les leaders religieux de son temps, à qui les clés du Royaume avaient été confiées, et pour désigner de nouveaux chefs qui, en tant qu'*intendants* de la révélation de Dieu, pourraient compenser l'omission de ces chefs religieux qui ont failli dans leur médiation de la Torah de Dieu et ont «fermé aux hommes le Royaume des cieux». En ce sens, Jésus lui-même est l'«*intendant* fidèle» par excellence, qui par ses paroles et ses actions ouvre les secrets du Royaume de Dieu et en révèle la nature interne[39].

Dans une formule d'une densité extraordinaire, Paul résume le lien d'*intendance* multiple qui se déploie à travers le Christ: «Tout est à vous, vous êtes au Christ, et le Christ est à Dieu.» (1 Co 3, 23) Même Jésus n'a pas une autorité souveraine et doit rendre compte à son Père de ceux qui lui sont confiés. À plus forte raison, notre «pouvoir» sur le monde est un pouvoir de délégation qui nous vient du Christ. C'est à lui que nous sommes redevables de notre usage des biens de la terre.

*Transposition du concept d'*intendance *au rapport humain/nature: un modèle écologique*

On a retenu de l'Ancien Testament que l'*intendant* (*oikonomos*) est un serviteur investi d'une autorité relative afin d'organiser et de gérer les affaires d'un autre qui lui ont été confiées. Quatre qualités importantes composent l'attitude de l'*intendant*:

1) *autorité*: il a un réel *pouvoir* qui lui est délégué;

2) *autonomie*: il peut ainsi exercer sa *liberté* et sa créativité;

3) *représentativité*: il représente son maître par l'*identification* de sa conduite avec la sienne (mais aussi avec les autres serviteurs parmi lesquels il a été choisi)[40];

4) *responsabilité*: il n'est ni le propriétaire, ni le maître; il est un *subordonné* qui doit rendre compte de sa gestion des biens appartenant à un autre[41].

Sur la base de cette fonction sociale bien concrète, la notion d'*intendance*, dans le Nouveau Testament, a pris une signification plus métaphorique, dans le sens d'une «démocratisation». Ce sont d'abord les chefs de l'Église qu'on a reconnus comme *intendants*, puis les différents membres de la communauté, et finalement tous les humains qui sont, par nature et par grâce, à l'image du Christ, les *intendants* de Dieu dans le monde. Tout comme le titre d'image de Dieu qui, à l'origine, était réservé à une élite (par exemple le roi), a été «démocratisé[42]» par le rédacteur sacerdotal qui l'emploie pour parler de toute l'humanité, de même, la fonction d'*intendant* a subi une démocratisation en en venant à désigner tous les membres de l'Église et tous les humains. On note donc pour les deux thèmes le passage d'une conception «hiérarchique» (ordre du pouvoir) à une conception «démocratique» (ordre de l'amour). Le Nouveau Testament abolit le rapport dominant/dominé, ce qui n'est pas sans conséquences sur le plan éthique. D'une «éthique du plus fort», on passe à une «éthique de la communion».

Mais il est évident que les auteurs néo-testamentaires n'ont pas développé les implications pratiques et éthiques de leur théologie de l'*intendance*. D'une part parce que leurs impératifs étaient différents des nôtres et, d'autre part, à cause du contexte fortement eschatologique qui conditionnait toute la mission chrétienne primitive. «En soi, les écrivains des épîtres et des évangiles se sont concentrés presque exclusivement sur les implications ecclésiastiques internes et spirituelles de l'*intendance*[43].» Heureusement, la métaphore de l'*intendant*, à l'encontre d'autres images plus nettement culturelles (comme celle du berger par exemple), est beaucoup moins liée à ces circonstances historiques spécifiques.

> Lorsque les affirmations eschatologiques changent [...], la métaphore d'*intendant* est tout aussi applicable que dans la situation antérieure, et peut-être même plus. Parce qu'il y a quelque chose de discutable dans la complète spiritualisation d'une image si concrète et mondaine que celle-ci; et d'une certaine manière, la situation post-eschatologique nous ramène à la dimension matérielle et terrestre de la vocation de l'*intendant*[44].

Si on a pu repérer une évolution claire dans l'usage métaphorique du concept d'*intendance* à l'intérieur même du corpus biblique, particulièrement de l'Ancien au Nouveau Testament, pourquoi ne serions-nous pas «autorisés», à la manière de Paul, à en étendre encore l'application, compte tenu des conditions historiques actuelles, à l'ensemble de notre responsabilité envers le monde créé? Il se pourrait bien que notre rôle d'«*intendants* de Dieu» et de son Évangile ne puisse se concrétiser sans une véritable «*intendance* du monde», ce monde que «Dieu a tant aimé» (Jn 3, 16)[45]. Cette interprétation ne semble pas aller à l'encontre de la tradition biblique. Au contraire, elle y trouve des appuis. Sur ce point, la démarche de Hall, par rapport à la richesse de sens des sources hébraïques, ne donne pas toute la mesure que l'on peut attendre de cette option fondamentale chez lui.

2. Des sources hébraïques peu exploitées: le principe d'*intendance* au cœur de la Loi juive

Pour sortir de la crise écologique, Hall prône un «retour aux sources», un décapage de la tradition d'Athènes en vue d'une réappropriation de l'ontologie de la «tradition de Jérusalem[46]». Il plaide en faveur de la manière hébraïque de comprendre l'être, l'humain et la création. Mais s'il s'appuie sur la tradition de Jérusalem pour proposer un virage anthropologique, il ne pousse pas jusqu'au bout cette logique. En effet, si le modèle anthropocosmologique de la pensée hébraïque est si important, on peut s'étonner que Hall se limite uniquement aux textes bibliques. Il se contente de faire une brève «exégèse» des passages de l'Ancien Testament où apparaît la forme hébraïque de l'*intendant*, sans contextualiser en consultant des sources extra-bibliques. Une seule référence est faite à un auteur juif, Martin Buber, au sujet de la relation de l'humain avec la nature, alors que nous disposons d'un apport considérable de la littérature juive contemporaine concernant ces thèmes, en particulier celui d'*intendance*. Je pense qu'il aurait dû explorer ce point afin de montrer encore davantage comment la compréhension hébraïque du rapport humain/nature offre un fondement solide à une éthique écologique et, plus particulièrement, au concept d'*intendance*. L'importance du lien entre judaïsme et écologie, décisif pour clarifier l'attitude biblique vis-à-vis de la nature[47], m'incite à un plus ample développement[48].

Comme toutes les autres traditions religieuses séculaires, le judaïsme ne se présente pas comme un bloc monolithique. Cette tradition est aussi composée de plusieurs sources et courants théologiques qui sont autant de variantes informant la pratique des fidèles. La Genèse est bien sûr un document de premier ordre et fournit le paradigme de la relation de l'humain avec la nature[49]. Mais une théologie juive du rapport de l'humain avec la création ne peut se limiter à la perspective biblique, celle de la Torah. Elle doit tenir compte de l'ensemble des sources hébraïques[50], qui sont de trois types[51]: 1) la *halakah*, c'est-à-dire les écritures juives, et leurs interprétations traditionnelles que sont le *Mishnah*, le *Talmud* et les autres commentaires et codes; 2) l'*aggalah*, c'est-à-dire la littérature non juridique, qui inclut l'exégèse biblique, les sermons, les paraboles et les proverbes; 3) le *tefillah*, c'est-à-dire la prière et la liturgie[52]. Bien que la *halakah* soit le premier guide pratique de la vie juive, les deux autres offrent aussi des directives importantes sur la conduite vis-à-vis de l'environnement[53]. C'est en tenant compte de l'ensemble de la tradition qu'on rend vraiment justice à la pensée juive et que celle-ci trouve toute sa pertinence en rapport à la crise écologique.

Sans entrer en profondeur dans la complexité de la tradition hébraïque, il faut souligner ici le phénomène d'extension ou d'extrapolation de législations bibliques, à l'origine très spécifiques, à travers les différents courants juifs, notamment la tradition halakique. J. Helfand, un spécialiste de l'histoire juive moderne, explique que l'élargissement de l'injonction biblique du *bal tashhit* («Tu ne détruiras pas») s'est effectué sur trois aspects de la loi: 1) la situation, 2) l'objet, 3) la méthode[54]. Ainsi, dans le *Talmud* et d'autres écrits halakiques, ce qui, au départ, était limité aux tactiques militaires (comme l'interdiction d'utiliser les arbres fruitiers comme matériel de guerre) en est venu à s'appliquer 1) à *toute situation de vie*, y compris en temps de paix, 2) à *toute chose* dont l'humain pourrait tirer profit, et 3) inclut *tous les types de destruction*, complète ou incomplète, directe ou indirecte[55]. On en arrive ainsi à retrouver dans le *Talmud* des codes de lois concernant la protection des espèces animales et végétales, des ressources minérales et même de la campagne, ainsi que des législations sur la façon de disposer des déchets et sur la qualité de l'air[56].

Une autre ordonnance juive d'une importance particulière concernant la relation avec la nature mérite d'être explicitée: le *yishuv ha-aretz*, littéralement, l'«installation de la terre». Ce principe halakique est appliqué dans la *Mishnah* et le *Talmud* pour décrire les mesures à prendre dans le développement approprié de la terre d'Israël, par exemple l'agriculture ou l'organisation urbaine. Il est en lien avec un autre, le *yishvu ha-olam*, un principe plus général qui concerne le développement de la société hébraïque, et cela même en dehors des limites géographiques d'Israël. Ces deux principes ont donné lieu à de nombreuses discussions de cas rapportées dans les commentaires juifs au sujet du «droit de préemption», c'est-à-dire de la priorité dont jouit un acheteur, par exemple pour l'acquisition d'une terre. Des conditions environnementales (si cette terre est destinée à recevoir une plantation d'arbres plutôt qu'à la construction d'une maison), régies par la loi, peuvent empêcher l'exercice de cette prérogative. Il se peut même que les tribunaux aient à trancher en faveur de la protection de la nature. Helfand conclut de ces juridictions qu'elles

> n'offrent pas une protection inconditionnelle à l'environnement naturel, pas plus qu'elles n'offrent un programme immuable de priorités pour guider les actions humaines. Elles énoncent cependant un important principe moral et légal: l'environnement, comme l'être humain, a certains droits inaliénables, et ces droits lui viennent de son Créateur — et, par conséquent, ne peuvent être sommairement écartés ou violés. C'est une obligation pour la société de respecter et de protéger ces droits avec les mêmes procédures, institutions et initiatives législatives qui sont employées pour garantir et protéger les droits humains. Même si, en certaines occasions, cela doit être fait [...] au détriment de privilèges personnels et de droits individuels[57].

Il est clair que toutes ces législations[58] sont fondées sur une solidarité et une responsabilité de l'humain face à son milieu naturel. D'après N. Lamm, «les traditions talmudique et midrashique prolongent cette affirmation implicite de l'obligation et de la responsabilité humaines vis-à-vis de l'intégrité de la nature. [...] Au dire des rabbins, [...] la survie du monde dépend de l'acceptation par l'être humain de sa responsabilité morale[59].»

Selon les perspectives de D. Ehrenfeld et de J. Bentley, respectivement biologiste juif et rabbin américain, le judaïsme est une «religion environnementale[60]». Le rôle de l'humain dans la création, selon la religion juive, est celui d'un *intendant* attentionné[61]. Il est clair d'après la Bible que, à l'origine, la conception hébraïque de l'*intendance* inclut les notions d'humilité, de non-ingérence et d'autolimitation. Cependant, la pratique d'une *intendance* responsable, sous l'énorme impression de puissance que procurent la science et la technologie, peut s'avérer — et est!— facilement corrompue par la croyance que nous sommes les «maîtres et possesseurs», et non les «gardiens» de la nature.

Une des conséquences de cette conception pervertie de l'*intendance* est qu'on a accusé le christianisme et le judaïsme[62], «les religions de l'*intendance*[63]», d'être la cause du problème environnemental, alors que c'est plutôt la déformation de l'*intendance*[64], comprise comme pouvoir absolu, qui est à l'origine du déséquilibre écologique. Exaspéré des attaques contre le judaïsme et les écritures juives, D. Ehrenfeld se demande: à quand des articles sur «les implications et les conséquences environnementales de l'ensemble du christianisme qui, lui, a mis l'accent sur les miracles au lieu de l'ordre naturel, sur le péché originel, sur la corruption inhérente "aux choses du monde", sur la primauté de la vie dans l'"autre monde", et sur l'apocalypse[65]?» L'œuvre tout entière de Hall est précisément un effort pour poser ces questions, pour reconnaître la part de responsabilité du christianisme historique, et pour chercher des solutions en retournant aux sources de la tradition, en particulier la tradition hébraïque.

Ehrenfeld et Bentley constatent avec Hall que «le problème de la rupture entre l'humanité et le reste de la nature est plus présent pour les chrétiens que pour les juifs» et que, comparé au judaïsme, «le christianisme met davantage l'accent sur l'Autre Monde que sur ce monde[66]». C'est pourquoi Hall insiste tant sur la nécessité d'une «conversion au monde[67]», car l'«orientation décisive envers le monde[68]» est une donnée centrale de la foi juive, ce qui n'a pas toujours été évident dans la tradition chrétienne.

Même si, selon ces deux auteurs, on ne trouve pas dans la réflexion rabbinique — ni dans la Bible d'ailleurs, comme Hall l'a aussi observé — d'enseignement *explicite* sur la responsabilité *spécifique* de l'humain envers la création. La tradition juive a tout de même connu un développement plus «explicite» de cette idée que la tradition chrétienne, ce que Hall semble ignorer. Ce qu'on découvre dans les écrits rabbiniques, c'est qu'il n'y a pas de séparation entre l'humain et la «nature», et que la définition d'une «bonne personne» inclut implicitement le soin du monde naturel. L'idée importante véhiculée par cette image est que l'humain a à rendre compte de son usage des biens de la terre à un supérieur, le «Propriétaire de toutes choses». En effet, un des principes fondamentaux de la Torah est que «la terre et tout ce qu'elle contient appartient à Dieu» (Ps 24, 1). En fait, selon Belkin, «toute la structure du judaïsme repose sur celui-ci[69]». Il en découle que l'être humain n'a aucun droit de possession permanente de quelque bien que ce soit. Il n'est qu'un «tenancier temporaire» des biens de la terre, placé dans une situation de gérance. Le premier principe de l'*intendance*, c'est que «l'*intendant* n'est pas le possesseur des biens qui lui sont confiés, et qu'il devra, ultimement, être tenu responsable de leur état[70]». On peut citer, à titre d'exemple dans la littérature talmudique, ce passage d'un rabbin du VIIIe siècle: «Ne pollue pas et ne ravage pas Mon monde; parce que si tu le pollues, il n'y aura plus personne pour rétablir la situation après toi[71].»

C'est ce principe de responsabilité (*accountability*) de l'*intendance*[72] qui est à la base d'un certain nombre de lois plus spécifiques vis-à-vis de la nature (les animaux, les ressources naturelles, etc.). Du principe général de l'*intendance* sont dérivés deux concepts juridiques importants:

1) Le *bal tashhit* («Tu ne détruiras pas») implique un «ensemble de régulations environnementales[73]» qui prévient, dans la pensée rabbinique, un grand nombre de transgressions par rapport à la nature, par exemple en Dt 20,19-20 au sujet de l'abattage des arbres fruitiers en temps de guerre:

> Si, en attaquant une ville, tu dois l'assiéger longtemps pour la prendre, tu ne mutileras pas ses arbres en y portant la hache; tu t'en nourriras sans les abattre. Est-il homme, l'arbre des champs, pour que tu le traites en assiégé? Cependant, les arbres que tu sais ne pas être des arbres fruitiers, tu pourras les mutiler, les abattre, et en faire des ouvrages de siège contre cette ville en guerre contre toi jusqu'à ce qu'elle succombe.

2) Le *za'ar baalei hayyim* («la douleur d'une chose vivante») fait référence à des conduites qui infligent des souffrances à un être vivant et qui sont vivement dénoncées dans la Bible. Cette loi s'étend ultimement jusqu'à l'interdiction de tuer les animaux, par exemple en Dt 22, 6 concernant le respect des oiseaux:

> Si tu rencontres en chemin un nid d'oiseau avec des oisillons ou des œufs, sur un arbre ou à terre, et que la mère soit posée sur les oisillons ou les œufs, tu ne prendras pas la mère sur les petits. Laisse partir la mère; ce sont les petits que tu prendras pour toi. Ainsi auras-tu prospérité et longue vie.

Cela s'exprime plus radicalement encore dans la prescription du végétarisme[74] de Genèse 1, 29: «Je vous donne toutes les herbes portant semence, qui sont sur toute la surface de la terre, et tous les arbres qui ont des fruits portant semence: ce sera votre nourriture.»

Mais ces deux premiers principes, selon nos auteurs, sont insuffisants pour empêcher la pratique de l'*intendance* de glisser dans la tyrannie et l'exploitation, ce qui est son plus grand danger avec la venue de la technologie. La tentation est grande de penser que nous sommes capables de résoudre, grâce à des moyens techniques de plus en plus perfectionnés, tous les problèmes engendrés par notre société moderne.

Le concept d'*intendance* serait-il alors «intrinsèquement inapplicable[75]», comme l'ont affirmé certains environnementalistes? Peut-être, s'il n'existait dans le judaïsme un mécanisme original capable de concilier l'exercice du pouvoir sur le monde avec l'idée d'autolimitation et d'abstinence: le *sabbat*[76]. «L'idée du sabbat introduit la restriction nécessaire à la pratique de l'*intendance*. Seul le sabbat peut réconcilier l'attitude juive vis-à-vis de la nature avec celle des environnementalistes séculiers, celle de l'écologie holistique ou celle des religions non anthropocentriques[77].» Le sabbat offre peut-être «la seule raison théologique et pratique [...] pour la réconciliation de l'idée de l'*intendance* avec celle du progrès technologique[78]». L'*intendance* et le sabbat sont complémentaires; l'*intendance* permet une plus grande jouissance du sabbat, et le sabbat fait prendre conscience de la nécessaire limitation à imposer à l'*intendance*.

Trois éléments du sabbat sont spécialement pertinents pour l'*intendance*. Durant le sabbat, 1) *on ne crée pas*: ceci rappelle la suprématie du Créateur de même que notre finitude; 2) *on ne détruit rien*: le monde ne nous a pas été confié pour être pillé; 3) *on jouit de l'abondance de la terre*: même si notre travail contribue à notre jouissance, il reste que c'est Dieu et non notre ingéniosité humaine qui, ultimement, est la source de toute cette abondance. Le sabbat est «l'affirmation théologique de l'absolue maîtrise de Dieu sur l'homme, sur l'histoire, sur la terre[79]».

La loi du sabbat s'exprime dans deux applications environnementales très concrètes concernant la terre. 1) *L'année sabbatique* (Lv 25, 1-7): à tous les 7 ans, la terre est laissée en friche, pour reconnaître que la terre appartient à Dieu, que c'est Dieu qui donne et pour apprendre à lui faire confiance que rien ne manquera (Lv 25, 20-22)[80]. La loi du *shevi'it* stipule que les produits de la terre doivent être partagés non seulement avec les pauvres[81], mais entre tous, et même avec les animaux[82]. La terre est laissée en jachère pour éviter son épuisement — et sa conséquence pour l'humain qu'est la famine — et permettre qu'elle puisse régénérer son potentiel de culture[83]. 2) *Le jubilé* (Lv 25, 8-18): à tous les 50 ans, en plus d'être laissée en friche, la terre est rendue à son propriétaire original, ce qui empêche l'accumulation et l'établissement de monopoles de la part des riches.

Mais la signification environnementale la plus profonde du sabbat[84] est de nous rappeler la dimension temporelle fondamentale de l'existence. Si la technique symbolise la conquête de l'espace au détriment du temps — qui lui ne peut jamais être «conquis» —, le sabbat «donne accès au domaine du temps[85]». Il marque l'*intendance* des six jours ouvrables d'une limite temporelle. Le sabbat «enseigne à l'homme que celui-ci n'est pas seulement en relation avec la nature, mais aussi avec le Créateur de la nature[86]». «C'est le sabbat, ultimement, qui complète et confirme la sagesse environnementale du judaïsme[87].» Dans la littérature juive contemporaine, l'*intendance* de la terre ne se présente pas isolément, mais s'inscrit théologiquement et liturgiquement dans un complexe de relation entre Dieu, l'humain et la nature.

S'il est vrai qu'on peut parler d'une désacralisation de la nature dans la pensée hébraïque[88], en aucun cas il ne s'agit d'une «déspiritualisation» de celle-ci[89]. La dichotomie dont nous avons hérité est le fruit du christianisme historique qui, sous l'influence de la culture grecque, a complètement séparé «esprit» et «nature», arrachant à l'un toute participation à l'autre. D'ailleurs, la culture hébraïque ne connaît même pas de mot pour exprimer l'idée d'une «nature» au sens où nous l'entendons de réalité physique extérieure. C'est plutôt quelque chose dont l'Hébreu se sait faire partie et qui fait partie de lui. Il faut se rappeler que tous les impératifs légaux et éthiques de préservation de la nature que j'ai évoqués trouvent aussi écho dans les fêtes annuelles, dans la liturgie et dans la spiritualité en général, plus particulièrement à travers la récitation des nombreuses bénédictions qui ponctuent la vie quotidienne. Tout ceci a engendré chez l'humain une attitude proche de la nature, sensible à ce qu'elle inspire en tant que médiation par rapport à Dieu, consciente de sa dépendance vis-à-vis de la terre, et donc respectueuse de ses limites. La nature est traitée comme une «personne», comme un «autre» qui a aussi des besoins et des droits qui méritent d'être reconnus et respectés, un respect qui va jusqu'à la révérence devant le mystère de cette altérité. La proposition de Hall de re-spiritualiser la nature à partir des écritures judéo-chrétiennes trouve donc un appui supplémentaire dans la tradition hébraïque extra-biblique.

Le thème biblique de l'*imago Dei* est aussi abordé dans la pensée rabbinique. La compréhension hassidique de la formule anthropologique «créé à l'image de Dieu» renvoie principalement à l'idée de créativité humaine, à la capacité de transformer la nature pour achever l'œuvre de création de Dieu. L'homme est créateur dans l'imitation du Créateur que lui permettent son génie et ses habiletés techniciennes. Le danger de cette interprétation est qu'elle peut prêter le flanc à des abus de pouvoir. C'est pourquoi Lamm prévient que

> cette doctrine qui enseigne la discontinuité et la supériorité de l'humain sur le reste de l'ordre naturel ne doit pas être faussement comprise comme une licence pour l'être humain de dépouiller le monde. Premièrement, même si l'humain se situe au-delà du purement naturel, il en participe aussi; il est une intersection du naturel et du divin (surnaturel). L'être humain demeure inextricablement lié à la nature même s'il est poussé à la transcender. L'être humain est une créature et le refus de sa créatureté [creaturehood] transforme ses pouvoirs créateurs en des fins sataniques et destructrices. Deuxièmement, le concept même d'«imageté» [*imagehood*] de l'humain implique l'avertissement qu'il ne doit jamais s'élever jusqu'à l'arrogance. [...] Son rôle de subordonné dans le grand dessein cosmique signifie que la nature lui a été donnée pour qu'il en jouisse et non pour qu'il la ruine — un concept renforcé par la loi qui veut

> qu'avant de tirer un quelconque bénéfice ou plaisir du monde naturel, [...] on doit réciter une bénédiction au «Roi du monde»: une reconnaissance que c'est Dieu et non l'être humain qui est le détenteur ultime de l'univers[90].

En résumé, l'insistance de la tradition juive sur l'acceptation de la «créatureté», la mise en garde contre une interprétation unilatéralement transcendante de l'*imago Dei*, la compréhension de la «domination» comme la responsabilité de «garder» le monde, de même que la reconnaissance du rôle de subordination de l'humain corroborent la pensée de Hall qui demeure sur ce terrain un peu trop timide. «Le judaïsme — exégétiquement, halakiquement, et théologiquement — possède des valeurs sur lesquelles une morale écologique peut être fondée[91].» Peut-être même que ces lois n'ont jamais eu autant de sens qu'aujourd'hui alors que l'intégrité générale de notre système écologique est menacée. Ceci confirme de l'intérieur la validité du recours aux sources hébraïques de la foi chrétienne et pose des fondements encore plus solides à la théologie de l'*intendance*.

Mais la tradition hébraïque n'est pas la seule à avoir conservé et développé le concept d'*intendance* pour situer l'humain dans un juste rapport avec la nature. Au chapitre suivant, nous verrons qu'il est central dans la tradition orthodoxe et qu'on trouve aussi l'équivalent, plus près de nous, dans la spiritualité amérindienne.

Notes

[1] Il y a une quarantaine de mentions bibliques du mot ou de l'équivalent d'*intendant*: Gn 43, 16.19; Gn 44, 1.4; 1 Ch 27, 2.4.5.6.7.8.9.10.11.12.13.14.15.16.25.26. 27.28.29.30.31; Jude 14, 13; Is 22, 15; Dn 1, 11; Mt 20, 8; Jn 2, 8.9; Lc 8, 3; Lc 12, 42; Lc 16, 1.3.8; 1 Co 4, 1.2; Ga 4, 2; Tt 1, 7; 1 P 4, 10.

[2] Qu'on se rappelle cependant que même si l'affirmation de la création de l'homme «à l'image de Dieu» n'est présente qu'en trois ou quatre endroits dans la Bible (A.T.), elle est d'une importance capitale pour l'anthropologie théologique chrétienne.

[3] Voir chapitre 2, pp. 70-74, où il ne fait référence à aucun exégète.

[4] «*Oikonomos* signifie dans la pensée rabbinique, l'"*intendant*", une sorte d'esclave en chef, surintendant de la maisonnée, et même de l'ensemble de la propriété de son maître [...]; il peut parfois aussi être l'enfant ou le fils de la maison.» Gerhard Friedrich, «Oikonomos», dans *Theological Dictionary of the New Testament*, éd. par G.W. Bromiley, Grand Rapids, Eerdmans Publishing Co., 1967, t. V, p.149 (à l'avenir *TDNT*).

[5] Pas une démarche de type «exégétique» au sens strict (ce qui n'est pas de ma compétence), mais plus précisément de type «théologie biblique» où je mettrai à profit le travail des exégètes.

[6] Pour une étude philologique plus détaillée du terme dans l'Ancien Testament, voir H. J. Katzenstein, «The Royal *Steward* (*asher 'al ha-bayith*)», *Israel Exploration Journal*, 10 (1), 1960, pp. 149-154.

[7] A. Lemaire, art. «Intendant», *Dictionnaire Encyclopédique de la Bible*, Montréal, Iris Diffusion, p. 618. De son côté, Hall (dans *This World Must Not Be Abandoned! Stewardship: Its Worldly Meaning*, Toronto, Church World Development and Relief, 1981, p. 9) signale en plus *ha-ish aser al* (Gn 43, 19), «celui qui est sur». Une formule synonyme est aussi employée: *la aser al beto* (Gn 43, 16; 44, 1.4), «celui qui est sur la maison». D'autres termes hébreux ont aussi un sens voisin: *sar*, «chef, prince, tête, capitaine» (1 Ch 27; 1 Ch 28, 1), et *ben mesheq beti*, «le fils ... [par procuration?] de ma maison» (Gn 15, 2). Ce dernier terme, que la Septante rend par *oikonomos*, fait problème. En effet, aucune Bible francophone récente n'arrive à une traduction satisfaisante puisque ce passage est «irrémédiablement corrompu» (*Bible de Jérusalem*), «intraduisible» (G. von Rad). Chouraqui ose «la gestion de ma maison» et la TOB «l'héritier de ma maison».

[8] J. C. Coatto, «'Abreck, "intendant" dans Genèse 41, 43», *Vetus Testamentum*, 16, 1966, pp. 113-115.

[9] A. Lemaire, art. «Intendant», *Dictionnaire Encyclopédique de la Bible*, p. 618 (voir: 1 R 4, 6; 16, 9; 18, 3; 2 R 15, 5; 18, 18.37; 19, 2; Est 1, 8; 8, 9; Is 22, 15.19; 36, 3).

[10] *Ibid.*

[11] L'*oikonomos* «peut par conséquent être celui qui est en charge de secteurs séparés de la maisonnée, l'"*intendant*", l'"inspecteur des biens", etc.» (*TDNT*, t.V, p. 149)

[12] A. LEMAIRE, art. «Intendant», p. 618.

[13] *Ibid.*

[14] L'emploi d'*oikonomos* dans la littérature grecque ancienne en général nous éclaire sur les variantes de sens dont le mot a pu être chargé. Le *Greek-English Lexicon* (Henry Georges LIDDELL et Robert SCOTT, Oxford, Clarendon Press, 1982, p. 1204) signale plusieurs variantes de sens qui peuvent se ramener à trois principales: autorité (pouvoir), organisation (gouvernement) et subordination (service). Le *TDNT*, t. V, p. 149, nous confirme qu'il est utilisé, tout comme «*oikodespotes*» pour «intendant».

[15] W. TOOLEY, «Stewards of God (An Examination of the Terms "*oikonomos*"/ "*oikonomia*" in the New Testament)», *Scottish Journal of Theology*, 19 (1), 1966, pp. 74-86.

[16] Contrairement à Lc: «*o pistos oikonomos o phronimos*», Mt utilise «*o pistos doulos kai phronimos*». «Tel que l'interchangeabilité d'*oikonomos* et de *doulos* en Lc 12, 42.43.45 nous le montre avec évidence, la référence ici et en Mt 24, 45 est celle de *al bene beto* ("les fils de la maison" = "serviteurs"), un *intendant* parmi les esclaves, qui dirige la maisonnée ("*therapeia*") et parfois toute la propriété de son maître.» (*TDNT*, t. V, p. 150)

[17] *Oikonomos* devient alors un mot d'emprunt et est utilisé pour les dignitaires de la ville, par exemple "le trésorier" (voir Rm 16, 23)» (*TDNT*, t. V, p. 149).

[18] D'après W. Tooley, «les termes ["intendant" et "tuteur"] doivent être considérés comme synonymes. La signification de ces mots ne réside pas dans la sphère de la jurisprudence romaine, mais dans la théologie que Paul expose» («Stewards of God», p. 75). C'est pourquoi nous pouvons le considérer comme pris au sens figuré. Il s'agit en fait du même parallèle que celui de Ga 3, 24-25 où la venue du Christ rend libre par rapport au «pédagogue» que fut la Loi. «L'*intendant* personnifie la Loi. La fonction est claire cependant, parce que l'*intendant* est vu comme celui qui fait tout pour préparer l'héritier, celui qui doit prendre la relève dans la possession de tout ce qui appartient à son père.» (p. 82) De même «peut-être que le terme *oikonomos* veut amplifier et élucider *epitropos*. Il appartient à la tâche du tuteur ["gardien"] de voir au support et à l'éducation des mineurs, mais il doit aussi administrer tout l'héritage en vue de leur profit et de leur avantage. *Epitropos*, qui est aussi un mot emprunté à la pensée rabbinique, est par conséquent un *intendant*. Dans la pensée populaire, le tuteur et l'*intendant* ne sont qu'une seule et même personne.» (*TDNT*, t. V, p. 150) La chose est aussi confirmée par des papyrus de codes de lois de l'Égypte gréco-romaine. «Le *curator* était responsable de sa *gestio*.» (Voir Raphael TAUBENSCHLAG, *The Law of Greco Roman Egypt in the Light of Papyri, 332 B.C.-640 A.D.*, Milan, Cisalpino-Gollardica,1972, pp. 157-181.)

[19] «Dans le Nouveau Testament, *oikonomia* signifie d'abord la fonction d'administration de la maisonnée et l'exercice de cette fonction (Lc 16, 2).» (*TDNT,* t. V, p. 152)

[20] W. TOOLEY, «Stewards of God», p. 75.

[21] B. Dominguez, «Biblical Viewpoints: New Testament. Call for a New Responsibility (Luke 16, 1-13)», dans *The Human and the Holy*, éd. par E.P. Nacpil et D.J. Elwood, New York, Orbis Books, 1978, pp. 81-88.

[22] La TOB traduit: «dans une vie de désordre».

[23] B. Dominguez traduit: «Living without any thought of life» («Biblical Viewpoints: New Testament», p. 84).

[24] D.J. Hall, p. 39. Selon W. Tooley, «Stewards of God», p. 74: «de toutes les images que Jésus a utilisées pour décrire sa mission aux Juifs, la plupart ne sont pas utilisées par l'Église primitive et il n'y a que deux métaphores qui reçoivent un développement soutenu. Ce sont les métaphores de l'*intendant* et du berger». Sur le thème de l'élection et de la responsabilité, les deux images se recoupent lorsqu'elles mettent en évidence la dimension de service et le danger d'un usage égocentrique du pouvoir.

[25] «Paul, aussi, adopte *oikonomos* et aime à en faire un usage métaphorique» (*TDNT*, t. V, p. 150).

[26] Nous nous inspirons pour cette catégorisation de D.J. Hall, *The Steward*, pp. 42-51.

[27] W. Tooley, «Stewards of God», p. 85.

[28] «Paul utilise le terme [*oikonomia*] pour la fonction apostolique» (*TDNT*, t. V, p. 152).

[29] Paul emploie la même expression en 1 Co 9, 17: «c'est une charge (*oikonomia*) qui m'est confiée [...]». Dans ces deux passages, il est question du ministère de Paul, mais «il aurait pu aussi signifier le "plan de salut", l'"administration du salut", l'"ordre du salut" [...]». Il faut alors noter, comme le souligne W. Tooley, que «cette épître [Colossiens] a une perspective cosmique. On doit être conscient de l'interpénétration complète, dans la pensée de l'auteur, entre l'intention cosmique de Dieu et la vie de l'Église. [...] C'est à cause de cette complète interpénétration d'idées que le terme *oikonomia* peut accepter une double interprétation. Non seulement il représente la tâche confiée à Paul, mais il est aussi synonyme du *musterion* lui-même, le plan divin.» (Voir W. Tooley, «Stewards of God», pp. 80-81.) De même, «une caractéristique distinctive de ces épîtres [pastorales] est qu'il n'y a pas de place pour le doute à savoir si *oikonomia* renvoie à la fonction ou au plan divin de salut; les deux sont étroitement liés dans les Lettres de captivité» (*TDNT*, t. V, p. 152).

[30] «Paul utilise le mot *oikonomos* comme une figure de l'autorité et de la connaissance apostolique (1 Co 4, 1). [...] L'*intendant* a la charge de prendre soin des richesses de l'Évangile; il a la connaissance du plan de salut de Dieu.» (*TDNT*, t. V, p. 150)

[31] «Ainsi, la métaphore de l'*oikonomos* puise à même des termes et des expressions qui suggèrent la possibilité, du moins dans l'Église paulinienne, que celui-ci reflète le système tannaïte qui distinguait les rabbins autorisés à interpréter la Torah» (voir W. Tooley, «Stewards of God», p. 83). «Ce qui donne à penser que Paul ne trouverait pas étrange de se considérer lui-même comme un rabbin chrétien chargé de l'*intendance* non seulement du *kerygma* mais d'une *didachè*, une nouvelle Torah devant être appliquée, exposée et transmise» (voir W.D. Davies, *Paul and the Rabbinic Judaism*, 2e éd., 1955, p. 155).

[32] Il faut noter que dans le passage «Dieu m'a dispensé (*oikonomein*) la grâce qu'il m'a confiée pour vous m'accordant par révélation [...]» (Ep 3, 2), le mot *oikonomia* peut être interprété d'une autre façon, le «projet de Dieu», comme en Ep 1, 10, «Dieu nous a fait connaître le mystère de sa volonté [...] pour le réaliser (*oikonomein*) quand les temps seraient accomplis». Si «les commentateurs diffèrent sur l'interprétation du v. 2 (*intendance* ou plan divin) [...]», il est clair qu'au v. 9, c'est le second sens qui doit l'emporter (voir. W. TOOLEY, «Stewards of God», p. 81).

[33] B. DOMINGUEZ, «Biblical Viewpoints: New Testament», p. 83.

[34] Paul exhorte aussi à la vigilance en Col 4, 2. Le thème du voleur est brièvement repris dans l'Apocalypse (3, 3).

[35] Par exemple: Mc 13, 33-37 et Lc 21, 34-36.

[36] Selon l'étymologie du mot «con-fier»: «remettre quelqu'un ou quelque chose aux soins d'un tiers en se fiant à lui». La notion de confiance est ici fondamentale: se fier à l'autre quant au soin qu'il prendra de ce qui ne lui appartient pas.

[37] Voir la présentation que fait J. BLACK de l'*intendance* à partir des évangiles dans: *The Dominion of Man*, pp. 52-55.

[38] W. TOOLEY, «Stewards of God», p. 85.

[39] *Ibid.*, pp. 85-86.

[40] Cette double identification s'apparente à l'idée de «médiateur» que la tradition a amplement exploitée.

[41] On a fait remarquer que ce service particulier de gouvernement se rapprochait étroitement de la notion d'«image de Dieu» définissant l'humain comme un «représentant responsable».

[42] L'image de Dieu dans la Genèse pourrait relever d'un emprunt à l'idéologie royale du Proche-Orient (Égypte et Mésopotamie). Dans la culture religieuse antique, le roi était considéré comme l'apparition de Dieu au milieu de son peuple. Le thème de l'image de Dieu serait probablement parvenu en Israël sous une forme démocratisée, c'est-à-dire attribuable au genre humain dans son ensemble. Voir: P.-É. DION, «Ressemblance et image de Dieu», *Dictionnaire de la Bible (Supplément)*, t. X, Paris, Letouzey et Ané, 1985, col. 379 et J.-G. HEINTZ, «"L'homme créé à l'image de Dieu" (Gn 1, 26-27). Pierre de touche de l'interprétation biblique», *Foi et Vie*, 85 (3), 1986, pp. 53-64.

[43] D.J. HALL, *The Steward*, p. 46.

[44] *Ibid.*

[45] Une exégèse stricte du mot *kosmos* en Jn 3, 16 l'interprète dans le sens d'«humanité». Mais même si l'affirmation johannique se concentre sur «l'homme que Dieu sauve», il s'agit aussi de «toute la création que Dieu aime». C'est ce qui permet à Hall d'élargir le sens à «monde», compte tenu de ce que l'humanité ne sera pas sauvée sans son monde.

[46] La question d'un retour à la tradition de Jérusalem se pose aussi en éthique des affaires. Voir D. F. WILLIAMS, «Can Business Ethics Be Theological? What Athens Can Learn from Jerusalem», *Journal of Business Ethics*, 6, 1986, pp. 473-484.

[47] Voir à ce sujet: J. Kay, «Concepts of Nature in Hebrew Bible», *Environmental Ethics*, 10 (4), 1988, pp. 309-327.

[48] Le seul thème de l'écologie en rapport avec la pensée hébraïque constitue un vaste champ de recherche théologique qu'il n'est pas possible d'explorer en profondeur ici. Quelques idées suffiront pour en faire soupçonner la richesse. Pour une bonne introduction très documentée à cette thématique, voir: Nigel Pollard, «The Israelites and Their Environment», *The Ecologist*, 14 (3), 1984, pp. 125-133.

[49] Robert Gordis, «Ecology in the Jewish Tradition», *Midstream*, 31 (8), 1985, p. 19.

[50] Le rabbin Hayim G. Perelmuter écrit: «Lorsque nous voulons savoir ce que la Bible a vraiment à dire sur une question, nous devons regarder ses textes tels qu'ils sont reflétés à travers les commentaires rabbiniques» («"Do not destroy" — Ecology in the Fabric of Judaism», *The Ecological Challenge. Ethical, Liturgical and Spiritual Responses*, éd. par R.N. Fragomeni et J.T. Pawlikowski, Collegeville [Minn.], The Liturgical Press, 1994, p. 131).

[51] Jonathan I. Helfand, «The Earth is the Lord's: Judaism and Environmental Ethics», dans *Religion and Environmental Crisis*, éd. par E.C. Hargrove, 1986, p. 38.

[52] Un exemple liturgique d'intégration d'une symbolique écologique est celui de la fête des tentes (*sukkot*). Selon A. Schaffer, les quatre espèces végétales prescrites en Lv 32, 40 symbolisent l'eau dans les différents milieux écologiques d'Israël. Voir «The Agricultural and Ecological Symbolism of the Four Species of Sukkot», *Tradition*, 20 (2), 1982, pp. 128-140.

[53] Comme pour la théologie chrétienne, c'est depuis les années 70 que la pensée hébraïque a commencé à aborder la problématique écologique, vraisemblablement en réaction aux mêmes accusations portées contre le christianisme. La littérature juive sur ce thème est maintenant abondante, mais très peu connue et explorée par les auteurs en éthique de l'environnement (Hall compris), ce que déplore D. Ehrenfeld. Il me paraissait d'autant plus important d'en faire brièvement état.

[54] J. I. Helfand, «Ecology and the Jewish Tradition: A Postscript», *Judaism*, 20, 1971, p. 331.

[55] Voir aussi: R. Gordis, «"The Earth Is the Lord's" — Judaism and the Spoliation of Nature», *Keeping Posted*, 16 (3), 1970, pp. 7-8.

[56] E.G. Freudenstein, «Ecology and the Jewish Tradition», dans *Judaism and Human Rights*, éd. par M. R. Konvitz, New York, W. W. Norton, 1972, pp. 269-270 (reprise d'un article publié dans *Judaism*, 19, 1970, pp. 406-414).

[57] J. I. Helfand, «The Earth is the Lord's: Judaism and Environmental Ethics», *Religion and Environmental Crisis*, éd. par E.C. Hargrove, 1986, p. 48.

[58] Pour Hall, il y a une incompatibilité entre le langage du «droit» et celui de l'«amour». Mais se pourrait-il que, comme pour le respect de l'humain, la reconnaissance des «droits» fondamentaux soit le premier pas vers l'amour?

[59] N. Lamm, «Ecology in Jewish Law and Theology», dans *Faith and Doubt. Studies in Traditional Jewish Thought*, New York, Ktav Publishing House, 1971, pp. 168-169.

[60] D. Ehrenfeld et P.J. Bentley, «Judaism and the Practice of Stewardship», *Judaism*, 34, 1985, p. 301.

[61] J. Black souligne que cette même représentation «a une place centrale dans la foi islamique», *The Dominion of Man*, pp. 50-51.

[62] On fait encore référence à l'article de Lynn White Jr.

[63] D. Ehrenfeld et P.J. Bentley, «Judaism and the Practice of Stewardship», *Judaism*, 34, 1985, p. 303.

[64] D'autres auteurs partagent cette opinion (J. Helfand, N. Lamm, E. Freudenstein, R. Gordis), dont C. F. H. Henry pour qui ce n'est pas l'anthropologie biblique, «la vision de la Genèse, où l'humain est l'*intendant* délégué par Dieu [...] qui est la cause de l'insensibilité écologique»; au contraire, c'est précisément le manque d'*intendance* (voir C.F.H. Henry, «Stewardship of the Environment», dans *Applying the Scriptures. Papers from International Council on Biblical Inerrancy (Summit III)*, éd. par K.S. Kantser, Grand Rapids, Zondervan Pub. House, 1987, p. 477).

[65] D. Ehrenfeld, «Some Thoughts on Nature and Judaism», *Environmental Ethics*, 7 (1), 1985, p. 95.

[66] D. Ehrendfeld et P.J. Bentley, «Judaism and the Practice of Stewardship», *Judaism*, 34, 1985, p. 303.

[67] D.J. Hall, *Imaging God*, p. 37.

[68] *Ibid.*, p. 59.

[69] S. Belkin, «Man as Temporary Tenant», *Judaism and Human Rights*, éd. par M. R. Konvitz, New York, W. W. Norton, 1972, p. 255.

[70] D. Ehrendfeld et P.J. Bentley, «Judaism and the Practice of Stewardship», p. 306.

[71] *Ibid.*, p. 307.

[72] D'autres réflexions d'ordre écologique ont cours dans le judaïsme en dehors de l'idée de l'*intendance*: 1) «si l'homme fait du mal, la nature réagit»; 2) «il y a un ordre défini dans le monde que Dieu a voulu comme partie de la création»; 3) «on ne récolte pas quelque chose à partir de rien»; 4) «l'être humain dépend de la nature» (voir D. Ehrendfeld et P.J. Bentley, «Judaism and the Practice of Stewardship», pp. 303-304).

[73] D. Ehrendfeld et P.J. Bentley, «Judaism and the Practice of Stewardship», p. 307.

[74] *Ibid.*, p. 308.

[75] *Ibid.*, p. 309.

[76] «C'est dans la loi du sabbat que l'ingéniosité technologique de l'homme, son activité économique, bref, sa manipulation puissante et habituelle du monde, sont sévèrement restreintes.» (G. J. Blidstein, «Man and Nature in the Sabbatical Year», Tradition, 9 (4), 1966, p. 49) C'est ce qui explique certains commentaires rabbiniques (*Sifra*, *Bahar*, *Mishnah*) interdisant la pratique des techniques habituelles de récolte durant l'année sabbatique et prescrivant un changement de méthode (*Shinnui*), comme le retour au travail «à la main», de même que l'usage très restrictif des fruits

de la terre, les récoltes ne pouvant servir qu'à des fins «naturelles» et non commerciales (*Ibid.*, p. 52).

[77] D. EHRENDFELD et P.J. BENTLEY, «Judaism and the Practice of Stewardship», p. 309.

[78] D. EHRENFELD, «Some Thoughts on Nature and Judaism», p. 94.

[79] Juan ALFARO, «The Land — Stewardship», *Biblical Theology Bulletin*, 8, 1978, p. 55.

[80] Il fallait en effet que la terre produise davantage l'année précédant l'année sabbatique, de manière à faire des réserves pour cette période sans culture.

[81] Dans une étude exégétique chrétienne (plutôt que juive et rabbinique) sur le thème de l'*intendance* de la terre en Israël, J. Alfaro confirme le lien entre l'usage de la terre et l'attention aux pauvres dans la tradition juive. Dans l'Ancien Testament, la terre, manifestation de la bénédiction divine, doit profiter à tous dans la justice. «Le concept d'administration sociale et de l'*intendance* de la terre dans l'Ancien Testament témoigne d'un respect et d'une appréciation de la dignité et des droits humains, il prépare la voie à la plénitude d'égalité et de liberté annoncée par le message chrétien, qui sera réalisée quand les humains reconnaîtront leur fraternité universelle, sous la paternité de Dieu.» (J. ALFARO, «The Land — Stewardship», p. 60)

[82] Le rabbin G.J. Blidstein insiste sur le fait qu'il «ne s'agit pas d'une extension du privilège des pauvres, mais que la loi du *shevi'it* exige que tous ceux qui vivent des produits de la terre en profitent également» («Man and Nature [...]», p. 49).

[83] Pour un développement de cette idée d'une «sagesse écologique de Dieu» dans la loi du sabbat de la terre, voir l'ouvrage de G. et E. STRACHAN, *Survival and the Sabbatical Year. The Ecological Crisis and the Biblical Principle of Fallowing*, Édimbourg, 1980.

[84] C'est une des contributions importantes de J. Moltmann d'avoir développé de façon remarquable la thématique du sabbat juif en rapport avec la création (voir *Dieu dans la création*, pp. 351-376). Il écrit entre autres choses: «Dans la crise écologique du monde moderne, il est nécessaire et opportun que le christianisme médite lui aussi sur *le sabbat de la création*.» (p. 376)

[85] D. EHRENFELD et P.J. BENTLEY, «Judaism and the Practice of Stewardship», p. 310.

[86] *Ibid.*

[87] *Ibid.*

[88] Selon Lamm, il est tout à fait conforme à la pensée juive de ne pas considérer la nature comme sacrée, comme le fait H. Cox dans *La cité séculière. Essai théologique sur la sécularisation et l'urbanisation* (Tournai, Casterman, «Cahiers de l'actualité religieuse», n° 23, 1968), lorsqu'il écrit que le «désenchantement avec la nature» est une des contributions majeures de la foi biblique. Mais une étude plus poussée du développement de la tradition juive révèle la présence de deux conceptions différentes de la nature: un immanentisme et un panenthéisme. Si «l'on prend les positions hassidique et mitnagdique comme les deux pôles définissant les limites de l'attitude juive au sujet de la relation entre l'humain et son environnement naturel, nous pouvons conclure que le judaïsme a évité les deux extrêmes: la déification et l'adora-

tion de la nature d'un côté, et le mépris du monde de l'autre. Hassisime a enseigné le respect, possiblement la révérence de la nature en tant qu'habitat de la Shékina, mais il n'est pas allé jusqu'à lui assigner la qualité inhérente de sainteté. Le judaïsme rabbinique, dans sa version mitnagdique, a refusé complètement et sans équivoque la dimension de sainteté à la nature, mais lui a concédé que d'un point de vue divin de la réalité ("de Son côté"), le monde ne pouvait être conçu sans être totalement baigné de sa présence. Cette tension théologique est résolue, ou du moins consignée dans des pratiques, avec l'aide de la Halakah: la Nature ne doit pas être considérée comme sacrée, pas plus qu'il n'est permis d'agir de façon impitoyable envers elle, de la ravager inutilement et de perturber son intégrité.» («Ecology in the Jewish Law and Theology», p. 177)

[89] Il faut comprendre la «dé-sacralisation» juive de la nature en lien avec son opposition aux cultes des religions polythéistes environnantes qui identifiaient et vénéraient certaines forces naturelles comme des dieux. Elle est donc une conséquence directe du monothéisme radical d'Israël. Voir par exemple: J. D. HUGHES, «Ancient Israel and the Natural Environment», dans *Ecology in Ancient Civilizations*, Albuquerque, University of Mexico, 1975, pp. 43-47.

[90] N. LAMM, «Ecology in the Jewish Law and Theology», pp. 178-179.

[91] *Ibid.*, p. 182. Je n'ai rencontré qu'un seul auteur qui s'opposait radicalement à cette conclusion et qui affirmait que «le judaïsme et la culture juive, d'une manière paradigmatique et à travers l'histoire, ont fonctionné avec une dichotomie fondamentale entre la nature [...] et l'éthique [...]» (S. SCHWARZSCHILD, «The Unnatural Jew», *Environmental Ethics*, 6 [3], 1984, p. 347). Il s'agit d'un cas isolé, vigoureusement critiqué: «cet article présente un portrait tordu et tout à fait inexact de l'éthique de l'environnement du judaïsme, qui contient le code environnemental le plus détaillé et le plus écologiquement sensible de toutes les religions» (D. EHRENFELD, «Some Thoughts on Nature and Judaism», *Environmental Ethics*, 7 (1), 1985, p. 93). Tous les autres auteurs juifs abondent dans le même sens: «[...] le judaïsme est profondément en lien avec les valeurs écologiques» (H. G. PERELMUTER, «"Do not Destroy" — Ecology in the Fabric of Judaism», p. 131).

Chapitre 6

L'*INTENDANCE* DANS LA PENSÉE OCCIDENTALE ET DANS DEUX TRADITIONS RELIGIEUSES ÉCO-SENSIBLES

Le concept d'*intendance*, tout comme l'ensemble de la problématique écologique, est un beau «prétexte» pour ouvrir au dialogue interreligieux. Le contexte moderne, en raison de la présence du pluralisme religieux, est propice à la confrontation de différentes visions du monde. Les échanges avec d'autres traditions, chrétiennes ou non, sont autant d'occasions pour enrichir la réflexion théologique et pour stimuler la révision de notre image de l'humain. Hall n'a pas exploité au maximum le contexte (notre proximité géographique avec les traditions amérindiennes) ni la densité du concept telle qu'elle s'exprime dans d'autres confessions chrétiennes (en particulier dans la tradition orthodoxe)[1]. Mais d'abord, commençons par poser quelques points de repère concernant le concept d'*intendance* dans l'histoire de la pensée chrétienne qui font voir la persistance d'une tradition de l'*intendance*, une démarche que Hall avait limitée à la perspective protestante.

1. Perspective historique: une tradition minoritaire mais permanente

La pensée chrétienne occidentale, en ce qui a trait au rapport à la nature, ne se présente pas comme un bloc monolithique[2], malgré la dominance depuis quelques siècles de la vision scientifique, considérée par plusieurs comme «tyrannique». D'autres conceptions plus harmonieuses du rapport de l'humain avec la nature ont prévalu. En plus du courant qu'il appelle le «mysticisme de la nature», J. Passemore distingue dans l'histoire de la pensée occidentale deux autres traditions importantes au sujet de la responsabilité de l'humain vis-à-vis de la nature[3] et qui contredisent l'idée que l'humain est un «despote» vis-à-vis des autres créatures. Selon la première, l'«*intendance* de la nature» (attitude *conservationniste*), l'être humain est conçu comme un *intendant*, «activement responsable en tant que délégué par Dieu pour prendre soin du monde[4]», chargé de «préserver la beauté et la fécondité de la nature», ce dont saint François[5] est l'illustration la plus connue. Selon la seconde, la «*co-opération* avec la nature» (attitude *perfectionniste*), l'humain est appelé à «parfaire la nature», à la développer selon son potentiel propre, ce qui correspond au modèle de saint Benoît et du monachisme.

Toujours selon Passemore, la tradition de l'*intendance* plonge ses racines dans la philosophie néo-platonicienne, en particulier dans l'enseignement de Jamblique (250-330), qui, s'inspirant du *Phèdre* de Platon où est affirmée «la responsabilité de l'animé sur l'inanimé», pense l'être humain comme chargé «d'administrer les choses de la terre» au nom de Dieu. Cette «administration» est comprise, selon la définition de Socrate, non comme une recherche de son propre intérêt, mais comme une responsabilité qui a pour objet «le bien-être de ceux qui sont gouvernés».

On peut dire que «jusqu'à un certain point, la tradition de l'*intendance* se fond avec [...] le courant de pensée selon lequel la responsabilité humaine est d'amener la nature à sa perfection en co-opérant avec elle[6]», une perfection qui à la fois sert l'être humain et respecte les limites inhérentes à la nature. Mais, selon Passemore, cette ancienne conception, sans pour autant disparaître, ne refait surface que bien plus tard, chez les idéalistes allemands du XVIIe siècle, notamment Fichte, et aussi dans la métaphysique de l'évolution de Teilhard de Chardin. Plus près de nous, c'est encore cette philosophie qui sous-tend l'œuvre de I.

McHarg, *Designing with Nature*[7], qui a recours au concept d'*intendance* d'un point de vue séculier.

R. Attfield réagit au fait que «Passemore ne découvre aucune trace de ces traditions entre l'antiquité païenne et le XVIIe siècle[8]». Il entreprend de démontrer que ces deux visions étaient «largement répandues chez les chrétiens de la période patristique, tant orientaux qu'occidentaux[9]».

En effet, plusieurs sources patristiques confirment une conception et une pratique du rapport humain/nature bien plus intégrée et respectueuse que ne le pensent certains, convaincus de l'origine chrétienne de l'anthropocentrisme et de la tyrannie de la terre[10]. La croyance que le rôle de l'humain dans la création est celui d'un *intendant* se retrouve de façon plus ou moins explicite chez les Pères, en particulier Basile le Grand, Ambroise, et Théodoret. Des attitudes de conservation de la nature ou de compassion pour les animaux sont présentes chez certains scolastiques dont Albert le Grand et Bonaventure, ainsi que chez des Pères du désert comme Isaac le Syrien, ou d'autres saints comme Bernard de Clairvaux. Attfield soutient qu'«il y avait dans les périodes patristiques et médiévales un sens répandu de la responsabilité pour le soin de la terre et de l'achèvement de l'œuvre de création de Dieu [...][11]». Le monachisme bénédictin est un exemple éloquent de la participation humaine à la fécondité de la création dans un esprit de productivité à long terme[12]. Cette tradition est tout aussi représentative du christianisme, malgré le fait qu'elle a joué un rôle plutôt secondaire et fut éclipsée par l'approche scientifique. Si donc c'est «une erreur de décrire comme "typiquement chrétienne" la vision selon laquelle la tâche de l'homme est de préserver "la beauté, l'utilité et la fécondité" de la face de la terre[13]», il n'en demeure pas moins que cette représentation fait partie de l'héritage chrétien. C'est probablement du côté de l'Église orientale que la tradition de l'*intendance* chrétienne de la création a été la mieux conservée[14].

Dans la suite de l'histoire occidentale, c'est à Calvin que l'on doit la réintroduction de la métaphore néo-testamentaire de l'*intendant*. Il «l'appliquc tant à la possession personnelle qu'au soin de la terre en général, dénonçant le fait de "dépouiller la terre de ce que Dieu lui a donné pour nourriture des hommes", comme anéantissant la bonté de Dieu[15]». Même si sa perspective reste anthropocentrique[16], du fait qu'il n'acceptait pas la valeur intrinsèque des créatures non humaines, on peut dire qu'«il se situe dans la tradition de l'*intendance* et reconnaît que la domination de l'humain est sujette à des limitations morales[17]». À noter ici que Hall, qui a largement recours à Calvin pour l'interprétation de l'*imago Dei*, omet d'y faire référence au sujet de l'*intendance*. On trouve pourtant chez ce dernier des références importantes sur ce thème[18], ainsi que sur celui du sabbat.

Même Bacon et Descartes, sans aucun doute les philosophes dont les discours sur la rupture entre l'humain et la nature ont été les plus critiqués, mériteraient selon Attfield un traitement beaucoup plus nuancé[19]. Sans aller jusqu'à affirmer que la préservation de la nature dominait leur pensée, il est cependant possible d'y reconnaître des aspects de l'*intendance*. Certaines remarques de Descartes laissent entendre

> que le devoir de travailler à faire du monde un lieu où il fait bon vivre appartient à une foi qui implique la responsabilité [*answerability*] devant Dieu. Mais il était plutôt facile pour ses disciples d'omettre les éléments traditionnellement chrétiens de sa pensée et d'accentuer son rationalisme et son mécanicisme sans les contraintes théologiques et morales avec lesquelles il les avait modérés[20].

On devrait à tout le moins reconnaître que la maîtrise de la nature qu'ils proposaient se devait d'être guidée par quelque principe moral.

Pour Passemore, l'idée de «composer avec la nature» (ce qui est l'essence de la co-opération humaine avec la nature) offre une voie médiane entre le «despotisme», qui veut contrôler et dominer totalement la nature et le «primitivisme» pour qui la nature est intouchable parce que déjà parfaite en elle-même. On peut donc modifier la nature, mais toujours en tenant compte des limites qu'exige sa conservation. Il s'agit là cependant d'une sorte de continuum, sur lequel on peut facilement glisser d'un côté ou de l'autre: considérée comme «pure possibilité», la nature n'est plus qu'un matériau livré au désir tyrannique de la transformer; érigées en absolus, les limites que requiert la préservation deviennent un obstacle à toute forme d'intervention dans l'ordre naturel. «Mais en principe, elle offre une alternative tant au despotisme qu'au primitivisme[21].» L'*intendance* accentue la conservation, alors que le *perfectionnisme* met l'accent sur la transformation de la nature.

L'idée d'une responsabilité sur la nature, d'une *intendance* de l'humain dans la création, n'est donc pas une invention récente puisqu'il s'agit d'une vieille tradition, souvent discrète, mais non moins persistante.

> Ce n'est pas un fait négligeable [...] que la tradition de l'*intendance* ait eu ses partisans dans le passé, autant à l'époque classique que moderne. La conception selon laquelle l'humain a la responsabilité de transmettre à ses descendants une nature rendue plus féconde par ses efforts n'est pas une innovation contemporaine; [...] elle a des racines profondes dans la civilisation occidentale, [...] en tant que tradition minoritaire[22].

Passemore conclut que la possibilité de changement dans notre rapport avec la nature dépend grandement de la présence de ces deux traditions minoritaires, de ces «graines de la tradition occidentale[23]» qu'on doit essayer de faire fleurir. L'idée d'une responsabilité envers la nature existe déjà; il faut maintenant en faire voir l'importance et la communiquer.

Attfield arrive sensiblement à la même conclusion que Passemore, à savoir que la tradition de l'*intendance* — et sa variante de *perfectionnement* ou de *co-opération* avec la nature — a toujours été présente dans l'histoire du christianisme, de la Bible en passant par les Pères, saint Bernard et Calvin, jusqu'à aujourd'hui. C'est sur la base d'une telle tradition que peut être construite une éthique écologique, sans qu'il soit nécessaire d'importer les éléments de traditions totalement étrangères, comme c'est souvent le réflexe en cette matière[24].

2. La fonction sacerdotale de l'*intendant* dans la tradition orthodoxe

Hall conclut son magnifique ouvrage *Imaging God* par ce passage:

> Dans cette créature [l'humain], la création sans voix (bien que jamais silencieuse) devient éloquente. Dans cette créature, la création [...] trouve une voix. [...] Dans cette créature, le Dieu qui parle *Deus loquens*, trouve un vis-à-vis à l'intérieur du *saeculum*, un animal parlant. Ici, la création se rassemble elle-même et s'adresse à Celui dont la Parole glorieuse l'a amenée à l'être, parole répondant à la Parole. [...] La créature parlante ne répond pas seulement pour elle-même. C'est toute la création qui trouve une voix dans l'*Homo loquens*. [...] Tout être trouve sa voix dans l'humain. Cette créature, qui d'un côté reflète le soin de Dieu pour toutes ses créatures, se tourne encore vers son Créateur et lui parle au nom d'elles toutes, se faisant leur représentant. Et lorsqu'elle est vraie avec elle-même et avec ceux dont elle est le prêtre, il n'y a qu'une seule chose qu'elle exprime ultimement: la gratitude[25].

Hall a recours ici, comme en quelques autres occasions[26], à l'image du «prêtre de la création» pour décrire la vocation que l'humain est appelé à exercer au milieu des autres créatures[27]. G. H. Kehm affirme que chez les protestants, «le modèle de l'être humain en tant qu'*intendant* de la création de Dieu a dominé les discussions au sujet de la responsabilité de l'"humain" sur la "nature". Mais le modèle de l'*intendant* est porteur de quelques difficultés[28] qui pourraient être atténuées si on lui greffait l'idée de "prêtre de la création"[29]». C'est ce que fait Hall en introduisant la notion de prêtre, qu'on s'attendrait à voir explicitée davantage en lien avec l'*intendance* humaine de la terre. Cependant, comme chez d'autres éco-théologiens contemporains[30], la thématique sacerdotale n'est qu'évoquée, sans aucun développement substantiel ou systématique[31].

La brève interprétation par Hall de la fonction sacerdotale de l'humain dans le monde

> met l'accent sur la particularité humaine du langage, ce que ne possède pas la création sans voix (bien que jamais silencieuse). Cette capacité est à la base de la vocation humaine à "parler représentativement" à Dieu au nom de toutes les créatures, articulant — non seulement en mots, mais en art vocal et en symboles — la gratitude devant le soin que Dieu a pour toute sa création[32].

Pour Hall, le «prêtre» de la création, c'est l'*Homo loquens* exprimant aux créatures l'amour de Dieu et à Dieu la gratitude de toutes les créatures ainsi que leurs souffrances (voir Rm 8, 19).

> C'est la vocation humaine d'occuper une posture *médiatrice*, vicariale, compatissante, entre le Créateur et les créatures, représentant l'un à l'autre dans nos personnes et dans nos actes. Dans les conditions de notre existence historique, il n'est pas possible d'assumer cette posture *sacramentelle* sans souffrir — tel que le révèle avec éloquence Celui qui nous a précédés dans le sacerdoce[33].

Cette idée que l'être humain est la «langue d'une création muette[34]» — qui est étroitement associée à son rôle de prêtre de la création — a ses racines dans la tradition chrétienne orientale. Que l'humain soit appelé à «articuler dans la louange» l'action de grâce de la création, à «donner aux objets physiques une voix qu'ils n'ont pas[35]», «à rendre consciente la louange ontologique des choses[36]», qu'il soit «le *logos* créé qui doit recueillir, comme un prêtre et un roi, les *logoi* des choses pour les offrir, dans la diffusion créatrice de la gloire, au *Logos* incréé[37]», est une perspective anthropo-cosmologique profondément orthodoxe[38].

La théologie orthodoxe a beaucoup approfondi cette perspective médiatrice et sacramentelle, au point de développer une spiritualité et une attitude très différentes dans son rapport avec la nature. S'il était légitime, en toute rigueur historique et intellectuelle, d'accuser le christianisme d'être l'ultime responsable de la crise écologique — ce que j'ai plus que nuancé! —, il faudrait certainement disculper la tradition orientale qui, sur ce point, se distingue nettement du christianisme occidental (chose que White, contrairement à Toynbee, a totalement ignorée[39]). Hall non plus ne tient pas compte de la compréhension distincte des Églises orientales du rôle de l'humain dans la création. Est-ce la concentration de Hall sur le texte biblique, en fidélité au principe protestant, qui lui fait négliger cette idée importante de la tradition chrétienne, en particulier de l'anthropologie et de la cosmologie orthodoxes? Car la tradition orthodoxe, autant patristique que moderne, est si riche et si pertinente sur ce thème qu'il m'apparaît difficile d'en faire l'économie, surtout qu'elle est de plus en plus présente dans la production théo-écologique[40]. Je tenterai simplement ici de dégager les grandes lignes de la conception orthodoxe de l'humain comme «prêtre de la création» ainsi que des concepts anthropologiques et cosmologiques qui lui sont intimement associés.

Une enquête bibliographique, même rapide, permet de constater que la pensée orthodoxe contemporaine occupe un espace important de la réflexion en théologie écologique[41]. Cependant, peu de théologiens de tradition orthodoxe ont recours au concept d'*intendance*. Il s'en trouve quelques-uns, comme E. Timiadis, pour qui l'*intendance* exprime la raison d'être de l'humain dans l'univers: 1) l'admiration devant la beauté, le mystère et l'harmonie du cosmos, ce qui le conduit à la gratitude et à la doxologie; 2) la responsabilité devant la création reçue comme un don et un mandat[42].

L'approche de S. Muratore, un théologien orthodoxe américain, mérite d'être présentée comme une illustration d'une interprétation orthodoxe du concept d'*intendance.* Ce dernier oppose l'«*intendance* de la terre» à la «tyrannie de la terre», fruit de l'anthropocentrisme cartésien et du développement des sciences. Selon lui, le conservationnisme environnemental, qui «prône une limite à l'exploitation», n'a rien fait pour remettre en question l'anthropocentrisme sous-jacent à l'attitude moderne vis-à-vis de la nature et pour nous réveiller de l'«hypnose de la consommation[43]». Quant à l'éthique biocentrique, mélange de néo-paganisme, de philosophies orientales et d'écologie, même si elle invite à une vision plus humble de l'humain et à une plus grande révérence de la nature, elle n'est, selon lui, fondée que sur le syncrétisme d'une pseudo-religion. On n'a pas fait appel au christianisme, surtout depuis que le mouvement chrétien a servi de bouc émissaire avec la thèse de White. Or c'est dans le christianisme primitif, c'est-à-dire orthodoxe, que l'on retrouve une anthropologie et une spiritualité capables de transformer radicalement le rapport humain/nature.

Ce qui est selon lui à la base de l'approche orthodoxe de la nature, ce n'est ni l'anthropocentrisme, ni le biocentrisme, mais le théocentrisme:

> L'écologie profonde et théocentrique de la tradition orthodoxe peut être appelée "l'*intendance* de la terre".[...] L'*intendance* de la terre [...] désigne la responsabilité, fixée par Dieu, qu'ont les êtres humains par rapport à la terre. [...] L'*intendance* place le pouvoir de la domination au service de la création. [...] L'*intendance* de la création est le seul travail que Dieu a imaginé pour les humains. Par conséquent, l'*intendance* est la tâche primordiale de l'humain[44].

Toujours d'après Muratore, cette *intendance* de la terre, partie intégrante de la vie chrétienne traditionnelle, ne se comprend dans toutes ses dimensions qu'à travers les Pères de l'Église.

Lactance (260-325) interprète le «pouvoir de la domination», confié aux humains par Dieu pour l'exercice de cette tâche, à la fois comme «sagesse», c'est-à-dire une «connaissance méditative», et comme «seigneurie», à savoir la «gouverne amoureuse de toutes les créatures dans la communion[45]». Cette responsabilité prend appui sur Gn 2, 15: «l'homme fut placé dans le jardin pour le cultiver (*abad*) et le garder (*shamar*)». Pour Maxime le Confesseur (580-662), «cultiver», c'est-à-dire «amener à produire du fruit», «amener une chose à sa réalisation», signifie aussi «amener la déification de la création[46]», alors que «garder», «préserver», peut aussi être compris dans le sens de «préserver du mal et de la corruption[47]». Basile le Grand (329-379) avait déjà affirmé que le pouvoir de domination d'Adam, après qu'il eut utilisé son *intendance* pour s'arroger une autonomie par rapport à Dieu, avait été grandement atténué. Plus encore, la condition d'Adam après la Chute amène une autre dimension à l'*inten-*

dance: «la purification pénitentielle», c'est-à-dire la domination de nos passions mauvaises à l'intérieur (ascétisme) pour amener la déification (*théosis*) de la création[48]. «Le combat externe et interne de l'*intendance* [contre la nature] est un[49].»

Mais la dimension la plus profonde de l'*intendance* est que nous ne sommes pas capables de répondre à cette vocation. Quels que soient nos efforts, ils ne peuvent «consacrer», «amener la grâce dans la création[50]». Notre espérance est que «l'intendance originelle de l'humain ait été rachetée par grâce[51]». En Jésus Christ, la domination humaine est restaurée parce que Jésus a mis tout son pouvoir au service de la création. Il est le «berger qui donne la vie», le «gardien», le «grand prêtre», le «serviteur». Dans notre effort pour «sauver la planète», comme dans celui pour «sauver nos âmes», il nous faut reconnaître que nous ne pouvons y arriver par nos propres forces. S'en remettre uniquement à nos capacités techniques pour résoudre la crise écologique est une attitude vouée à l'échec. C'est par la «foi sabbatique[52]» qu'un renouvellement de notre «domination» est possible, une foi qui ne s'appuie pas sur les seuls pouvoirs humains, mais qui fait confiance au pouvoir de Dieu combiné à notre travail de «culture» et de «préservation» de la nature. Dans la perspective orthodoxe, la foi sabbatique et la pratique de l'ascétisme sont d'une importance cruciale pour le mouvement environnemental[53]. Ici encore, nous sommes renvoyés à la dimension «sabbatique» de l'*intendance*, c'est-à-dire à la conscience, devant Dieu, des limites de notre pouvoir.

Mais, règle générale, en ce qui concerne le développement plus systématique du concept d'*intendance* et du concept de *sacerdoce*, nous sommes ici en présence de deux univers théologiques, deux *situs* culturels, qui ne se rencontrent que très peu. Pourtant, il ne s'agit pas d'approches exclusives, car les concepts d'*intendance* et de *sacerdoce* s'interpénètrent et se complètent harmonieusement. Une exploration de la tradition orthodoxe devrait permettre d'enrichir le concept d'*intendance* — et vice versa.

La cosmo-anthropologie[54] orthodoxe se caractérise, selon O. Clément, par: 1) sa perspective historique et eschatologique (tout le cosmos est en voie de transfiguration); 2) sa subordination à l'anthropologie (l'évolution du cosmos s'insère dans l'histoire du salut humain, et non l'inverse); 3) son géo-centrisme, en raison de son christo-centrisme (par l'Incarnation et la Résurrection, le Christ est le centre de l'univers)[55]. Le monde, créé beau et bon par Dieu, soumis à la vanité par la faute de l'humain, est appelé, par la résurrection et l'accueil du Christ en l'humain, à une transfiguration qui le rende à nouveau totalement transparent de la beauté et de la bonté de Dieu.

Dans la pensée orthodoxe, deux concepts anthropo-cosmologiques importants sous-tendent l'idée de «prêtre de la création»: l'être humain compris à la fois comme «microcosme» et comme «microthéos» au sein de la création[56]. Selon la tradition patristique, «il n'y a pas de discontinuité entre la chair du monde et celle de l'humain, l'univers est englobé dans la "nature" humaine (au sens théologique de ce mot), il est le corps de l'humanité. L'être humain est un "microcosme" qui résume, condense, récapitule en lui tous les degrés de l'être créé[57].» Mais l'humain n'est pas que microcosme, il est aussi «microthéos», image de Dieu, capable de relation avec le transcendant. C'est la conception de l'humain comme «microcosme» et «microthéos» qui fonde sa vocation médiatrice. Parce que l'être humain est, pour reprendre la formule qu'Olivier Clément emprunte à Grégoire de Nysse, «la jointure entre le divin et le terrestre[58]», en lui la nature est spiritualisée, en lui se réalise la réconciliation et l'unité entre le monde physique et le monde spirituel. En tant que microcosme, il présente à Dieu toute la création; en tant qu'image de Dieu, il communique à toute la création la bénédiction de Dieu. «La nature humaine, restaurée en Christ, à la fois microcosme et tension vers la transcendance, va constituer providentiellement, jusque dans sa structure corporelle, un instrument pour prendre conscience de la grâce, un support de la déification [...][59].» C'est à travers sa corporéité, qui participe à la «chair du monde» et est appelée à la résurrection, que l'humain peut libérer la création de la «vanité» à laquelle elle est sujette. C'est à travers son corps, devenu en Christ *soma pneumatikon*, qu'il peut communiquer la lumière divine à «l'ambiance cosmique dont il est inséparable[60]».

C'est dire que la situation du cosmos, sa transparence ou son opacité, sa libération en Dieu ou son asservissement à la corruption et à la mort, dépendent de l'attitude fondamentale de l'homme, de sa propre transparence ou opacité à la lumière divine et à la présence du prochain. C'est la capacité de communion de l'homme qui conditionne l'état de l'univers[61].

Hall, pour qui la vocation humaine découle directement de sa «double nature», à la fois physique et spirituelle, pourrait très bien se reconnaître dans la théologie orthodoxe. En termes halliens, on dirait que ce sont les deux pôles biblico-anthropologiques de l'*identification* (être-avec-la-nature) et de la *différenciation* (être-avec-Dieu) qui rendent possible la *représentation* (*intendance* ou sacerdoce). Hall est très réticent vis-à-vis du concept de «prêtre» ou de sacerdoce quand il s'agit de décrire l'appel fondamental, individuel et collectif, des chrétiens et des chrétiennes[62]. Il choisit plutôt le terme «*intendance*», un concept plus contextuel, plus contemporain, que «sacerdoce», qu'il juge trop chargé, historiquement, de connotations «négatives».

[Le concept d'*intendance*] est aussi porteur de la signification essentielle de certaines (pas toutes) des plus importantes catégories par lesquelles les chrétiens se sont identifiés ainsi que leur mission. Je pense ici spécialement à un terme important de la Bible et de la tradition, le «sacerdoce». Je ne suis pas de ceux qui prônent de rayer cette catégorie du vocabulaire de l'Église. Il va continuer d'être signifiant à l'intérieur de toutes les grandes divisions de l'Église œcuménique. En fait, c'est par égard pour la densité de sens du sacerdoce que je proposerais qu'il soit complété par l'*intendance.* [...] La métaphore de l'*intendant* peut raviver et préserver ce qu'il y a de plus précieux et d'indispensable dans le concept de sacerdoce. Car comme ce dernier, le symbole de l'*intendant* est au fond un symbole de représentation. [...] En d'autres mots, le concept d'*intendance* implique une conception fondamentalement représentative de la vocation humaine, tout comme le concept de sacerdoce. [...] Mais l'avantage considérable du symbole de l'*intendant* est qu'il a un potentiel apologétique pour communiquer la signification essentielle et concrète de la représentation (non la substitution) chrétienne (et humaine) sans évoquer en même temps les connotations sacerdotales étroites qui, malheureusement, sont liées à la fonction et à la nomenclature du sacerdoce[63].

Mais pour Hall,

ça ne veut pas dire que les deux termes sont tout simplement interchangeables. Il y a en effet des nuances dans l'image du prêtre qui ne sont pas contenues dans celle de l'*intendant* — et vice versa. Mais l'essence de la fonction est très semblable. Ce sont toutes deux des figures médiatrices qui «re-présentent Dieu» auprès du monde et le monde auprès de Dieu. Ni l'une ni l'autre ne doit être considérée comme un remplacement pour l'autre[64].

Dans un souci de contextualisation, Hall préfère le terme *intendance* à celui de sacerdoce, tout en reconnaissant clairement qu'ils ne sont pas parfaitement équivalents. «Par égard pour la densité de sens du sacerdoce», il propose de le «compléter» par le concept d'*intendance*, ce qui, d'un point de vue «apologétique», est fort judicieux. Mais l'inverse est aussi vrai et on pourrait tout autant faire valoir, dans une perspective plus «kérygmatique», que «par égard pour la densité de sens de l'*intendance*», il y aurait place pour un enrichissement de ce dernier par le thème du sacerdoce. Même si on opte pour le terme *intendance*, il m'apparaît fort profitable de mettre en évidence la dimension sacerdotale de cette image, en allant puiser pour cela dans ce que la tradition chrétienne a de plus riche. Hall lui-même suggère que la notion de sacerdoce peut contribuer à une compréhension plus profonde et plus authentique de l'*intendance*, à savoir qu'il désigne l'identité humaine dans ce qu'elle a de plus fondamental.

Ce symbole ne renvoie pas seulement à une manière de parler, mais à une manière d'être. C'est peut-être ici que le concept biblique de sacerdoce peut aider, à son tour, à empêcher que l'*intendance* ne signifie qu'une fonction, un travail. Sans faire appel à tout l'enchevêtrement historique au sujet de la signification du sacerdoce, avec toute la notion d'ordre établi et le reste, nous pouvons certainement affirmer que le sacerdoce, tel qu'il est conçu bibliquement, renvoie à quelque chose que quelqu'un *est* et pas seulement à quelque chose que quelqu'un *fait*[65].

À cette compréhension ontologique — et donc englobante — du sacerdoce de l'humain dans la création correspond une conception du monde en tant que «sacrement» de communion entre Dieu et l'humain qui est primordiale dans la théologie orthodoxe[66]. La centralité de l'Incarnation et de la Résurrection dans l'enseignement orthodoxe interdit toute forme de dualisme[67]. Tout ce qui existe dans l'univers a été sanctifié par la présence du Christ et est devenu un lieu potentiel de manifestation et de révélation divine. La matière est capable du spirituel[68]: elle est «épiphanie» du divin.

En réaction à l'objectivation destructrice de la nature, la compréhension «sacramentelle» du monde est devenue une approche dominante en théologie écologique[69]. Hall reconnaît qu'il s'agit d'une limite caractéristique de sa tradition: «le protestant typique est vraiment embarrassé par toute discussion du monde en termes sacramentels[70]». Il m'apparaît donc d'autant plus important, dans le contexte d'un renouvellement de l'image de l'humain et de l'image du monde de se rapporter à la tradition chrétienne orthodoxe qui en a fait la pierre d'angle de sa théologie[71].

D'après Zizioulas, l'élément central d'une nouvelle culture plus écologique est ce qu'il appelle la «dimension liturgique[72]». L'accent est mis sur la capacité d'interrelation de l'humain, ce dernier découvrant son identité particulière dans l'association avec la création plutôt que dans la confrontation. Selon lui, la seule manière pour l'humain de cesser de s'opposer à la nature en cherchant à s'en différencier par sa supériorité rationnelle est dans l'«attitude liturgique» envers la création. La notion de sacerdoce, malgré des connotations négatives, est celle qui exprime le mieux cette capacité de l'humain d'«offrir», c'est-à-dire de s'ouvrir à une relationnalité transcendante (à Dieu), de manière à créer des «événements de communion», où l'être humain est libéré de son attitude de «centration» sur lui-même et se réfère à plus grand que lui. «L'être humain doit devenir un être liturgique s'il veut espérer surmonter la crise écologique[73].» Il doit réapprendre à remettre le monde au Créateur, à lui offrir sa propre création, dans une attitude «eucharistique[74]». «Ainsi l'Église apparaît comme le lieu spirituel où l'homme fait l'apprentissage d'une existence eucharistique et devient authentiquement prêtre et roi: par la liturgie, il découvre le monde transfiguré en Christ et désormais collabore à sa métamorphose définitive[75].» Voilà pourquoi on peut le décrire comme un être «eucharistique» qui, par sa présence transparente à la grâce de Dieu, sanctifie l'univers et lui redonne sa beauté[76] originelle — non qu'elle soit complètement disparue, mais à cause de l'ambiguïté consécutive à la Chute qui voile sa sacramentalité première. Lorsque l'humain, en prêtre de la création, recueille les *logoi* (paroles) des créatures, il cesse d'objectiver l'univers et le transforme en offrande. L'être humain est ainsi appelé, par son activité sacramentelle, à «transfigurer[77]» la création — et non à la «défigurer», comme c'est le cas présentement à la suite de son exploitation inconsidérée — pour qu'elle redevienne espace de rencontre, Temple de l'Esprit, lieu de communion avec Dieu. La cosmologie orthodoxe est une «cosmologie de communion[78]» qui appelle non une attitude de domination, mais un «rapport nuptial[79]» avec la terre.

Toujours selon Zizioulas, deux dimensions fondamentales de la personne humaine sont à la base de la fonction sacerdotale qui permet à l'humain de remplir son rôle de lien entre le Créateur et sa création: 1) la dimension *hypostatique*[80], «à travers laquelle le monde est intégré et incarné dans une réalité unifiée», 2) et la dimension *extatique* «par laquelle le monde est adressé et offert à Dieu comme "le sien", l'élevant à des possibilités infinies[81]». Le Christ, d'après l'interprétation de la lettre aux Hébreux, est «le grand prêtre par excellence», celui qui a pleinement assumé la condition humaine, intercédant ainsi pour toute l'humanité. Mais, dans la perspective orthodoxe, qui dit «condition humaine» dit aussi la «nature microcosmique» de l'humain — formule écologique qui sous-tend l'idée d'interrelationnalité de tout ce qui est — et, par conséquent, étend logiquement l'intercession du Christ à toutes les créatures. Il est donc tout à fait naturel et cohérent de penser le rôle sacerdotal du Christ comme une œuvre de médiation au nom de toute la création. L'être humain est ainsi appelé à devenir, par son incorporation au sacerdoce du Christ, ce que le Christ lui-même a été: le «récapitulateur» (*anakephalaiosis*), le «prêtre de la création», le «modèle d'une relation appropriée de l'Homme avec le monde naturel[82]». À travers l'exercice de la responsabilité médiatrice de l'humain, la nature retrouve cette «sacralité» qui appelle une attitude révérencielle. Non pas l'adoration des éléments de la nature en eux-mêmes, caractéristique des religions panthéistes[83], mais le respect de ce qui appartient à Dieu et est appelé à la transfiguration. Le sacerdoce dont il est question a ici la signification très large d'une attitude existentielle, d'un *éthos* qui englobe toutes les sphères de la vie humaine.

Cet *éthos* de la tradition orthodoxe a une triple dimension[84]. 1) *Éthos eucharistique*: un usage des biens de la terre qui exprime la gratitude en redonnant à Dieu tout ce qui vient de Lui, y compris nous-mêmes, ce que l'eucharistie symbolise lorsque sont offerts le pain et le vin, représentant toute la création[85], et qui, sous la puissance de l'Esprit, redeviennent signes de la Présence de Dieu dans le monde[86]. 2) *Éthos ascétique*: la reconnaissance, par le jeûne ou d'autres activités spirituelles, qu'ultimement tout nous vient de Dieu pour satisfaire nos besoins humains et non pour être accumulé et gaspillé (à noter que cette sobriété a une parenté symbolique avec la notion hébraïque du sabbat). 3) *Éthos liturgique*: c'est une communauté, une Église, une humanité, une création, qui se présente devant Dieu avec tout ce qu'elle a reçu de Lui, appelée à partager entre tous les richesses de la terre.

Cette rapide incursion dans le monde orthodoxe m'a permis de faire le pont entre deux concepts — et deux traditions — qui s'appellent et se complètent. Malgré l'absence de développement systématique du concept d'*intendance* et même si, selon Rasmussen, c'est le «sacramentalisme et non l'*intendance* qui constitue la contribution la plus authentique de l'Orthodoxie à la réflexion chrétienne sur l'éco-crise[87]», il ne faut pas négliger l'idée d'*intendance* dans la pensée orthodoxe, surtout à travers la thématique sacerdotale. On pourrait dire que chez les orthodoxes le concept de «prêtre de la création» est pratiquement synonyme d'«intendant», comme en témoigne ce passage du Patriarche Dimitrios I: «Dans le dessein de Dieu, l'humanité doit agir comme le prêtre de la création, comme son *intendant*, la cultivant dans l'amour et l'offrant avec révérence et respect en action de grâce au Créateur[88].» Guroian aussi utilise les deux expressions côte à côte, comme si l'une appelait naturellement l'autre: «L'humain doit être médiateur de la présence de Dieu et du soin de Dieu pour le reste de la création. Il doit être prêtre et *intendant* de la création[89].»

De son côté, la compréhension propre à Hall de l'*intendance* inclut aussi, quoique de façon plus embryonnaire et implicite, la notion de sacerdoce. L'éthique de l'*intendance* s'enracine dans la vocation fondamentale du peuple de Dieu à exercer une fonction sacerdotale dans le monde. La cosmo-anthropologie orthodoxe, avec sa conception sacramentelle de la création et sa conception de la créature humaine comme médiatrice, permet ainsi d'enrichir la vision de l'*intendance*, déjà ouverte à la dimension sacerdotale. La théologie orthodoxe concernant le rôle de l'humain dans la création, tout comme le concept d'*intendance*, vient donner une portée cosmique et incarnée à la doctrine protestante (et catholique) du «sacerdoce des croyants[90]». Ce qui fait dire à Hall:

> Pourquoi alors ne pas parler de l'*intendance* de tous les croyants? Je suis presque certain que, pour plusieurs protestants du moins, cela pourrait renouveler un concept qui, lorsque formulé strictement dans le langage réformé du sacerdoce, est devenu de plus en plus lointain et peut-être insignifiant. La mondanéité et la concrétion même de l'*intendance* de tous les croyants viennent mettre de la chair sur le squelette de cette idée traditionnelle. Cela ramène sur terre l'être et la mission chrétiennes. [...] À travers le symbole de l'*intendant*, nous pourrons de nouveau, nous qui sommes protestants, retrouver le vrai sens de notre sacerdoce personnel et collectif. [...] L'idée centrale sur laquelle les protestants insisteraient ici est que le «quelqu'un» en question n'est pas seulement le ministre ordonné ou le prêtre, le peuple tout entier, le *laos*. [...] Lorsque le ministère de tout le peuple est concerné, la plupart des protestants sont tout aussi insistants que les catholiques, les anglicans et les orthodoxes sur le fait que le sacerdoce est une question d'*être* et non une simple fonction. Tout le peuple de Dieu est appelé, en tant que «sacerdoce saint» (1 P 2, 5), non seulement à faire ceci ou cela, mais à être un peuple représentatif dans le monde[91].

Hall exprime le besoin urgent d'une conversion au monde et d'une eschatologie non dichotomique qui associe le destin du monde matériel à la résurrection du corps. Ne trouvons-nous pas dans la théologie orthodoxe exactement cela: une conception du salut qui implique la restauration, en Christ, de toute la création? Une eschatologie de transformation et d'accomplissement du monde qui puisse faire opposition aux scénarios de destruction, tel que le souhaite Hall? Il me semble que oui.

3. La spiritualité amérindienne: un apport du contexte nord-américain à la conversion écologique

Comme pour l'ensemble des composantes de la situation nord-américaine, Hall se montre très sensible à la situation des peuples autochtones. Il en fait mention à plusieurs reprises dans le premier tome de sa dogmatique, surtout pour dénoncer l'approche majoritairement colonialiste de l'Église vis-à-vis des premières nations d'Amérique[92], conséquence inévitable d'une ecclésiologie et d'une missiologie interprétées en termes de «conquête» et de «christianisation» du monde. À cause de son attitude impérialiste, l'Église a voulu imposer la «vérité universelle» de l'Évangile comme une «bonne nouvelle» à des gens qui avaient déjà leurs propres spiritualité et compréhension du monde. Non seulement la foi chrétienne ne s'est pas laissé interpeller par le système de croyance des peuples fondateurs, mais elle a, au cours du processus d'«évangélisation», dépossédé les autochtones de ce qui faisait leur identité. Cette entreprise d'uniformisation qui consiste à tout ramener à une seule vérité immuable — celle de la foi chrétienne —, malgré de nobles intentions, indique une sorte d'incapacité fondamentale d'accueil de l'altérité sous toutes ses formes. Pour Hall, cette façon de faire, caractéristique du christianisme historique, n'est pas sans rapport avec «la structure hiérarchique de l'autorité, la dominance du sexe mâle, le droit de propriété, et tout un ensemble de concepts en lien avec la domination humaine des espèces non humaines[93]».

Dans le contexte d'une inculturation de la foi, le premier pas est la prise en compte des traditions autochtones, en particulier concernant leur rapport à la nature — ce qui malheureusement a fait si souvent défaut lors de la colonisation européenne de l'Amérique. En effet, une évangélisation qui a pour point de départ la reconnaissance de la spiritualité de la création propre aux autochtones a bien plus de chances de susciter une ouverture chez les peuples indigènes — qui affirment déjà Dieu comme Créateur de tout ce qui est, ainsi que la bonté intrinsèque de la création — que la présentation d'une théologie de la Chute/rédemption, centrée sur la personne du Christ, qui leur est totalement étrangère[94]. G. Tinker, un théologien amérindien, perçoit la «restauration de l'équilibre trinitaire», c'est-à-dire la réaffirmation du premier article du credo dans une théologie de la nature qui redit la «sainteté du monde naturel», comme une contribution à «l'indigénation de la théologie[95]».

Hall est éminemment conscient de la réalité autochtone — élément de plus en plus important de notre contexte nord-américain, canadien[96] et québécois —, de l'échec de la théologie chrétienne à son égard, et du fait que les traditions indigènes sont porteuses d'une représentation de la relation humain/nature remarquablement «écologique[97]». Il écrit:

> La culture des peuples autochtones de ce continent, là où elle n'a pas encore été complètement démoralisée par les modèles euro-américains, fournit encore de vivants exemples d'être-avec-la-nature qui sont peut-être plus chrétiens que le «christianisme» qui a décimé et démoralisé ces peuples. [...] Humblement réexaminées, l'histoire et les coutumes des premiers peuples pourraient peut-être encore nous enseigner quelque chose au sujet de la réciprocité de l'être — au sujet de l'être-avec-la-nature[98].

À cause de cela, il aurait été opportun, sinon cohérent, de faire entrevoir les richesses qu'elles pourraient offrir à la réflexion sur notre thème[99]. Drewermann, par exemple, cite et commente un long passage du célèbre discours du chef indien Seattle au président Pierce, lorsqu'en 1855 il fut sommé de vendre aux «blancs» les terres de sa tribu ancestrale. À son avis, il contient tout ce que les occidentaux ont besoin de redécouvrir:

> [...] Nous sommes une partie de cette terre et elle est une partie de nous. [...] Tous appartiennent à la même famille. [...] Toutes les choses sont liées entre elles. Ce qui atteint la terre atteint aussi les fils de la terre. [...] La terre n'appartient pas à l'être humain, l'être humain appartient à la terre [...]. Tout est relié, comme le sang qui unit une famille [...]. L'être humain n'a pas créé le tissu de la vie, il n'en est qu'une fibre. Tout ce que vous infligez à ce tissu, vous vous l'infligez à vous-mêmes [...]. L'homme blanc, qui a provisoirement le pouvoir, croit déjà qu'il est Dieu — à qui la terre appartient. [...] Ce pays Lui est précieux — et blesser la terre veut dire mépriser son Créateur. [...] Continuez de salir votre lit, et une nuit, vous étoufferez dans vos déchets. [...] Notre Dieu est le même Dieu. Cette terre est sacrée pour lui. Même l'homme blanc n'échappera pas à ce destin commun[100].

Voilà autant de thèmes judéo-chrétiens négligés que Hall essaie de remettre en évidence: l'interrelationnalité de tout ce qui est, le pouvoir limité de l'humain sur la nature (mais qu'il absolutise dans son désir pervers d'être Dieu), la non-possession de la nature, l'amour de Dieu pour sa création, la communauté de destin, etc. La sagesse écologique amérindienne, à sa façon, est porteuse de tous ces thèmes et riche d'une manière d'être au monde beaucoup plus respectueuse que celle qui, à travers le christianisme historique, envahit la mentalité occidentale. Dans l'effort concerté de toutes les Églises pour redonner au monde «la Justice, la Paix et l'Intégrité de la Création», les peuples autochtones d'Amérique, avec leur spiritualité profondément respectueuse de tous les êtres, sont bien placés pour nous aider à redécouvrir notre propre foi en Dieu Créateur, et donc un rapport plus harmonieux entre l'humain et la nature. Pour les autochtones, la justice et la paix découlent naturellement du respect de la création.

> Il ne peut y avoir ni justice ni paix sans respect pour tout ce qui vit et sans un idéal spirituel de justice et de paix qui s'étende au monde entier, jusqu'à la terre elle-même. C'est la perception de la réalité qu'ont les Indiens d'Amérique et qui peut contribuer à la réflexion des autres peuples[101].

Cette référence à la spiritualité amérindienne, qui a pour fondement le continuum entre les générations, entre les espèces, entre la terre et l'humain, entre Dieu et le monde, est d'autant plus importante qu'elle rejoint la perspective hallienne de l'ontologie de communion. Il me semble que Hall aurait pu utiliser cet élément de notre contexte comme un écho, une référence extérieure pour faciliter la réappropriation de l'ontologie hébraïque et exploiter toute la densité synchronique du concept de l'*intendance*. En prenant cette voie, il aurait pu montrer la parenté de sens entre l'ontologie ou la théologie de la création de Jérusalem et celle des peuples autochtones[102], tout en faisant vibrer l'«harmonique indienne» de l'*intendance*. Il suffit de donner un exemple d'un point de convergence entre la tradition judéo-chrétienne et celle des Amérindiens: la notion de respect[103].

Le *respect*, c'est-à-dire «l'attitude appropriée indispensable à l'accomplissement de notre responsabilité en tant que partie d'un tout, indispensable pour maintenir l'harmonie et l'équilibre, l'interdépendance et l'interrelationnalité entre tout ce qui est[104]», est une des dispositions fondamentales de la spiritualité amérindienne. «Mais plus importante encore est la notion sous-jacente de réciprocité[105].» Toutes les activités qui perturbent l'intégrité de la création (p. ex.: la chasse) sont compensées rituellement, afin que l'harmonie de la création soit maintenue malgré la violence nécessaire qui est faite à la vie. Quelque chose doit être «redonné» à la nature, ne serait-ce que symboliquement, pour signifier le respect et la réciprocité nécessaires à l'équilibre de la création.

Comme dans l'interprétation hallienne de l'ontologie hébraïque, la vision amérindienne du monde est centrée sur le concept de relation. L'expression autochtone qui résume le mieux cette conscience de l'interrelationnalité des choses est la formule que les Indiens utilisent pour clore presque toutes leurs prières: «*mitakuye oyasin*[106]» (qui fait office de notre «Amen»). Elle exprime symboliquement le lien de réciprocité qui unit toute la création. On la traduit généralement par: «Pour toutes mes relations». Mais puisque «relations», dans la mentalité autochtone, a une signification qui s'étend non seulement aux relations du sang, mais à tous les membres de la tribu, aux autres tribus, à tous les êtres humains, à tous les animaux, à tout ce qui bouge sur la terre, bref à tout ce qui compose le cercle[107] «familial» très englobant de l'Indien, c'est-à-dire la création, il serait plus juste de la rendre par: «Pour toutes les choses qui sont au-dessus, au-dessous et autour de moi[108].»

La compréhension interrelationnelle du monde qui imprègne profondément toute la manière de vivre des autochtones — ceux qui n'ont pas encore été «américanisés» — est une illustration de ce à quoi nous sommes appelés humainement (et chrétiennement): un vivre ensemble communautaire qui inclut non seulement tous nos frères et sœurs humains, présents et à venir, mais aussi toutes les créatures qui forment avec nous la grande «famille créationnelle» (*creation as kin*) de Dieu[109]. Cette conscience de l'interrelationnalité de toutes les créatures, profondément enracinée dans toute leur histoire et leur culture, est le don particulier que les nations indigènes ont à offrir aux sociétés modernes dans leur recherche d'une nouvelle image de l'humain et d'une autre manière d'entrer en relation avec la nature. «Le Grand Mystère, le Dieu des peuples autochtones, nous invite à entrer de nouveau dans le cercle de la vie, à abandonner notre esprit de domination et à vivre en partenariat avec tous les éléments qui composent notre univers[110].»

À la différence de l'*éthos* des sociétés chrétiennes occidentales, les spiritualités amérindiennes témoignent d'une profonde unité entre leurs croyances au sujet de la création et leur style de vie centré sur la conservation de celle-ci. En cela, les spiritualités autochtones, plus «primitives», ont une certaine force prophétique qui interpelle les sociétés dites «modernes».

> La reconnaissance de la profondeur spirituelle des peuples indigènes peut à la fois nous renvoyer à une affirmation plus vigoureuse de la primauté de la création de nos anciennes confessions, et à une nouvelle compréhension de la façon dont ces confessions peuvent servir à la guérison et à la réintégration du monde moderne qui se désintègre[111].

Reconnues, «elles pourraient fournir un élan puissant à un "réimagement" de nous-mêmes en tant que partie de la création de même que la revitalisation de notre préoccupation pour la justice et la paix qui en découle[112]».

Hall reconnaît la valeur des traditions amérindiennes, mais sans établir avec elles de dialogue véritable, sans montrer en quoi elles peuvent contribuer au «virage onto-écologique» qu'il propose — lui qui définit la véritable contextualité comme «l'amorce et l'entretien d'un *dialogue* avec sa culture, un authentique donner-recevoir, dans lequel on permet au monde de parler pour lui-même [...][113]». Waschenfelder a relevé que «dans [...] les traditions des Indiens d'Amérique du Nord, par exemple, l'ontologie de communion est présente dans la conviction fondatrice que tout ce qui est est en relation avec tout ce qui est[114]». Il pose alors une question fondamentale à Hall: «est-il ouvert ou non, en tant que partie intégrante de sa méthode théologique, à incorporer des perspectives ontologiques de traditions extra-bibliques, de manière à appuyer le christianisme dans sa tentative de se libérer de sa captivité dans l'ontologie grecque[115]»? La réponse de Hall est directe:

> il en est parmi [les théologiens] (et je suis de ceux-là) qui essaient consciemment de *résister* à l'attraction de systèmes puissants et de mouvements populaires — non par préoccupation idéologique de «discontinuité» ou de «théisme traditionnel», [...] mais au nom d'une fidélité à la «tradition de Jérusalem» et de notre propre expérience des profondeurs inexplorées de cette tradition pour la compréhension et le vécu de la vie. [...] Cependant, cette adhésion aux fondations scripturaires de cette tradition ne signifie aucunement un désintérêt pour les autres sources de la sagesse humaine[116].

De fait, on ne peut sûrement pas parler de non-ouverture ou de «désintérêt» de la part de Hall, mais son option radicale pour la tradition de Jérusalem est très claire. En fidélité à cette orientation fondamentale qu'il défend, voyons maintenant comment il est possible, avec les ressources mêmes de la tradition chrétienne, plus particulièrement à partir de la personne du Christ, de pousser un peu plus loin la réflexion sur l'*intendance*.

Notes

[1] M. Girard écrivait, il y a plus de vingt ans: «Au niveau proprement œcuménique, [...] une synthèse comme celle que nous souhaitons pourrait stimuler une recherche commune non paralysée *a priori* par des divergences de points de vue philosophiques et théologiques.» Et il continuait: «une christologie où l'on accentuerait les dimensions cosmiques pourrait jeter les bases d'une véritable théologie œcuménique. L'orthodoxie, par la richesse même de son symbolisme traditionnel tiré de la nature, serait particulièrement bien préparée pour collaborer à une telle recherche visant à donner aux éléments la place qui leur revient en théologie.» (Marc Girard, *La louange cosmique. Bible et animisme*, Paris/Montréal, Desclée/Bellarmin, 1975, pp. 192-193)

[2] Robin Attfield affirme qu'on ne peut parler d'«une» attitude chrétienne par rapport à la nature, parce qu'en réalité, dans l'histoire du christianisme, sur ce sujet comme sur bien d'autres, les positions ont été très diverses, qu'on pense à la tradition orthodoxe ou à François d'Assise, avec leurs visions très respectueuses des espèces non humaines («The Tradition of Stewardship», dans *Ethics of Environmental Concern*, Athens, The University of Georgia Press, 2e éd., 1991 [1983], p. 34).

[3] John Passemore, «Stewardship and Cooperation with Nature», dans *Man's Responsibility for Nature. Ecological Problems and Western Tradition*, Londres, Duckworth, 1974, pp. 28-40.

[4] *Ibid.*, p. 28.

[5] Si l'on se fie à L. White Jr., il serait le seul exemple dans l'histoire du christianisme d'une attitude profondément écologique, ce qui n'est évidemment pas le cas. Il reste que la grande renommée de son mysticisme cosmique en a fait une figure dominante de respect envers la nature, et que même le pape Jean-Paul II, en 1979 — à la suggestion de White? —, l'a proclamé «patron des écologistes». Des nuances sont cependant à faire concernant les fondements de cette association. Sur le lien entre saint François et l'écologie, voir entre autres références: C. Michel, «Saint François et l'environnement», *Courrier Communautaire International*, 7 (1), 1971, pp. 17-19; W. A. Wissert Hooft, «Dyonisios ou Saint François?», *Foi et Vie*, 73 (5-6), 1974, pp. 176-182; K. J. Verleye, «Saint François d'Assise et la protection de l'environnement», *Laurentianum*, 18 (3), 1977, pp. 314-337; C. Lejeune, «La théologie de la nature de saint François d'Assise», *Foi et Vie*, 81 (3), 1982, pp. 63-73; L. Gallant, «François d'Assise: un homme en harmonie avec la nature», *Cahiers de Recherche Éthique*, 9, 1983, pp. 131-134; B. J. Przewozny, «St. Francis and Ecologists: Their Different Inspirations», *Miscellanea Francescana*, 84 (1-2), 1984, pp. 544-560; P. Weigand, «Escape From the Bath. A Reinterpretation of St. Francis As a Model for the Ecological Movement», *Cry of the Environment. Rebuilding the Christian Tradition*, éd. par P. N. Joranson et K. Butigan, Santa Fe, Bear and Co., 1984, pp. 148-157.

[6] J. Passemore, «Stewardship and Cooperation with Nature», p. 32.

[7] Garden City (N.Y.), Natural History Press, 1969.

[8] R. Attfield, «The Tradition of Stewardship», p. 36.

[9] *Ibid.*

[10] R. Attfield («The Tradition of Stewardship», p. 43) critique au passage la thèse de White et affirme que ce n'est pas le christianisme mais d'autres facteurs qui ont été prédominants: l'urbanisation, l'augmentation de la population, de la richesse, et de la propriété privée, le capitalisme couplé au développement de la techno-science et la démocratie.

[11] *Ibid.*, p. 37.

[12] Voir le texte de René Dubos: «Franciscan Conservation versus Benedictine Stewardship», dans *A God Within*, C. Scribner's Sons, 1972; repris dans *Ecology and Religion in History*, éd. par D. et E. Spring, New York, Harper and Row, 1974, pp. 114-136.

[13] J. Passemore, «Stewardship and Cooperation with Nature», p. 31. Il fait référence à un texte souvent cité de Sir Matthew Hale, *The Primitive Origination of Mankind* (1677), passage qui, pour certains, confirme la présence explicite de la tradition de l'*intendance* à cette époque (voir J. Black, «The Concept of Stewardship», pp. 56-57).

[14] La compréhension sacerdotale de l'*intendance* de l'humain dans la création a été davantage développée dans la théologie orthodoxe qui perçoit la nature en termes sacramentels, comme nous le verrons plus loin (pp. 207-226).

[15] R. Attfield, «The Tradition of Stewardship», p. 38, qui cite T. S. Derr, *Ecology and Human Need*, Philadelphie, Westminster Press, 1975, p. 31-32. Passemore pense plutôt que Calvin en restreint la portée au comportement moral de la communauté vis-à-vis des païens. Mais selon Hall, l'origine ecclésiologique du concept n'empêche pas qu'on en étende l'application au domaine du rapport à la nature.

[16] *Ibid.*

[17] *Ibid.*

[18] Voir A. Biéler, *La pensée économique et sociale de Calvin*, Genève, Librairie de l'Université Georg et cie S. A., 1959, pp. 425-435.

[19] R. Attfield, «The Tradition of Stewardship», pp. 39-42.

[20] *Ibid.*, p. 41.

[21] J. Passemore, «Stewardship and Cooperation with Nature», p. 39.

[22] *Ibid.*, p. 32.

[23] *Ibid.*, p. 40.

[24] Nous pensons ici à la tendance très forte de plusieurs mouvements spirituels écologistes à recourir aux traditions orientales pour justifier leur position.

[25] D.J. Hall, *Imaging God*, pp. 204-205.

[26] Il reprend exactement la même idée dans *The Steward* (p. 211) et *God and Human Suffering* (p. 69).

[27] Dans deux autres passages cependant, la métaphore du «prêtre» est juxtaposée à celles de l'«intendant» et du «poète», trois images importantes tirées de la tradi-

tion de Jérusalem pour éclairer la fonction de l'humain comme responsable de la création (*Reintegrating God's Creation*, pp. 34-36; «Poets of Creation», *The Lutheran*, 6 [5], 1993, p. 16). L'image du «poète», qui correspond à la fonction hébraïque de «prophète», c'est-à-dire «celui qui donne une expression articulée aux puissantes et subtiles énergies qui jaillissent à travers toute la nature» — à noter la parenté de vocabulaire avec la tradition orthodoxe — est probablement «la plus haute vocation humaine» (p. 36). C'est dans l'*homo loquens* que se rejoignent les métaphores du poète, de l'*intendant* et du prêtre: la créature parlante entre en relation avec le Dieu de la Parole, en tant que représentante de toutes les autres créatures, pour Lui dire sa joie d'être. On pourrait dire que dans la tradition orthodoxe, ces trois images forment un tout indissociable dans le concept de «créature liturgique» ou «eucharistique».

[28] Nous avons déjà parlé du risque d'une interprétation strictement économique de l'*intendance* — ce dont Hall est bien conscient. G.H. Kehm fait remarquer qu'«une dégradation des créatures et un rétrécissement des sensibilités peuvent survenir lorsque le thème de l'*intendance* est sécularisé et en vient à signifier une "sage utilisation" des "ressources". Une habile tactique des groupes anti-environnementalistes d'aujourd'hui est d'utiliser la rhétorique de la "sage utilisation" pour s'assurer la sympathie des gens religieux qui vibrent encore au discours de l'*intendance*. Les chrétiens et chrétiennes doivent bien se garder de cette illusion. La redécouverte de l'image du prêtre de la création pourrait aider à s'en prémunir.» («Priest of Creation», *Horizons in Biblical Theology*, 14 (2), 1992, p. 140)

[29] G. H. Kehm, «Priest of Creation», p. 142.

[30] On trouve chez A. R. Peacocke (et chez d'autres auteurs) un développement minimal de ce thème, en lien avec une conception sacramentelle du monde qu'il emprunte à la théologie orthodoxe: «[...] le rôle de l'homme peut être conçu comme celui de *prêtre de la création*, dont la résultante de son activité est que le sacrement de la création est révéré; et qui, parce que lui seul est conscient de Dieu, de lui-même, et de la nature, peut agir comme médiateur entre la nature insensible et Dieu — car le prêtre est caractérisé par son activité dirigée vers Dieu au nom des autres. Seul l'humain peut contempler et offrir l'action du monde créé à Dieu. Mais le prêtre est aussi actif envers les autres au nom de Dieu, et dans ce sens aussi, l'homme est le prêtre de la création.» Cette manière de comprendre l'humain le conduit ensuite à présenter d'autres images traditionnelles de l'humain — comme l'*intendant* de la création, le manager, le co-créateur, etc. — qu'il juge inadéquates. Voir A. R. Peacocke, *Creation and the World of Science* (The Bampton Lectures, 1978), Oxford, Clarendon Press, 1979, pp. 295-312. Un autre auteur, Thomas F. Torrance, applique l'expression «prêtre de la création» au scientifique dont «la fonction est d'interpréter le livre de la nature écrit par Dieu», qui, sans l'humain, est muet; c'est sa vocation d'être «la bouche de l'univers pour qu'il puisse verbaliser la gloire et la majesté du Dieu vivant»; *The Ground and Grammar of Theology*, Charlottesville, University Press of Virginia, 1980, pp. 5-6. Voir aussi Marc Girard, *La louange cosmique. Bible et animisme*, Paris/Montréal, Desclée/Bellarmin, pp. 168-173: «L'homme, dans l'activité laudative du cosmos [...], exerce, par rapport à la louange des infrahumains, une fonction de médiation quasi sacerdotale.»

[31] G. H. Kehm partage notre avis: «[...] l'interprétation de Hall [que l'humain est prêtre de la création] aurait besoin d'un développement plus systématique» («Priest of Creation», p. 139). Mais on comprend mieux pourquoi il en est ainsi lorsqu'on aborde sa christologie. Hall préfère décrire la personne et la mission du Christ en tant que «représentant» plutôt que «prêtre»: «On peut se demander si la catégorie d'œuvre sacerdotale est adéquate pour décrire ce que Jésus accomplit en tant que *Soter*. [...] Il y a d'autres catégories. [...] Le prêtre est avant tout une figure représentative [...]. J'utiliserai le concept de représentation en tant que catégorie centrale informant à la fois pour la christologie et la sotériologie.» (*Professing the Faith*, pp. 413-414) La «représentation» est pour lui la manière la plus appropriée, dans notre contexte actuel, pour comprendre et communiquer l'identité et l'œuvre du Christ (voir le développement christologique qui conclut *Professing the Faith*, pp. 497-553) et, en correspondance sur le plan anthropologique, la nature et la vocation humaines dans le monde.

[32] G. H. Kehm, «Priest of Creation», p. 142.

[33] D.J. Hall, *Reintegrating God's Creation*, p. 35. (C'est nous qui soulignons.)

[34] Voir N. P. Constas, «Commentary on the Patriarchal Message on the Day of Protection of the Environment», *The Greek Theological Review*, 35 (3), 1990, p. 187, qui se réfère à Proklos de Constantinople, *Oration* 2, PG 65.693D.

[35] Archimandrite Kallistos Ware, «The Value of Material Creation», *Sobornost*, 6 (3), 1971, p. 156.

[36] O. Clément, «Le sens de la terre (Notes de cosmologie orthodoxe)», *Contacts*, 19 (57), 1967, p. 265. (Texte repris dans: *Le Christ: Terre des vivants. Essais théologiques*, Abbaye de Bellefontaine, coll. «Spiritualité Orientale et Vie monastique», 17, 1976.)

[37] *Ibid.*

[38] Encore faut-il nuancer cette affirmation qui risque de verser dans un anthropocentrisme et «une arrogance non biblique niant que les créatures non humaines puissent louer Dieu directement à travers leurs propres sons et mouvements [...]. De plus, il convient qu'un prêtre, qui est parent avec eux et peut intercéder pour eux, commence par vivre en proximité réelle avec eux, et apprenne à voir et à entendre leurs louanges distinctives et leurs cris vers Dieu. Alors ce dernier [le prêtre] sera en position pour exprimer ceux-ci en paroles et, ce faisant, il amplifiera la louange et la supplication des créatures, plutôt que d'être la seule voix de tout le chœur.» (G.H. Kehm, «Priest of Creation», p. 141)

[39] Plusieurs auteurs orthodoxes tiennent à faire valoir ce point de vue. Par exemple: I.J. Khalil, «The Ecological Crisis: An Eastern Christian Perspective», *St-Vladimir's Theological Quaterly*, 22, 1978, p. 193; V. Guroian, «"Cleansers of the Whole Earth", The Ecological Spirituality of the Armenian Church», *The Greek Orthodox Theological Review*, 36 (3-4), 1991, p. 264.

[40] Le cadre restreint de cette étude ne permet pas de procéder à un examen exhaustif et détaillé de ce thème dans la théologie orthodoxe. Cela mériterait certainement qu'on y consacre une recherche tout entière, d'autant plus qu'il s'agit d'un univers théologique fort complexe, très différent de l'approche occidentale.

[41] J'ai choisi des auteurs orthodoxes contemporains de la période hallienne (1975-1995) dont les écrits étaient disponibles dans l'univers géographique et linguistique de Hall (excepté O. Clément, un théologien francophone, que j'ai retenu pour sa grande notoriété en cosmologie). D'autres publications plus centrées autour du processus conciliaire *JPIC* exposent la perspective orthodoxe: S. S. HARAKAS, «The Integrity of Creation and Ethics», *St-Vladimir's Theological Quaterly*, 32, 1988, pp. 27-42; G. LIMOURIS (éd.), *Justice, Peace and the Integrity of Creation. Insights from Orthodoxy*, Genève, WCC Pub., 1990; G. LIMOURIS, «New Challenges, Visions and Signs of Hope. Orthodox Insights on JPIC», *Between the Flood and the Rainbow. Interpreting the Conciliar Process of Mutual Commitment (Covenant) to JPIC*, éd. par D. P. Niles, Genève, WCC Pub., 1992, pp. 110-127; M.B. EFTHIMIOU, «Orthodoxy and the Ecological Crisis», dans *Ecotheology. Voices from South and North*, éd. par D. Hallman, Maryknoll/ Genève, Orbis Books/WCC, 1994, pp. 92-95; la revue *Epiphany* publie régulièrement des articles sur le sujet, par exemple, dans le numéro 10 (3), 1990: S. S. HARAKAS, «Ecological Reflections in Contemporary Orthodox Thought in Greece», pp. 46-61; D. ROGICH, «Ecological Soundings in Eastern Christian Mystical Tradition», pp. 62-71.

[42] E. TIMIADIS, «God as Creator and Man as Steward of Creation», dans *The Nicene Creed: Our Common Faith*, Philadelphie, Fortress, 1983, pp. 34-47.

[43] S. MURATORE, «Earth Stewardship. Radical Deep Ecology of Patristic Christianity», *Epiphany*, 10 (1-2), 1989-1990, p. 124.

[44] *Ibid.*, pp. 125-127.

[45] *Ibid.*, p. 128.

[46] Cette idée est caractéristique de la tradition chrétienne orientale qui n'a jamais perdu de vue la dimension de solidarité entre toutes les créatures et qui affirme la participation du cosmos à la rédemption humaine et à la transfiguration de la résurrection.

[47] S. MURATORE, «Earth Stewardship. Radical Deep Ecology of Patristic Christianity», p. 129.

[48] On trouve aussi, associée à la notion d'ascétisme, celle d'*exorcisme*, qui, selon O. Clément, est «inséparable d'un effort intérieur de transfiguration» («Le sens de la terre», p. 317).

[49] S. MURATORE, «Earth Stewardship: Radical Deep Ecology of Patristic Christianity», p. 131.

[50] *Ibid.*, p. 132.

[51] *Ibid.*

[52] *Ibid.*, pp. 132-133.

[53] *Ibid.*, p. 133.

[54] Il est très difficile, dans le cadre de la théologie orthodoxe, de séparer cosmologie et anthropologie, puisqu'elles sont «intrinsèquement reliées» (J. MEYENDORFF, «Creation in the History of Orthodox Theology», *St-Vladimir's Theological Quaterly*, 27, 1983, p. 34).

[55] O. CLÉMENT, «Le sens de la terre», p. 255.

[56] G. H. Kehm, «Priest of Creation», p. 130.

[57] O. Clément, «Le sens de la terre», p. 263.

[58] *Ibid.*, p. 264.

[59] *Ibid.*, pp. 292-293.

[60] *Ibid.*, p. 292.

[61] *Ibid.*, p. 269.

[62] Hall écrit dans *The Steward*: «Je soupçonne que l'image qu'on s'en fait aujourd'hui [dans l'Église romaine, anglicane et orthodoxe] réduit vraiment le concept de prêtre, puisqu'il semble de toute évidence désigner une personne et une fonction particulière et unique. Mais les protestants ne sont guère mieux nantis lorsqu'il s'agit du potentiel de communication moderne de cet ancien et important terme biblique. [...] L'idée que nous sommes prêtres les uns pour les autres n'est guère l'image de soi qu'ont les protestants ordinaires. Il est vrai que cela doit, d'une certaine manière, devenir notre auto-compréhension si nous voulons accéder à la maturité chrétienne. Mais je crois que peu de nos contemporains arriveront à cette maturité par la méditation traditionnelle du sacerdoce, aussi indispensable que soit cette catégorie.» (p. 234)

[63] D.J. Hall, *The Steward*, p. 240.

[64] *Ibid.*, p. 241.

[65] *Ibid.*, pp. 240-241.

[66] Voir: Paul Evdokimov, «Nature», *Scottish Journal of Theology*, 18 (1), 1965, pp. 1-22; D. Staniloae, «The World as Gift and Sacrament of God's Love», *Sobornost*, 5 (9), 1969, pp. 662-673; Kallistos Ware, «The Value of the Material Creation», *Sobornost*, 6 (3), 1971, pp. 154-165; Paulos Gregorios, *The Human Presence. An Orthodox View of Nature*, Genève, WCC, 1978, pp. 85-89. Du côté protestant: Paul Tillich, «Nature et sacrement», *Études Théologiques et Religieuses*, 64 (2), 1989 [1928], pp. 191-210.

[67] Nous renvoyons encore une fois à la thèse de C. Derrick selon laquelle la crise environnementale, ultimement, est l'expression et la conséquence d'un manichéisme sous-jacent et omniprésent dans toute la culture occidentale (*Merveilleuse création. Pour une théologie de l'environnement*, Paris, Téqui, 1983 [original anglais, 1972]).

[68] Notons ici que, pour Hall, la «reconnaissance de l'élément spirituel de la matière» est une des «négligences» de la foi chrétienne, en particulier du protestantisme, qui ne peut qu'entraîner la «chosification» de la nature (*Imaging God*, pp. 201-204).

[69] L. Rasmussen se demande si le modèle «sacramentaliste» en éco-théologie ne serait pas celui qui pourrait «offrir les ressources conceptuelles les plus riches pour faire face à la crise environnementale» (L. Rasmussen, «Towards an Earth Charter», *The Christian Century*, 23 oct. 1991, p. 967). Voir aussi: A. R. Peacocke, «A Sacramental View of Nature», dans *Man and Nature*, éd. par H. Montefiore, Londres, Collins, 1975, pp. 132-142; S. Daecke, «Profane and Sacramental Views of Nature», dans *The Science and Theology in the 20th Century*, éd. par A. R. Peacocke, Notre Dame, University of Notre Dame Press, 1986, pp. 127-140; J. Habgood, «A Sacramental Approach to Environmental Issues», *Liberating Life. Contemporary*

Approaches to Ecological Theology, New York, Orbis Books, 1990, pp. 46-53; M. J. et K Himes, «The Sacrament of Creation: Towards Environmental Theology», *Commonweal*, 26 janv. 1990, pp. 42-49; P. Hefner, «The Sacramental Paradigm of Nature», *Currents in Theology and Mission*, 20 (3), 1993, pp. 197-200.

[70] *Imaging God*, p. 202. Hall ne fait qu'évoquer la perspective sacramentelle de la nature, probablement en cohérence avec son option méthodologique de maintenir à tout prix la discontinuité propre au théisme plutôt que de recourir à l'immanentisme caractéristique du panenthéisme comme le fait Moltmann. A. M. Allchin souligne aussi la «négligence» de la conception sacramentelle du monde dans la théologie anglicane en comparaison avec celle des Pères orientaux («The Theology of Nature in the Eastern Fathers and among Anglican Theologians», dans *Man and Nature*, éd. par H. Montefiore, Londres, Collins, 1975, pp. 143-154).

[71] C'est un fait que les théologiens modernes, confrontés à la crise écologique, en particulier peut-être les protestants, plus traditionnellement axés sur la «grâce», lorsqu'ils redécouvrent la «nature», redécouvrent aussi la richesse de la tradition orthodoxe. Voir à ce sujet l'excellent article de H. H. Oliver: «The Neglect and the Recovery of Nature in Twentieth-Century Protestant Thought», *Journal of the American Academy of Religion*, 60 (2-3), 1992, pp. 379-404. On se référera aussi à l'ouvrage incontournable de Moltmann, *Dieu dans la création*, qui, dans une perspective fondamentalement pneumatique et immanentiste, inspirée de la tradition orthodoxe, comprend la création comme l'«inhabitation» de Dieu Esprit dans le monde, démontrant ainsi la richesse de l'Église orientale pour repenser notre relation avec la nature.

[72] J. D. Zizioulas, «Preserving God's Creation. Three Lectures on Theology and Ecology», *King's Theological Review*, 12 (1), 1989, p. 2.

[73] *Ibid.*

[74] Selon Zizioulas, «l'eucharistie est très tôt devenue surtout un service mémorial du sacrifice du Christ et un moyen de grâce pour nourrir l'*âme*. La dimension du cosmos est rapidement disparue de la théologie sacramentelle occidentale laissant la place à une vision du monde centrée sur l'âme ou l'esprit» («Preserving God's Creation. Three Lectures on Theology and Ecology», 1ère partie, p. 3).

[75] O. Clément, *Le Christ: Terre des vivants*, p. 292.

[76] Sur le thème de la beauté, voir par exemple: J. Touraille, «La beauté du monde, icône du Royaume», *Contacts*, 31 (105), 1979, pp. 1-24; «La beauté sauvera le monde», *Contacts*, 32 (109), 1980, pp. 5-15.

[77] Le thème de la «transfiguration de la nature» est central dans la cosmologie et la liturgie orthodoxe. Voir par exemple: I. J. Khalil, «For the Transfiguration of Nature. Ecology and Theology», *Epiphany*, 10 (3), 1990, pp. 19-36; J. J. Yiannias, «The Transfiguration of Nature in the Byzantine Iconographic Tradition», *Epiphany*, 10 (3), 1990, pp. 37-45; L. Lebedev, «On the Spiritual Transfiguration of Creation in Orthodox Liturgy», *The Journal of the Moscow Patriarchate*, 11, 1983, pp. 69-77.

[78] O. Clément, *Le Christ: Terre des vivants*, p. 297.

[79] *Ibid.*, p. 301.

[80] «Image de Dieu et microcosme, il [l'humain] constitue l'hypostase du cosmos.» (O. Clément, *Le Christ: Terre des vivants*, p. 264)

[81] J. D. Zizioulas, «Preserving God's Creation. Three Lectures on Theology and Ecology», 3e partie, *King's Theological Review*, 13 (1), 1990, p. 5.

[82] *Ibid.*

[83] Le modèle sacramentel du rapport humain/nature, qu'on appelle aussi «panenthéisme», est celui qui s'apparente le plus aux cosmologies primitives, d'où le danger, comme c'est le cas dans certaines formes de néo- et d'éco-paganisme, de retourner à des attitudes panthéistes incompatibles avec la foi chrétienne. En fait, le mouvement de «sacralisation» orthodoxe se situe à l'opposé des conceptions archaïques. «L'homme n'est donc pas appelé à se sauver en se "cosmisant", en s'absorbant dans un divin impersonnel par la médiation d'une nature sacrée, c'est par lui au contraire que l'univers peut correspondre à sa secrète sacramentalité: la "cosmothéose" dépend de l'"anthropothéose".» (O. Clément, *Le Christ: Terre des vivants*, p. 265)

[84] «Message of His Holyness Ecumenical Patriarch Bartholomew on the Day of Prayer for the Protection of the Natural Environment», *Official Documents*, 1er sept. 1994.

[85] Contrairement à la liturgie orientale et à la tradition patristique concernant la messe, le thème de la création dans les prières eucharistiques catholiques romaines (la quatrième surtout) est une inclusion récente qui a suscité très peu d'intérêt théologique, ce qui dénote le peu de sensibilité occidentale à la dimension cosmique de la liturgie eucharistique. Voir: J. Keenan, «The Importance of the Creation Motif in a Eucharistic Prayer», *Worship*, 53 (1), 1979, pp. 341-356. Voir aussi: R. N. Fragomeni, «Liturgy at the Heart of Creation: Towards an Ecological Consciousness in Prayer», dans *The Ecological Challenge. Ethical, Liturgical and Spiritual Responses*, éd. par R. N. Fragomeni et J. T. Pawlikowski, Collegeville (Minn.), The Liturgical Press, 1994, pp. 67-82; E. Foley, K. Hughes et G. Ostdiek, «The Preparatory Rites: A Case Study in Liturgical Ecology», dans *The Ecological Challenge. Ethical, Liturgical and Spiritual Responses*, pp. 83-101; ainsi que l'étude exhaustive de K. W. Irwin, «The Sacramentality of Creation and the Role of Creation in Liturgy and Sacraments», *Preserving the Creation. Environmental Theology and Ethics*, éd. par K. W. Irwin et E. D. Pellegrino, Washington, Georgetown University Press, 1994, pp. 67-111.

[86] «L'Église est appelée à bénir les éléments de la création qui, par la puissance sanctifiante de l'*epiclesis*, sont purifiés, régénérés, et élevés à leur dignité et destinée premières en tant que porteurs transparents de l'Esprit. Cela est particulièrement clair dans l'eucharistie.» (N.P. Constas, «Commentary on the Patriarchal Message [...]», *The Greek Theological Review*, 35 (3), 1990, p. 192)

[87] L. Rasmussen, «Towards an Earth Charter», p. 965.

[88] Patriarche de Constantinople Dimitrios I, «Message on Environmental Protection Day» (1er septembre 1989), *Greek Orthodox Review*, 35 (1), 1990, p. 2.

[89] V. Guroian, «"Cleansers of the Whole Earth". The Ecological Spirituality of the Armenian Church», *The Greek Orthodox Theological Review*, 36 (3-4), 1991, p. 264. Il utilise à plusieurs reprises la même juxtaposition de termes: «Adam a

rejeté sa vocation sacerdotale et la responsabilité de l'*Intendance*» (p. 265); «le retour d'Adam à sa vocation sacerdotale et à son *intendance* responsable» (p. 268); «les chrétiens reconnaîtront [ces rites] comme des actes cohérents avec leur vocation de prêtres et d'*intendants* de la création» (p. 273).

[90] Et aussi celle de l'eucharistie en tant que «transfiguration» et «sacrifice d'action de grâce».

[91] D.J. HALL, *The Steward*, pp. 241-242.

[92] D.J. HALL, *Thinking the Faith*, pp. 83, 209, 212, 363.

[93] D.J. HALL, *Thinking the Faith*, p. 363.

[94] C'est l'idée que défend George E. TINKER dans: «The Integrity of Creation. Restoring Trinitarian Balance», *The Ecumenical Review*, 41 (4), 1989, pp. 529-530.

[95] *Ibid.*, p. 528.

[96] Sur la résurgence des peuples autochtones au Canada, qui revendiquent une autre vision du monde, voir par exemple: H. CARDINAL, *The Rebirth of Canada's Indians*, Edmunston, Hurtig Pub., 1977; L. KROTZ, *Indian Country: Inside another Canada*, Toronto, McClelland and Steward, 1990.

[97] Il nous semble que Hall aurait pu, comme il sait si bien le faire, que ce soit à partir de la littérature, de la poésie ou de l'art, nous tracer un portrait de la sensibilité propement canadienne sur ce thème. C'est ce qu'a fait William C. JAMES, «Nature and the Sacred in Canada», *Studies in Religion/Sciences Religieuses*, 21 (4), 1992, pp. 403-417, qui cite justement Hall.

[98] D.J. HALL, *Imaging God*, pp. 197-198.

[99] Il est tout de même étonnant qu'un théologien de nationalité allemande comme E. Drewermann n'hésite pas à explorer la pensée religieuse amérindienne (peut-être parce qu'il est convaincu de l'incapacité du christianisme d'offrir une autre vision du rapport humain/nature, et de la nécessité de s'ouvrir à d'autres sagesses religieuses, alors que l'optique de Hall est précisément de revisiter la tradition chrétienne dans ce qu'elle a d'inexploité). Tout un domaine de recherche s'ouvre sur ce thème de plus en plus important en théologie écologique. Par exemple, G. E. TINKER, un théologien de nationalité amérindienne (Osage-Cherokee) qui enseigne au Colorado et qui a participé à la rencontre de Séoul de la WCC sur «La Paix, la Justice et l'Intégrité de la Création», a publié plusieurs articles sur cette question: «Native American and the Land: The End and the Beginning of Survival», *Word and World*, 6, 1986, pp. 66-74; «Does All People Include Native People?», *God, Goods and the Common Good*, éd. par C. Lutz, Minneapolis, Augsburg, 1986, pp. 125-136; «The Integrity of Creation. Restoring Trinitarian Balance», *The Ecumenical Review*, 41 (4), 1989, pp. 527-536; «Spirituality, Native American Personhood, Sovereignty and Solidarity», *The Ecumenical Review*, 44 (3), 1992, pp. 281-32; «Creation as Kin. An American Indian View», dans *After Nature's Revolt. Eco-justice and Theology*, éd. par D.T. Hessel, Minneapolis, Augsburg Fortress, 1992, pp. 144-153; «The Full Circle of Liberation. An American Indian Theology of Place», dans *Ecotheology. Voices from South and North*, éd. par D. G. Hallman, Maryknoll/Genève, Orbis Books/ WCC, 1994, pp. 218-224. Voir aussi: V. DELORIA Jr., *God is Red. A Native View of Religion*, New York, Dell, 1973; Thomas BERRY, «The Historical Role of the American Indian», dans *The Dream of the Earth*, San Francisco, Sierra Club Books, 1988, pp. 180-193;

M. E. Tyler, «Spiritual Stewardship in Aboriginal Resource Management Systems», *Environments*, 22 (1), 1993, pp. 1-8; S. McKay, «An Aboriginal Perspective on the Integrity of Creation», dans *Ecotheology. Voices from South and North*, pp. 213-217.

[100] Texte cité par E. Drewermann, *Le progrès meurtrier*, pp. 124-127.

[101] G.E. Tinker, «The Integrity of Creation. Restoring Trinitarian Balance», p. 534.

[102] Évidemment, tout de la spiritualité amérindienne n'est pas compatible avec la foi chrétienne. Il faut se garder, comme pour d'autres idéologies ou spiritualités à la mode, de tout niveler et de considérer comme équivalentes toutes les traditions. Il ne faudrait donc pas croire que nous suggérons, à la manière du Nouvel Âge, un retour aux croyances animistes où des esprits habitent la nature, mais plutôt la possibilité d'une interpellation au cœur d'un dialogue avec d'autres traditions plus éco-sensibles qui partagent la même terre et le même monde que nous.

[103] Le «respect de la vie» (*Ehrfurcht vor dem Leben*) ou la «révérence de la nature», formule rendue célèbre par Albert Schweitzer et bien connue en éthique, est devenue une expression très utilisée en théologie écologique. On lui doit aussi d'avoir posé les bases d'une éthique nouvelle fondée sur le «respect de la vie» (voir *Civilisation et éthique*, 1923; *La paix par le respect de la vie*, 1979; *Le respect de la vie*, 1990. Hall y fait référence dans *Imaging God*, p. 203. Voir par exemple: Albert Schweitzer, «The Ethics of Reverence for Life», *Christendom*, 1 (2), 1936, pp. 225-239; O. F. Bollnow, «Le respect de la vie considéré comme principe fondamental de l'éthique», *Revue d'Histoire et de Philosophie Religieuses*, 56 (1-2), 1976, pp. 118-142; «L'éthique cosmique d'Albert Schweitzer et les problèmes de l'éthique naturelle», *Revue d'Histoire et de Philosophie Religieuses*, 56 (1-2), 1976, pp. 97-117).

[104] G.E. Tinker, «Creation as Kin. An American Indian View», dans *After Nature's Revolt. Eco-Justice and Theology*, éd. par D.T. Hessel, Minneapolis, Augsburg Fortress, 1992, p. 144.

[105] *Ibid.*, pp. 144-145.

[106] *Ibid.*, p. 148.

[107] Sur l'image du cercle, probablement le symbole le plus important de la pensée religieuse et écologique amérindienne, voir aussi: Paula Gunn Allen, *The Sacred Hoop: Recovering the Feminine in American Indian Traditions*, Boston, Beacon Press, 1986.

[108] G.E. Tinker, «Creation as Kin. An American Indian View», p. 148.

[109] Le terme anglais «*kin*» connote le sens très fort de parenté par les liens du sang, c'est-à-dire être de la même tribu, de la même race. Cette idée est très voisine de la conception franciscaine de la nature où toutes les créatures sont des «frères» et «sœurs». Moltmann utilise une expression semblable en parlant de «communauté créationnelle» (voir *Dieu dans la création)*.

[110] Achiel Peelman, «Spiritualité et conscience planétaire», dans *Spiritualité contemporaine. Défis culturels et théologiques*, éd. par C. Ménard et F. Villeneuve, Montréal, Fides, «Héritage et Projet», 56, 1996, p. 27. L'auteur considère que le mouvement autochtone, le mouvement féministe et le mouvement écologique mettent tous les trois en évidence la «dynamique interrelationnelle», fondement de la

spiritualité. Il n'est donc pas étonnant qu'on retrouve régulièrement associées et articulées ensemble ces trois thématiques.

[111] G.E. TINKER, «The Integrity of Creation. Restoring Trinitarian Balance», p. 531.

[112] *Ibid.*, p. 535.

[113] D.J. HALL, *Thinking the Faith*, p. 79.

[114] J. WASCHENFELDER, «Biblical Ontology [...]», *Dianonia*, 2 (2), 1991, p. 37.

[115] *Ibid.*

[116] D.J. HALL, «Response to Responses», *Dianonia*, 2 (2), 1991, p. 55.

Chapitre 7

DÉVELOPPEMENT CHRISTOCENTRIQUE DE L'*INTENDANCE*

Les deux chapitres précédents ont permis d'enrichir le concept d'*intendance* en explicitant certains aspects peu exploités par Hall. Il reste maintenant à développer une dernière dimension de l'*intendance*, à savoir la perspective christologique, que Hall n'a nullement ignorée, mais qui, à cause de sa portée déterminante pour le concept, mérite un développement plus substantiel et plus systématique que celui qu'il lui a accordé. Selon moi, la signification profonde de l'*intendance* de la nature ne se comprend qu'à partir de l'interprétation christocentrique du concept. En contrepartie, la métaphore anthropologique de l'*intendance*, dans le cadre d'une théologie écologique, permet une plus grande contextualisation de la christologie que la notion traditionnelle du «Christ cosmique». Dans cette perspective, la compréhension christologique de l'*intendance* pourra se condenser autour de trois thématiques traditionnelles: celles de la *kénose*, du *pathos* et de l'*agapè*.

1. La place de la christologie en théologie écologique

À survoler la littérature concernant la crise écologique, on remarque que la réflexion sur ce thème tend à se réduire à la dimension «éthique» (entendue au sens étroit de «normes pour l'agir»). Même du point de vue théologique, on constate une propension à réinterpréter les textes fondateurs, en particulier les récits de création[1], afin d'en dégager, de façon parfois un peu superficielle, des lignes de conduite concrètes au sujet du rapport à entretenir avec la nature. Mais une réflexion éthico-théologique sur la problématique écologique ne peut faire l'économie des présupposés anthropologiques qui la sous-tendent. Il n'est pas seulement question de l'agir, mais de ce que nous sommes. À ce niveau plus fondamental, celui de l'anthropologie, nous sommes ultimement renvoyés à la personne du Christ. D'où l'importance de situer la réflexion théo-écologique dans toute sa profondeur anthropo-christologique. Or la référence explicitement christologique et sotériologique de cette thématique est plutôt négligée[2].

L'identité humaine, et par conséquent le rapport avec la nature qui en découle, dans le christianisme, ne peut être saisie en dehors de la référence, centrale pour la vie chrétienne et pour l'ensemble de la tradition théologique, qu'est Jésus le Christ. Une «théologie de la nature» qui ne s'inspire pas principalement de celui-ci peut-elle se prétendre authentiquement «chrétienne», alors que le modèle de relation et d'union avec le monde tient justement dans cette charnière qui unit humanité et divinité dans la personne du Christ et, par extension, dans l'être humain? Puisque l'humain trouve son accomplissement dans l'Homme parfait, Jésus le Christ, l'anthropologie attend sa plénitude de sens de la christologie[3]. Ainsi, le paradigme humain d'une «existence écologique», d'un juste rapport avec la nature, n'est pas à chercher en dehors de la personne du Christ.

Si, comme il a été affirmé au point de départ, la crise écologique est fondamentalement une crise anthropologique, alors sa résolution exige une «conversion anthropologique», c'est-à-dire un changement radical de notre conception de nous-mêmes qui s'inspire d'une image du Christ où est intégrée la dimension cosmique de sa personne et de sa mission. Une approche chrétienne de la crise écologique doit nécessairement trouver appui dans une spiritualité et dans une anthropologie théologique où le Christ sert de modèle de relation avec le monde. C'est aussi notre conviction qu'une relecture en profondeur de la tradition chrétienne, en particulier de ses affirmations christologiques, peut nous permettre de répondre intellectuellement, spirituellement et psychologiquement à la nécessité d'élaborer une théologie adéquate aux paramètres d'un monde écologiquement menacé par la destruction de l'environnement et d'une humanité de plus en plus consciente des dimensions évolutive, cosmique et écologique de son existence[4].

Mais pour ce faire, la christologie devra elle aussi être revisitée, puisque plusieurs de nos représentations du Christ ont été soit amputées de leur enracinement cosmique, soit forgées à partir du modèle de l'humain «maître de la nature», image devenue écologiquement intenable. C'est pourquoi D.J. Hall soutient que

> le défi lancé au mouvement chrétien aujourd'hui par la crise de la biosphère, à savoir de développer une théologie de la nature plus adéquate, est en même temps un défi de développer une christologie plus authentique. S'il est vrai que notre christologie est la base ontique et noétique de notre anthropologie, comme celle de notre doctrine de Dieu, dans ce cas, pour acquérir une conception de l'*anthropos* qui mène davantage à l'*intendance* de la nature, nous devrons simultanément recouvrer un *Christos* dont la seigneurie est grandement différente du modèle redoutable privilégié par le christianisme historique[5].

2. Quel Christ? Pour quel humain?

La tradition théologique concernant la personne du Christ a connu des développements multiples au cours des siècles. De nombreuses «figures du Christ» ont jalonné l'histoire du christianisme, qu'on pense par exemple au Christ impérial et triomphant ou au «Jésus historique». Ces représentations étaient fortement teintées par les sensibilités culturelles de chaque époque. La nôtre ne fait pas exception, à la différence que nous sommes aujourd'hui beaucoup plus conscients de l'influence inévitable — et positive lorsque clairement reconnue — que joue le contexte sur notre manière de dépeindre le visage du Christ. Ce fut le mérite d'Albert Schweitzer, dans sa «vie de Jésus[6]», de montrer l'inscription culturelle des entreprises précédentes cherchant à tracer un portrait «historique» du Christ.

Dans la majorité des figures du Christ qui ont dominé l'histoire occidentale, l'humanité du Christ a eu tendance à être absorbée par sa divinité, sa mort à être éclipsée par sa résurrection. Par conséquent, l'accent a été mis sur son triomphe[7], sa gloire, sa «seigneurie», etc. L'Église théocratique de la chrétienté, en consonance avec le pouvoir politique de l'empire, a opté pour une image christocratique, celle d'un Christ-empereur gouvernant le monde par son Église[8]. Tellement supérieur et divin que la christologie classique, sans nier «officiellement» l'humanité de Jésus, l'a masquée en versant dans un certain docétisme. Hall n'hésite pas à dire que

> la plupart des formes de christianisme ont eu à adopter des formes de christologies docétistes ou quasi docétistes et à substituer à l'incarnation la divinisation ou l'apothéose, parce que la religion de l'Empire (*n'importe quel* empire!) ne pouvait pas, et continue de ne pas pouvoir, se maintenir en ayant en son centre un pauvre humain souffrant comme symbole premier et comme métaphore de la Divinité[9].

De même, une certaine théologie de la résurrection — que Hall appelle le «résurrectionnisme[10]» — a présenté un Christ tellement glorieux et victorieux, que la croix a presque été oubliée. Il ne pouvait que ressusciter! Pâques a occulté le Vendredi saint au point que le mystère pascal s'est trouvé, en fin de compte, amputé de l'agonie et de la mort de Jésus[11]. Cette prédominance de la divinité et de la résurrection, au détriment de l'authentique humanité de Jésus, ce juif crucifié de Palestine, confirme, encore une fois, la coupure avec le judaïsme.

La critique que Hall fait de l'accentuation quasi monophysite de l'identité du Christ se transcrit en une christologie plus «terrienne», plus incarnée, une nouvelle image du Christ. À une «seigneurie» du Christ cohérente avec une «théologie de la gloire» centrée sur le triomphe de la résurrection, il oppose, dans la perspective d'une «théologie de la croix», une figure de Jésus plus radicalement humaine. Si Jésus est l'«Emmanuel», Dieu-avec-nous, alors l'incarnation est à comprendre comme une participation «existentielle» de Dieu à notre humanité. La théologie de la croix de Luther marque «un retour décisif au Dieu d'Israël[12]», c'est-à-dire non pas le Dieu-être-immuable de la philosophie grecque, mais le Dieu des prophètes, capable de *pathos*[13], de souffrir par amour pour l'humanité et pour toute la création.

La tendance docétiste explique pourquoi on a cherché davantage en Jésus la réponse à la question «Qui est Dieu?» qu'à la question «Qui est l'être humain?» Pourtant, «l'impact de la christologie sur l'anthropologie est potentiellement plus grand que son impact sur la Théologie[14]». Le Christ n'est pas seulement le fondement de notre conception de Dieu, mais aussi — et peut-être surtout pour nous aujourd'hui — la pierre angulaire de notre compréhension de nous-mêmes, de notre identité et de notre vocation en rapport avec les autres créatures. Il est pour nous, en tant que chrétiens et chrétiennes, la source majeure d'élucidation du rapport humain/nature, à partir de ce qu'il révèle du rapport de Dieu au monde.

3. Le développement limité de la dimension christologique de l'*intendance* chez Hall

Outre l'ontologie relationnelle de la tradition de Jérusalem (l'«être-avec») qui fournit les bases d'une nouvelle conception du rapport humain/nature, Hall reconnaît qu'il y a dans nos sources scripturaires une autre référence, plus explicitement «chrétienne» encore, pour fonder une théologie écologique, et pour interpréter avec justesse le symbole anthropologique de l'*intendant*: la personne du Christ.

> Un paradigme définitif de la forme «appropriée» à la créatureté humaine existe dans les textes et la tradition et cette forme ou cette image de l'authentiquement humain est offerte à notre réflexion et à notre imitation, non seulement à la périphérie de notre tradition de foi, mais précisément en son centre. Nous nous référons bien sûr au Christ, Jésus, le «vrai homme» (*vere homo*)[15].

Dans la section de sa dogmatique consacrée à la christologie[16], Hall a recours au concept de «représentativité» pour repenser la doctrine traditionnelle au sujet du Christ médiateur[17]. Selon lui, la notion de «représentation» est la plus appropriée pour redire l'idée des «deux natures» dans la personne du Christ. Le lien étant très fort entre la représentativité et l'*intendance*, Hall pose Jésus comme le modèle accompli de notre *intendance*. Il fait sienne l'affirmation que «la théologie néo-testamentaire de l'*intendant* est avant tout une christologie[18]». «En fait, Jésus définit et remplit la fonction d'*intendant* [...]. Il est obéissant envers celui qu'il représente[19].» Sa vie fut une parfaite représentation de l'agir du Père auprès des humains, en même temps qu'une parfaite représentation de la réponse humaine devant Dieu. Ainsi, la double identification de l'*intendant* avec son maître (Dieu) et avec ceux dont il a la charge (les créatures humaines) trouve chez Jésus son accomplissement. Totalement identifié au Dieu dont il a été la parole et le geste, il s'est aussi totalement identifié aux créatures par sa vie et sa mort. «Si la christologie est notre prémisse fondamentale pour la doctrine tant théologique (*vere Deus*) qu'anthropologique (*vere homo*), alors la "domination", comme manière de désigner le rôle de l'*homo sapiens* à l'intérieur de la création, ne peut que signifier l'*intendance* [...][20].»

Jésus constitue donc *la figure paradigmatique de l'intendance* de l'humain sur la nature, ce que le récit de la Genèse nomme la «domination». «Le seul paradigme digne des affirmations bibliques concernant le terme "domination" est celui que l'Église latine a appelé *Dominus*[21].» Le Christ, en tant qu'*intendant* par excellence, exemplifie à nos yeux ce que signifie la vocation humaine à la «domination» sur la nature: une forme achevée, parce que divine, du service de la vie.

> Rien n'est plus nécessaire dans notre contexte actuel qu'une nouvelle appréciation de la «domination» humaine que Dieu notre Créateur démontre dans l'authentique être humain, Jésus [...]. Plus que jamais, l'être humain est appelé par Dieu aujourd'hui à assumer la «domination» — seulement ceci renvoie non pas à la domination démontrée par César, mais à celle démontrée par Jésus Christ[22].

Hall poursuit en s'étonnant que

> le christianisme historique ait fait si peu pour établir un lien explicite et définitif entre la christologie et l'anthropologie à ce niveau [concept de domination]. Comment a-t-on pu ne pas voir que le Christ, invoqué sous le nom de *Domine* par des générations de chrétiens, doit être le paradigme de toute notre compréhension de la domination humaine à l'intérieur de la création? Être incorporés au «corps» d'un tel Seigneur aurait dû signifier, certainement, qu'on commence par imiter la façon «d'exercer la domination» de notre Seigneur. Être «conformes à son image» (le second thème fondamental du traitement de l'*imago Dei* par le Nouveau Testament) aurait dû signifier qu'on assume, avec lui et en lui, un rôle plus communément associé avec le service qu'avec la maîtrise, le rôle de l'*intendant*[23].

Ce qui l'amène à suggérer une piste très intéressante pour le développement du concept de l'*intendance* dans une perspective christologique:

> Ce serait en fait très profitable pour la réflexion christologique si la fonction d'*intendance* était appliquée au Christ de la même manière que d'autres fonctions de l'Ancien Testament ont été utilisées pour interpréter son intention et son œuvre. Je fais ici référence à la longue tradition envisageant l'œuvre du Christ comme l'accomplissement des fonctions de prophète, prêtre et roi. [...] L'*intendant* pourrait être une fonction très stimulante à considérer à cet égard[24].

Hall nous conduit au seuil d'une interprétation christocentrique de l'*intendance*. Cependant, il ne développe pas une christologie écologique vraiment centrée sur le concept d'*intendant*. Il en est resté à une ébauche d'interprétation christologique du concept d'*intendance*. Or, cette perspective mérite d'être poussée plus loin. Le Christ-*intendant*, qui est le centre de l'Évangile et la référence ultime de la vie chrétienne, doit être posé comme fondement d'une théologie et d'une pratique véritablement écologiques.

4. Le «Christ cosmique» comme contextualisation moderne de la christologie

Dans le contexte moderne d'une nature en évolution, d'un rapport de plus en plus conflictuel entre l'humain et son environnement, plusieurs efforts ont été faits pour repenser la figure du Christ. Une des premières contributions — et peut-être la plus originale de notre siècle — a été celle du «Christ cosmique» de Teilhard de Chardin. Il a été le premier à réarticuler la doctrine christologique à partir de la nouvelle compréhension cosmo-anthropologique de la modernité.

Les discours modernes des sciences de la nature avaient amené à concevoir l'être humain de plus en plus «décosmicisé[25]», comme un «accident» de la nature, un produit presque «étranger» à celle-ci. De l'héliocentrisme à l'existentialisme athée, de Darwin à Monod, la culture occidentale a entretenu une vision «centripète» (s'éloignant du centre) et dévalorisante concernant la place de l'humain dans la nature.

> [L'homme-de-science moderne] pense en effet la plupart du temps aujourd'hui encore qu'il est tout à fait conforme à l'esprit des sciences de considérer l'être humain uniquement comme un être faible et fortuit, lequel, exposé à une nature qui lui est indifférente, passe sa vie sur terre comme une sorte d'éphémère, jusqu'à ce qu'il soit de nouveau absorbé par une nature «aveugle» qui ne l'a produit qu'accidentellement par un caprice qui la laisse insensible[26].

Au point que des courants circulent actuellement qui pensent l'être humain comme n'ayant pas sa place sur la terre et que, pour le bien-être de la planète, il vaudrait probablement mieux qu'il disparaisse.

Dans ce contexte, l'effort de Teilhard, à travers une démarche scientifique doublée d'une articulation anthropologique chrétienne, a été de réintégrer et de redonner un sens à l'humain dans la création. Deux thèmes importants dominent la pensée de Teilhard[27]: 1) la signification de l'humain dans la nature[28], et 2) la signification du Christ pour l'humain et le cosmos[29]. Il voyait dans l'être humain non pas l'aboutissement par «hasard[30]» d'une évolution aveugle, mais l'émergence graduelle de la conscience du cosmos. La matière devient consciente d'elle-même et s'articule dans l'être humain (l'*homo loquens*)[31]. Le concept central de sa synthèse scientifico-théologique est celui d'*évolution*. Le Christ «cosmique» de Teilhard est un Christ «évoluteur» qui, à cause de l'incarnation, est présent à la matière sous forme d'un principe organique et structurel, un centre énergétique et téléologique, inhérent au processus créateur[32], qui guide et conduit l'évolution vers la complexification, la vie psychique, la personnalisation, la conscience et la socialisation, vers ce qu'il appelait le «Point Oméga». Le Christ constitue le principe d'unité et de complétude du monde[33]. Dans la perspective personnalisante du cosmos propre à Teilhard, «nous faisons partie d'un monde christifié, un tout qui est devenu une personne. [...] Sans le Christ, le monde est incomplet, et le Christ est incomplet sans le monde [...]. Le Christ est le Christ "cosmique" dans le sens le plus fort du mot; en lui le cosmos acquiert un caractère personnel inégalable[34].»

À l'encontre des mystiques dualistes qui proposent de s'affranchir du monde physique puisqu'il constitue un obstacle à la rencontre avec Dieu, le mysticisme teilhardien perçoit la matière comme médiation divine. C'est l'affirmation du monde, sa connaissance intime et contemplative, par la science conjuguée avec la foi, qui ouvre la voie à l'union au Christ. Pour Teilhard (comme pour D.J. Hall), l'amour de Dieu et l'amour du monde ne sont qu'un seul et même amour.

Sans entrer dans une critique systématique de la pensée teilhardienne — qui, on le sait, a donné lieu à un immense débat —, on peut, à tout le moins, s'inspirer de son travail de mise à jour d'un christianisme ayant perdu sa crédibilité comme discours sur le monde. Une cosmologie, une anthropologie et une christologie incapables de venir à la rencontre des questions et des difficultés d'aujourd'hui seront irrecevables et inopérantes. Or «actuellement, l'exclusion radicale de tout l'univers naturel de la recherche christologique et de l'annonce de la foi n'est pas fidèle à la substance du Nouveau Testament, pas plus qu'elle ne rencontre les besoins de l'homme moderne[35]». Les conditions culturelles d'aujourd'hui, à savoir le développement et la vulgarisation des théories scientifiques concernant l'origine de l'univers, la structure des particules subatomiques, l'apparition de la vie, l'évolution de l'espèce humaine, etc., font qu'*aucune réflexion sur l'être humain ne peut se dispenser d'une réflexion sur l'univers*. Par conséquent, une réflexion sur la personne du Christ, si elle se veut contextuellement signifiante, ne pourra faire l'économie d'une perspective cosmique[36] — ce que les spiritualités nouvel-âgistes ont bien compris!

La question que les théologiens se posaient avant Teilhard était: «Que signifie le Christ pour un monde qui, créé dans un ordre parfait, a été par la suite perturbé par le péché originel?» À quoi on répondait en gros que «l'ordre originel est restauré par le Christ». Pour Teilhard, dans le contexte du débat entre foi et science, entre créationnisme et évolutionnisme, la question était plutôt: «Que signifie le Christ pour un monde en évolution[37]?» Sachant que ce dernier est mort juste avant que ne soient exprimées les premières prises de conscience de la crise écologique[38], on peut supposer que cette situation aurait sans aucun doute donné à sa réflexion une couleur fort différente. Car pour nous, qui sommes confrontés à la dégradation généralisée du monde naturel à cause de l'activité humaine, l'interrogation pourrait se formuler comme suit: «Que signifie le Christ pour un monde en voie d'être détruit par une humanité qui se pense toute-puissante[39]?»

La notion de «Christ cosmique», réinterprétée de manière originale par Teilhard de Chardin, n'était pourtant pas nouvelle. L'Église primitive avait déjà — quoique plus tardivement — formulé dans les lettres aux Colossiens et aux Éphésiens l'«extension cosmique[40]» de l'œuvre salvifique du Christ. La résurrection du Christ fut d'abord expérimentée comme une «nouvelle naissance» par ceux qui le reconnaissaient comme leur Sauveur. Puis, d'un salut réservé à la communauté croyante, on est passé à une conception universelle du salut destiné à l'*oikouménè* («tout le monde habité»), à tous les humains. Finalement, on en est venu à croire que tout le cosmos était promis à ce même «renouvellement» — tel que cela était déjà présent depuis longtemps dans le prophétisme d'Israël. Mais la tradition chrétienne occidentale moderne, centrée sur la dimension personnelle et historique du salut, a considéré ces écrits comme «mythologiques[41]».

De fait, on constate que la christologie cosmique, très présente chez les Pères de l'Église (surtout orientaux), ne s'est pas perpétuée après le VIIe siècle[42]. Maloney, qui a étudié l'histoire de la doctrine du Christ cosmique, fait cette remarque:

> après saint Maxime le Confesseur, la présence dynamique du Christ et son activité dans le monde n'étaient plus suffisamment soulignées. Il y a eu une éclipse de la dimension cosmique dans l'étude de la christologie à mesure que la réflexion théologique au sujet du Christ devenait pour une grande part une science axée sur des concepts rationnels très rigoureux[43].

Et cela jusqu'à ce que le contexte moderne oblige à poser la question: *quel est le lien entre le Christ et cette terre qui se meurt à cause de l'humain?* La christologie cosmique de l'Église primitive, aux prises avec la croyance en des «puissances cosmiques», affirmait la seigneurie universelle et absolue du Christ sur «tout ce qui existe» et la réconciliation de «tous les êtres». Moltmann a bien formulé ce déplacement: «Si la question était alors [pour l'Église primitive] "le Christ et le cosmos", elle est aujourd'hui "le Christ et le chaos". Ce n'est plus le "Christ et les puissances stellaires" qui constituent la question réelle, mais le Christ et la nature dégradée et réduite à l'état de décharge par les ordures humaines.» Et Moltmann de poursuivre:

> Dans le monde de l'Antiquité, la christologie cosmologique confrontait le Christ Sauveur à un monde de puissances, d'esprits et de dieux. L'annonce de la «réconciliation universelle» libérait le croyant de l'angoisse du monde et de la crainte des démons. Aujourd'hui, pour sauver les humains de leur désespérance et préserver la nature de sa destruction, une christologie cosmologique devra confronter le Christ Sauveur à une nature que les êtres humains précipitent dans le chaos, infectent de déchets toxiques et condamnent à la mort universelle[44].

Dans une compréhension cosmico-écologique de la christologie, la tradition du «Christ cosmique» ne devrait-elle pas être nouvellement réaffirmée et (re)présentée à nos contemporains? Éclipsée depuis les Pères par le «Christ historique», la notion de «Christ cosmique» a refait surface. Selon Moltmann, «la discussion théologique récente concernant la “christologie cosmique” a commencé bien avant que ne se généralise la conscience de la crise écologique[45].» En plus de Pierre Teilhard de Chardin, dont les écrits sur le «Christ évoluteur» circulèrent dans les années 50, il note l'influence de deux autres précurseurs: Galloway avec *The Cosmic Christ*, publié en 1951, qui, à son tour, inspira Sittler. En effet, lors de l'Assemblée du Conseil Œcuménique des Églises à New Delhi en 1961, alors qu'il devait parler de l'«unité de l'Église[46]», Sittler fit un exposé remarquable sur l'«unité du monde[47]» en s'appuyant sur le texte de Colossiens 1, 15-20. Il constatait alors que «nous n'avons pas, en tout cas pas avec une vigueur assez efficace pour qu'ait été engagée la pensée de la vie commune, une théologie de la nature perspicace et affirmant audacieusement la vie[48]». Il continuait en disant: «La voie à suivre est celle qui part d'une christologie élargie à sa dimension cosmique, devenue passionnée par le *pathos* de cette terre menacée, et devenue éthique par l'amour et la colère de Dieu[49].» Dans la foulée du «*Je et Tu*» de M. Buber[50], Sittler concevait

> la rencontre avec le Christ comme Sens Ultime pour établir non seulement une certaine possibilité morale de salut personnel et social, mais aussi la possibilité d'une nouvelle relation entre l'humain et l'ensemble de l'ordre naturel. En d'autres mots, avoir aperçu en Christ l'empire ultime de l'*agapè* sur tout ce qui vit, c'est avoir rencontré l'affirmation de l'*agapè* non seulement dans nos relations avec nos semblables humains, mais tout aussi bien dans nos échanges avec le monde matériel. En Christ, le Royaume vient précisément en ce sens qu'il dévoile que le principe gouvernant toute la création est celui qui accorde le statut de «Tu-ité» à toute chose et toute créature de la terre. Avoir rencontré le Christ ne peut plus désormais rendre possible la vision du monde comme nous faisant

face en tant que simple «cela» impersonnel: au contraire, sous l'égide du Christ, toute la réalité se trouve à être asservie au règne du «Tu»[51].

Il est étonnant que Hall n'ait pas suivi, ou du moins très peu élaboré, la piste proposée par Sittler dans «Called to Unity[52]»: la voie d'une «christologie cosmologique[53]». Le Christ, «Image du Dieu invisible», créateur de «toutes choses» (Col 1, 16), «récapitulateur du monde», parfait *intendant* du Père, devrait être le centre d'une théologie écologique. Il aurait été cohérent de voir culminer son anthropologie «communionnelle» et «cosmique», dans un développement christologique plus substantiel, étant donné que le développement d'une «christologie pour l'époque de la crise écologique est une des tâches théologiques contemporaines des plus difficile, mais des plus prometteuse[54]». Bien sûr, il ne l'ignore pas totalement. Cependant, son développement de l'*intendance* dans la perspective christologique est plutôt embryonnaire.

Il faut ici prendre note d'une donnée extrêmement pertinente pour notre propos concernant la pensée de Sittler: «Le rôle des théologiens orthodoxes orientaux dans le développement de la théologie de la nature de Sittler ne doit pas être minimisé[55].» Sittler reconnaît avoir été amené par ses années de travail au sein de l'Assemblée du Conseil Mondial des Églises à entrer dans l'univers de pensée orthodoxe oriental et à découvrir que cette tradition, pour la plupart inconnue et négligée, était porteuse d'un langage théologique — en particulier christologique — capable de répondre aux questions les plus brûlantes de notre monde[56]. Il n'est donc pas surprenant que Sittler consacre un chapitre de son célèbre *Essays on Nature and Grace* à la perspective orientale du Christ *Pantocrator*[57], titre christologique qui a été complètement oublié, au profit d'autres figures du Christ plus culturellement prégnantes. Mais il se pourrait bien que, dans le contexte de la crise écologique, cette tradition du Christ cosmique, conservée surtout par l'Église orthodoxe, redevienne, sous une forme ou une autre, une expression privilégiée pour parler à nos contemporains du lien entre le Christ et la création, et donc aussi de la place de l'humain dans la nature.

En effet, Thomas Berry[58] et d'autres théologiens modernes[59], à la suite de Teilhard — et souvent même en s'inspirant davantage des écrits du jésuite que de ceux de la Bible —, repensent l'anthropologie dans le cadre d'une perspective écologico-évolutive, et en arrivent à la même représentation anthropo-cosmologique que les théologiens orthodoxes de l'Antiquité, quoique formulée différemment: «[...] nous portons l'univers dans notre être, tout comme l'univers nous porte dans son être[60].» Cette vision évolutive et intégratrice donne à l'être humain une très grande dignité, sans pour autant tomber dans l'anthropocentrisme traditionnel fondé sur un dualisme radical entre l'être humain et le reste de la nature.

La crise écologique a donc accentué le déplacement d'une christologie «historique» à une christologie «cosmique» (ou de la nature). Le paradigme de la «nature» se substitue lentement à celui de l'«histoire[61]» qui a dominé la théologie chrétienne occidentale au point qu'elle a totalement ignoré l'appartenance créaturelle de l'être humain, avec les conséquences que l'on connaît. Mais ce «Christ cosmique» ne risque-t-il pas de devenir — ou plutôt d'être interprété — comme une figure tellement abstraite, presque ésotérique, où, paradoxalement, le Christ apparaît désincarné, dépersonnalisé, au point de n'avoir plus grand impact sur la vie comme telle? Or les chrétiens et les chrétiennes d'aujourd'hui «sont plus polarisés sur Jésus de Nazareth, le messie crucifié, que sur le "Christ cosmique" et "récapitulateur" de Teilhard[62]».

C'est dans le double mouvement issu, d'une part, de la redécouverte contextuelle de notre enracinement écologique — nous sommes confrontés à la détérioration de notre *oïkos* — et, d'autre part, d'un retour à une dimension longtemps éclipsée de la tradition théologique — la «christologie cosmique» ou la «cosmologie christologique» — que se situe l'interprétation christologique de l'*intendance*. Ces deux grands courants de la réflexion actuelle que sont l'écologie et la christologie cosmique peuvent se conjuguer dans l'idée d'*intendance*. Le contexte de la crise écologique appelle la tradition du Christ cosmique, et la tradition christologique a besoin d'être contextualisée par le concept de l'*intendance*. Cette rencontre est pour moi, au terme de cette recherche, une manière nouvelle d'aborder cette crise d'ordre anthropologique et spirituel.

5. L'*intendant* comme contextualisation de la «christologie cosmique»

Une contextualisation de la christologie qui suit jusqu'au bout la logique de Hall nous ramène au concept de l'*intendant*. Selon moi, la christologie trouve son expression *la plus contextuelle* dans celle de l'*intendant*. L'image du Christ en tant qu'*intendant* permet de réincarner le Christ pour aujourd'hui. Le concept d'*intendance* servant à réinterpréter la tradition du Christ cosmique a aussi l'avantage de donner une forme plus concrète à la vocation humaine dans la création. La figure du Christ-*intendant* s'inscrit bien dans le contexte d'un monde dont la vie est menacée: le Christ est aussi «au service du cosmos». La sensibilité contemporaine, sur le plan des référents religieux, est très marquée par la reconnaissance universelle que peuvent susciter des personnes *intendantes* comme mère Teresa et Jean Vanier, totalement engagées dans le «service de la vie».

Dans le cadre d'une nouvelle christologie, plus parlante pour le contexte actuel de l'éco-crise, le langage théologique doit être jugé par ce critère «pratique»: «est-ce qu'il dynamise les gens pour la tâche qui est à faire[63]?» L'insistance de la tradition protestante sur le péché — une réalité importante et incontournable de la perversion du rapport humain/nature — traduit une forme de pessimisme anthropologique qui pourrait bien ne pas être aussi stimulante pour l'action que la réaffirmation de la vocation fondamentale de l'être humain. L'*intendance* de la nature a une fonction dynamisante à cause de la richesse inhérente au concept lui-même et à cause de la référence à la personne du Christ.

Le concept d'*intendance* est plus «opératoire» que celui du Christ cosmique parce qu'il renvoie à une fonction précise, laquelle a un double enracinement, à la fois religieux (il fait partie du vocabulaire biblique) et séculier (d'usage courant dans les milieux anglophones, il peut servir de terme universel pour indiquer un nouveau modèle). Notre culture, qui connaît bien les «définitions de tâches», les «mandats», les «niveaux de responsabilité», etc., a probablement plus de chance d'être rejointe par cette manière de nommer la vocation fondamentale de l'humain.

Sur le plan religieux, je pense qu'une figure du Christ signifiante pour notre culture, c'est-à-dire de nature à inspirer la conversion anthropologique nécessaire à une attitude écologique, doit être caractérisée par ce «service de la vie», de «toute vie», autrement dit l'*intendance* dont Jésus nous a donné le témoignage.

6. Le Christ comme paradigme de l'*intendance* de l'humain

Jésus le Christ est le paradigme de toute anthropologie chrétienne. On peut donc dire aussi non seulement que la contextualisation de la christologie appelle le concept d'*intendant*, mais également qu'à l'inverse, le concept anthropologique d'*intendant* trouve son expression plénière dans la personne du Christ. Le concept d'*intendant* nous ramène au cœur de notre foi: le Christ, qui est le «représentant» par excellence.

L'*intendance* du Christ décrit non seulement son message et son activité (créatrice et salvatrice) mais aussi sa personne: *l'«être-avec» de Dieu en ce monde.* Par conséquent, plus qu'un impératif éthique (devoir-faire), l'*intendance* est une responsabilité ontologique (devoir-être) liée à notre identité théomorphique, à notre conformité proto- et eschatologique au Fils de Dieu. Si l'*existence* humaine et chrétienne, à la suite de celle du Christ, vrai homme et vrai Dieu, ne peut être définie que par l'«*intendance* de la vie», alors la dimension écologique de la vocation humaine — et plus encore chrétienne — devient évidente. Une vie chrétienne «intégrale» ne peut faire abstraction de l'horizon cosmique sur lequel se déploie le mystère du Christ.

Le cheminement de foi suppose une identification de plus en plus grande avec le Christ, auquel nous sommes destinés à «devenir conformes» (Ph 3, 4). Notre mission est de participer, par la grâce, à son «ministère de représentation» de Dieu. C'est en vivant dans et par l'Esprit du Christ que nous sommes incorporés à l'*intendance* plénière du Fils. Il nous faut maintenant expliciter plus en détail les implications anthropo-écologiques qui découlent de la compréhension christologique de l'*intendance*.

7. L'*intendance* humaine de la nature comprise à partir de l'*intendance* du Christ

Puisque j'ai proposé plus haut une interprétation du Christ comme *intendant*, il est possible de saisir, par analogie, les implications anthropo-écologiques de l'*intendance* humaine de la nature à partir de l'«être-avec-le-monde» de Dieu en Christ (son *intendance* pour le monde[64]), tel que cela nous est accessible dans la vie très concrète de Jésus de Nazareth.

Comprendre la vocation humaine comme participation à l'*intendance* du Christ entraîne une véritable conversion de la pensée au sujet de l'humain, et même, dans une certaine mesure, une conversion de la foi chrétienne elle-même qui doit s'approprier une nouvelle figure du Christ, celle de l'*intendant*. Cela signifie une nouvelle manière de penser l'humain en solidarité avec le monde, une nouvelle manière de penser le rôle de l'être humain dans la nature sous l'angle de la libération, et une manière plus inclusive et plus globale de penser le salut, autant pour l'humain que pour la nature.

Hall nous a introduit à l'interrelationnalité tridimensionnelle et à l'«ontologie de communion» de la tradition de Jérusalem. On peut aller plus loin en proposant une «ontologie christique» où la manière d'être du Christ dans le monde est posée comme déterminante pour la manière d'être de l'humain vis-à-vis de la nature. L'«être-avec» de la tradition hébraïque, dans la personne du Christ, se traduit par un «être-pour»; ce qui caractérise l'être-Christ, c'est sa volonté de *pro-existence*. Être-en-Christ est la source d'une existence écologique, c'est-à-dire d'un vivre-ensemble qui soit un vivre-pour-l'autre. Être-avec(pour)-la-nature prend tout son sens dans l'*intendance* manifestée en Christ. Être-*intendant,* en Christ, est le fondement de l'*intendance* de l'homme à l'égard de la nature. Le revirement (*metanoia*) éthico-ontologique auquel nous convie le Dieu de la foi chrétienne est que, comme le Christ, nous ne soyons pas «pour-nous-mêmes». La plénitude de notre existence, spirituelle et physique, personnelle et collective, n'est accessible qu'à travers un décentrement de soi, une ouverture radicale à l'autre. Nous ne «sommes» pas pleinement tant que nous ne sommes pas «avec» et «pour» l'autre à la manière de Jésus Christ.

La vocation humaine, à l'image du Christ-*intendant* venu dans le monde pour «qu'il ait la vie en abondance», est de susciter la vie, de la cultiver, de la guider, de la protéger, bref, d'assister les processus naturels afin de faire grandir la vie[65]. L'*intendance* de l'être humain est la participation sage, intelligente et active au dévoilement et au développement de cette «abondance de vie» que souhaite le Créateur pour toute sa création, et qui va jusqu'à sacrifier sa vie en Jésus. Ce qui suppose aussi la responsabilité pour l'humain, en Christ, d'assumer sacrificiellement certains éléments de mort, pour qu'en Christ aussi, ils puissent devenir porteurs de vie nouvelle[66]. Cette responsabilité de prendre sur soi la souffrance et la mort, de renoncer à sa gloire personnelle, découle de l'attitude fondamentale du Christ: «Ma vie, nul ne me la prend, mais c'est moi qui la donne.» (Jn 10, 18) Dieu, en Jésus, donne sa vie pour la vie du monde; il se retire et se fait impuissant.

Comprendre la vocation humaine à l'*intendance* comme participation à l'*intendance* du Christ entraîne une nouvelle manière d'«être-au-monde». L'«Emmanuel», l'«avec-nous» de Dieu en Christ, nous invite à un «être-*avec*-le-monde» radicalement différent de notre «être-*sur*-le-monde» qui caractérise la modernité occidentale. Cette compréhension christologique de l'*intendance* peut se condenser autour de trois grandes thématiques traditionnelles: la *kénose*, le *pathos* et l'*agapè* de Dieu en Christ.

*L'*intendance *du Christ comme* kénose

Moltmann, en reprenant le concept hébraïque du *Zimzum*, a merveilleusement décrit comment la *kénose* de Dieu commence à la création, dans l'autolimitation de Dieu comme préalable à l'acte créateur[67]. À l'origine, pour pouvoir créer *ex nihilo*, Dieu, en dehors de qui absolument rien n'existe, doit «se retirer», s'autolimiter «onto-spatialement», pour créer un «espace primitif», un «nihil», à partir duquel il pourra créer quelque chose qui ne soit pas lui. En Dieu, le premier mode de l'amour est de renoncer à être tout.

> L'amour créateur de Dieu se fonde sur un amour humble, qui s'abaisse lui-même. Cet amour qui se modère lui-même est le commencement de l'auto-aliénation de Dieu, que le chapitre 2 de l'épître aux Philippiens considère comme le mystère divin du Messie. Pour créer le ciel et la terre, Dieu s'est aliéné déjà de sa toute-puissance qui remplit tout et a pris, en tant que créateur, figure d'esclave. [...] Dieu ne crée pas seulement en appelant quelque chose à l'existence ou en le mettant en œuvre. En un sens plus profond, il «crée» en laissant être, en mettant en place, en se retirant[68].

Cette *kénose* de Dieu se continue dans l'histoire du salut à travers l'incarnation du Christ: «Lui, de condition divine, ne retint pas jalousement le rang qui l'égalait à Dieu. Mais il s'anéantit lui-même, prenant la condition d'esclave et devenant semblable aux hommes.» (Ph 2, 6-7) Puisque l'autolimitation de Dieu est l'origine de l'acte créateur et de l'incarnation, l'être humain, créé à l'image de Dieu et co-créateur, est lui aussi appelé à l'autolimitation: comme Dieu, il est invité *à se retirer pour laisser être ce qui est autre que lui.* À l'image du Dieu créateur qui s'autolimite pour faire exister des créatures autres que lui, l'humanité est appelée à diminuer son emprise sur la création, à renoncer à un contrôle total des processus de la vie, à se restreindre dans son désir de puissance, pour que la nature puisse vivre.

Si, en Jésus Christ, le Dieu auquel nous croyons, à l'encontre des conceptions naturelles de Dieu à qui l'on attribue une puissance absolue, est le Dieu de la *kénose*, de l'abaissement, de l'affaiblissement, alors son image humaine ne peut qu'être trahie lorsque celui-ci se prétend le «maître de la nature». L'image opposée à celle de l'humain technocrate, qui contrôle et domine la nature, est celle de l'*intendant*, du serviteur, de l'«être-avec». C'est celle du Christ qui renonce «au rang qui l'égalait à Dieu». Elle se fonde sur une «ontologie de communion», une «ontologie faible[69]». L'*intendant* est celui qui renonce à se servir de sa force et du pouvoir qu'il a reçu de son maître pour son seul bien-être personnel. La «domination» de l'*intendant* — car il est bien question ici de l'exercice d'un pouvoir — imite celle du Christ qui a agi comme un «bon pasteur» prenant soin de son troupeau. Jésus nous montre l'*intendance* non comme une capacité d'anéantissement du «plus faible» (le monde sans voix) par le «plus fort» (l'*homo sapiens*), mais, à l'opposé, comme une capacité d'auto-anéantissement (*kénose*) en vue de la vie du plus faible. L'*intendance* du Christ, son «service pascal de la vie[70]», n'est rien d'autre que cette pro-existence, cet «être-pour» le Père (patricentré ou théocentré) et pour le monde (géocentré ou écocentré). «Être-avec» l'autre, en régime chrétien, c'est «être-pour» l'autre, jusqu'au sacrifice de soi pour la vie de l'autre. La *kénose* du Christ, l'abaissement du *Logos*, interpelle l'*homo sapiens* à «se faire petit», à «faire de l'espace», à «laisser être» l'autre dans l'amour. Ce n'est pas la loi de la jungle, la loi de la survie du «plus fort», mais la loi du «plus aimant», du «plus attentionné» qui prévaut.

«Être-avec», dans le contexte précis de la réussite écrasante de notre espèce sur la terre, ne pourrait-il pas devoir signifier «être-moins»? «Être-moins» compris non dans le sens d'une dévaluation, d'une infériorité ou d'un désir d'autodestruction de l'humain, ni d'un nivellement ontologique entre les êtres ou d'une négation de la spécificité humaine (comme le proposent certains extrémistes de la *Deep Ecology* ou le biocentrisme radical), mais justement dans la reconnaissance de cette spécificité comme capacité de valorisation et de promotion de l'autre. Un «être-moins» orienté dans le sens d'un «être-plus» pour l'autre. Un «être-moins» qui cherche à définir la relation avec la nature en termes d'*amitié* ou de *compagnonnage* plutôt que d'esclavage et d'exploitation. Un «être-moins» exprimant la vocation particulière de l'humain à l'amour-*agapè*: une décentration de soi, une dépossession de soi afin que l'autre grandisse et atteigne la pleine mesure de ce qu'il est. «Dieu est le *désintéressement* de l'être: il ne possède pas l'être, il ne le garde pas jalousement pour soi, à la façon des étants qui n'ont pas l'être en soi et pour soi, il le laisse être et faire être; mais il a aussi de l'intérêt pour l'être: il aime et il veut que tout ce qui peut être soit et que tout ce qui existe persévère dans l'être[71].»

À cause d'un anthropomorphisme perverti, nous sommes sans cesse confrontés à cette difficulté de «concevoir que Dieu soit sans qu'il occupe toute la place[72]». Ne pourrait-on pas imaginer que «l'homme soit sans qu'il occupe toute la place»? Nous sommes appelés, à la suite du Christ qui habite en nous par son Esprit, à entrer dans ce mouvement de libération qui redonne aux créatures l'espace dont elles ont besoin pour vivre. L'«espace» a ici une signification qui va bien au-delà de la dimension «spatiale» illustrée par la «conservation de la nature» dans des enclos protégés (réserves fauniques, parcs, zoos, etc.). Il s'agit de la reconnaissance d'un droit[73] fondamental à l'existence découlant du fait même de la création et qui exige qu'on accorde aux créatures, à travers une dignité juridiquement affirmée, tout ce qui est nécessaire pour qu'elles vivent dans la paix, «chacune selon son espèce».

Nous passons du registre de la rentabilité à celui de la gratuité. L'autre (la nature) ne trouve pas sa raison d'être première dans la valeur économique qu'il a *pour moi*, mais dans son existence *en soi*. La valeur *en soi* de l'autre est inscrite dans le fait même de sa création où tous les êtres sont égaux[74]; elle ne demande qu'à être reconnue et respectée. De la même manière que Dieu pose la création dans un acte de gratuité et que Jésus la sauve par le don gratuit de sa vie, de même le rôle de l'humain à l'image de Dieu est d'incarner cette gratuité qui découle de l'*agapè*. La gratuité n'implique pas la passivité. Elle est cette dynamique profonde de décentration de soi que sous-tend l'authentique recherche du bien de l'autre. Le thème de la gratuité conduit à une éthique du partage et de la mutualité, à un «vivre-ensemble» dans la bienveillance. L'attitude profonde qui anime l'*intendant* est celle de la *sollicitude*[75]: une attention soutenue, à la fois soucieuse et affectueuse envers l'autre que je considère comme mon égal et à qui j'accorde le même respect qui m'est dû.

L'intuition fondamentale du christianisme est que l'être de Dieu se dévoile en se diminuant, en renonçant à sa toute-puissance. Et pourtant, toute l'histoire du rapport humain/nature va dans le sens inverse: l'humain croit se réaliser et réaliser l'image de Dieu en lui en s'élevant, en cherchant à acquérir la toute-puissance sur le monde[76]. La crise écologique apparaît comme le refus de la part de l'humain de «se faire petit» ou comme la recherche d'une grandeur «divine». Elle manifeste la résistance congénitale de l'être humain à vouloir «que l'autre soit» et le désir de s'accaparer l'être pour soi. Elle témoigne de la tendance pécheresse de l'humain à «être-contre» pour pouvoir «être-plus» («avoir» plus) que l'autre («vous serez comme des dieux»).

Au fond, nous sommes devant le test ultime de l'exercice de notre pouvoir: sommes-nous assez «puissants», spirituellement, pour contrôler l'usage de notre puissance technologique? Sommes-nous capables de mettre notre puissance au service de l'autre, au service de la vie, dans ce qu'elle a de plus fragile, de plus faible. Jésus ne nous a montré que cela: un Dieu dont la puissance amoureuse veut la vie de toutes les créatures (surtout les plus démunies), au point de devenir lui-même une créature impuissante. Car en fait, l'expression suprême de la «puissance» d'un être ne serait-elle pas de pouvoir lui donner une forme spirituelle paradoxalement différente de celle communément admise et spontanément vécue qui consiste à réduire les possibilités de l'autre? Le Christ est, en tant qu'*intendant* de la vie, le puissant capable d'impuissance.

Il est clair que, du côté de Dieu, la puissance et le pouvoir, exercés dans l'amour-*agapè*, n'entraînent pas l'anéantissement des autres créatures. Au contraire, les capacités de conservation, de respect, de miséricorde et même de tendresse, sont proportionnelles à la faiblesse de l'autre: «Tu as pitié de tous, parce que tu peux tout» (Sg 11, 23). La toute-puissance divine, généralement conçue comme une omnipotence arbitraire, trouve en Jésus sa vraie mesure: faire vivre, traiter avec ménagement ce qui est petit et fragile. Le péché réside précisément dans l'usage du pouvoir sur la création en vue d'un agrandissement personnel. Qu'est-ce donc que le péché sinon l'auto-attribution d'un pouvoir absolu, l'aspiration à «être comme des dieux»? La vraie *intendance* consiste à renoncer, par amour, aux avantages du pouvoir pour se mettre au service de l'autre. La «puissance» de Dieu, à cause de son amour, est essentiellement créatrice. C'est une «puissance de vie», régénératrice, capable de redonner vie à ce qui était mort. Dieu, le «maître» absolu de l'univers, celui dont le pouvoir sur les autres créatures nous dépasse totalement, a choisi de se comporter en «ami» avec la création (Sg 11, 26). À l'image de Dieu, l'être humain est le seul être créé à pouvoir s'autolimiter, s'abaisser, prendre moins de place, pour laisser vivre d'autres que lui. La *kénose* n'est-elle pas le mystère central du rapport de Dieu au monde, tel que nous le révèle l'incarnation du Christ culminant dans la mort sur la croix? La toute-puissance de Dieu se laisse réduire à l'impuissance; car la force de Dieu, qui est la force de l'amour, ne se déploie que dans la faiblesse, comme en témoigne le Christ. Loin de réduire à l'esclavage les autres créatures comme nous le faisons de mille façons dans notre culture, Jésus se fait «serviteur» (*diakonos*) et même «esclave» (*doulos*). Le pouvoir de Jésus n'est pas un pouvoir de contrôle ou d'exploitation, mais de guérison et de renouvellement. L'*intendance* du Christ n'est pas un «pouvoir-sur» qui consiste à imposer sa volonté à un plus faible, qui cherche à profiter de l'impuissance de l'autre, mais un «pouvoir-d'être-avec», jusque dans la misère de l'autre. La *kénose* est inhérente à l'*intendance*; tronquée de cette dimension sacrificielle, l'*intendance* perd son sens le plus profond.

Cette *intendance* «kénotique» illustrée par le Christ amène L. Wilkinson à une autre idée très importante qu'il partage avec Hall: l'*intendance* n'est pas quelque chose de «naturel[77]». Elle exige que nous soyons incorporés à celle du Christ, au sacrifice que fait Jésus pour que d'autres aient la vie. Le Christ est plus qu'un modèle: ce n'est qu'en Lui qu'il est possible de trouver l'amour-*agapè* qui va jusqu'au sacrifice pour la vie de l'autre. Avec le Christ, l'être humain est appelé à renoncer aux privilèges attachés à sa fonction d'*intendant* pour se faire l'«égal» et même le «serviteur» de l'autre. L'être humain est appelé, comme Dieu, à l'autolimitation de sa transcendance sur la création — c'est-à-dire du pouvoir qui lui a été confié — dans une immanence qui se met au service de la vie des autres créatures[78]. Philippiens 2, 6-11 nous présente «le paradigme pour tout usage du pouvoir[79]». L'*intendance* est une manière d'exercer notre transcendance sur la nature — qu'il nous est impossible de nier — à travers une «immanence rédemptrice», une «souffrance pour le monde[80]», un don de soi envers la création, ce que fit Dieu en Christ.

Plutôt que de se poser en «seigneur» sur le monde, comme celui qui a un droit de propriété et d'exploitation, en Jésus Christ, Dieu invite l'humain à entrer dans l'*intendance* de la vie. Dieu appelle l'humain à assumer la responsabilité qui lui est confiée d'entretenir la vie, de «cultiver et de garder le jardin» (Gn 2, 15), et cela jusqu'au sacrifice de la sienne. Il n'est pas question bien sûr de «sacrifier sa vie» au sens propre — comme le proposent certains groupes néo-gnostiques radicaux pour qui le suicide collectif pourrait avoir du sens. Pour parler plus concrètement[81], il s'agit du sacrifice d'un «style de vie» basé sur la consommation et la satisfaction de tous les désirs, d'un mode de vie fondé sur l'accroissement de l'avoir qui engendre fatalement l'exploitation de la nature extra-humaine autant qu'humaine, le corps étant soumis à la même réduction mécaniste et au même rythme de production effréné que l'ensemble des processus naturels. Il s'agit du sacrifice d'une «image de l'humain» tellement spontanée pour nous qu'il ne nous vient même pas à l'esprit qu'il pourrait en être tout à fait autrement.

L'interprétation kénotique de l'*intendance* comme sacrifice nous conduit en pratique à une *ascèse*, entendue comme discipline, comme effort d'autolimitation dans la satisfaction de nos besoins. Cette ascèse est un processus de conversion, comme une purification des désirs, condition essentielle d'expression de la solidarité créationnelle[82]. Nous savons que, concrètement, une réduction draconienne de la consommation sera absolument nécessaire pour sortir de l'ère du gaspillage. Il est illusoire de penser que l'inscription d'une mentalité écologique puisse se faire sans amener de douloureux changements. Pour minimiser les répercussions néfastes sur la nature tout en exprimant notre solidarité, il faudra réapprendre les vertus de tempérance, de renoncement, de sobriété, de simplicité, parce qu'elles expriment en toute cohérence notre appartenance au Christ-*intendant*, avant qu'elles nous soient imposées par des pénuries ou encore par des lois gouvernementales — comme c'est déjà le cas dans certains pays.

L'ascèse chrétienne, c'est-à-dire l'autolimitation (la *kénose*), est probablement le niveau le plus radical de la contribution du christianisme à la crise écologique. Le christianisme, avec sa longue tradition d'ascèse, peut être ici d'un précieux secours. Sa mission particulière pourrait être d'en faire voir la face positive. Si l'ascèse est indispensable pour assurer la limitation des désirs et permettre ainsi de respecter les rythmes de la nature, elle l'est aussi pour favoriser la pleine réalisation de la personne humaine qui tend à une plénitude d'être bien plus qu'un comblement matériel. En fin de compte, la *praxis* écologique, dans ce qu'elle exige d'autolimitation, n'est qu'une forme nouvelle de l'ascèse chrétienne.

*L'*intendance *du Christ comme* pathos

La solidarité anthropo-cosmique, c'est-à-dire l'interdépendance entre l'humain et son *oïkos*, a été exprimée par plusieurs contemporains comme une «nécessité de survie», et tel est bien le cas. H. Jonas[83], par exemple, avec son «heuristique de la peur», conçoit la préoccupation envers les générations futures comme la motivation ultime de la responsabilité humaine[84]. Mais une telle conception anthropocentrée de la solidarité, fondée uniquement sur la crainte d'un désastre, ne peut être suffisante en contexte chrétien. Elle n'engendre qu'une bien fragile «éthique de la peur» qui, une fois le danger de la crise écarté, ne résiste pas bien longtemps. Seule une solidarité fondamentalement hétérocentrée peut susciter un «être-avec», une proximité libre et un réel souci pour l'autre qui traduit le désir désintéressé «que cet autre soit». La solidarité «intégrale» comprise à partir de l'ontologie de communion/compassion et exprimée dans la personne du Christ s'enracine plutôt dans la gratuité: «être-avec» l'autre, par amour, jusque dans la souffrance. La compassion exprime une manière d'être plus libre et plus gratuite que la solidarité «structurelle», encore que la notion d'égalité inhérente à celle-ci ait grand besoin d'être redécouverte.

L'existence chrétienne doit s'inspirer de ce mystère d'un *Dieu-avec-nous* jusque dans la vie et dans la matière du monde[85]. Dans la personne du Christ Jésus, le Créateur se fait créature: notre monde devient le sien. Il l'était déjà dans l'alliance fondatrice (créationnelle) et dans l'alliance noachique scellée entre Dieu et «toutes les créatures», mais à travers l'«incosmisation» (incarnation de Dieu dans le cosmos) et davantage encore à travers la «transcosmisation» (transfiguration du cosmos après la résurrection) du Christ, une nouvelle alliance est établie, encore plus profonde et plus intime: désormais, plus rien n'échappe à la présence christique de Dieu qui fonde et transfigure l'univers.

L'«être-avec» de Dieu n'est pas limité à un «être-avec-l'humain», c'est aussi un «être-avec-la-création», un «être-avec-la-nature», présent «au cœur de la matière» (Teilhard). Le Christ est la manifestation la plus intense de cet «être-avec-le-monde» de Dieu. Ainsi, Jésus le Christ n'est pas seulement le représentant de l'être humain, mais aussi, par son «incosmisation», le représentant de tout ce qui est terrestre, de tout le cosmos. *Vere homo*, il est aussi «microcosme». Son incarnation lui fait habiter non seulement la «chair humaine», mais la «chair du monde». L'incarnation a des conséquences sotériologico-cosmiques. Celui «par qui le monde est» (Jn 1, 10) et qui «s'est fait chair» (Jn 1, 14) doit aussi être compris comme celui qui «s'est fait monde» pour que «le monde (*cosmos*) soit sauvé» (Jn 3, 17). L'Église orthodoxe — beaucoup mieux que l'Église occidentale — a toujours compris qu'au salut de l'humain correspondait aussi la transfiguration de toute la création, étant donné le rôle médiateur et sacerdotal de l'être humain dans le monde. La sotériologie chrétienne n'est ni dualiste, ni anthropocentrée; elle est holistique, bien qu'elle soutienne que ce soit à travers l'être humain qu'advient la divinisation de la création — ce qui est le pendant du fait que l'existence humaine advient par la création. Le salut chrétien, puisqu'il s'adresse à «tout» l'être humain, à la totalité de sa «nature», physique et spirituelle, telle qu'elle a été assumée en Christ[86], concerne la nature avec qui l'être humain fait corps. L'humain, en tant que membre du cosmos, entraîne avec lui la totalité du créé dans le processus de renouvellement et de divinisation de la corporéité que constitue la résurrection du Christ.

La solidarité fondamentale quant au destin de tout le créé a sa source dans le salut apporté par Dieu. La restauration espérée est «déjà» l'œuvre de Dieu à travers le Fils. «La création attend de recevoir de la créature régénérée en Christ le moyen de réaliser enfin sa vocation première[87].» C'est du Christ que vient la libération renouvelant à la fois l'humain et le cosmos. «Il n'est généralement question du "ciel nouveau" et de la "terre nouvelle" que dans le contexte de l'"homme nouveau"[88].» La création nouvelle est à l'«image du Fils» (Rm 8, 29); il fait de nous des «créatures nouvelles» (*kainè ktisis*, 2 Co 5, 17), et est la source «des cieux nouveaux et de la terre nouvelle» (Ap 21, 1). La solidarité explicite de l'être humain et du cosmos dans la libération et dans la promesse d'un accomplissement indissociable, révèle ce que Burggraeve appelle «l'antidualisme radical de l'idée biblique de rédemption[89]». L'*intendant* est celui qui, par grâce, accepte de participer consciemment et activement à l'action mystérieuse du Christ qui recrée l'unité et «fait toutes choses nouvelles».

L'homme est un être vivant, et comme tous les vivants, il participe au monde sensible, à ses joies et à ses détresses. Son *pathos* est un lieu possible, sinon incontournable, de reconnaissance d'une solidarité originelle avec son *oïkos*. Dans les Écritures, la souffrance de l'humain et celle de la création sont inséparables (Rm 8, 18). Aujourd'hui, avec une acuité et une ampleur telles que Paul ne pouvait le pressentir, plusieurs (chrétiens ou non) perçoivent les «gémissements» d'une nature plus que jamais atteinte dans sa dignité de création. D'une manière plus visible que jamais, à cause des effets négatifs du décuplement des capacités techniques, la création partage la condition souffrante des créatures périssables. La création a-t-elle déjà connu une si grande «vanité», une si grande perte de sens à travers le développement anarchique et idolâtrique de la technique?

La crise écologique est la manifestation d'une profonde souffrance de la création. Elle exprime la rupture immémoriale de l'humain et de la nature. Plus encore, cette souffrance est aussi celle du Dieu Créateur qui compatit («pâtir-avec») avec toutes ses créatures tel que cela nous est révélé dans la mort sur la croix du Christ[90]. Le Crucifié accepte de «souffrir-avec» l'humain et avec toute la création; sa mort est «com-passion». Le Christ cosmique est présent à la création en acceptant de souffrir *en* elle et *avec* elle. On peut dire qu'en Christ il y a une communion de souffrance entre Dieu, l'humain et la création. Le Dieu des chrétiens est un Dieu qui «s'efface», qui se «cache» (*Deus absconditus*): il est dans le corps de Jésus crucifié, dans celui qui a faim et soif, dans ce banal morceau de pain et cette coupe de vin. Le Dieu qui prend corps en Jésus de Nazareth, qui prend corps dans mon prochain, qui prend corps dans le pain et le vin, éléments qui symbolisent tout l'univers, est aussi le Dieu qui prend corps dans la nature meurtrie et souffre avec elle. Il prend corps pour transformer de l'intérieur, pour faire du neuf, pour libérer.

En son temps, Jésus s'est uni aux victimes du monde, aux personnes exploitées, méprisées, comptées pour rien. Aujourd'hui encore, il prend le parti des pauvres et des méprisés. Mais il ne s'identifie pas seulement aux victimes humaines de l'histoire du monde, il se fait aussi présent dans la nature qu'on martyrise. À travers son «corps cosmique», Jésus est également crucifié et mis à mort dans le biocide de la planète. La souffrance de toutes les créatures est aussi la souffrance du Christ. Aujourd'hui, en plus des victimes humaines de notre système, ce sont les créatures non humaines qui ont à souffrir de l'exclusion et de l'absence de droits. La violence faite à la nature découle de son objectivation totale par la modernité. Il y a en effet une violence subtile inscrite dans la séparation radicale matière/esprit, dans la discontinuité absolue avec la nature affirmée par l'humain, dans la non-reconnaissance de la participation des créatures à la vie spirituelle. Cette attitude place les créatures dans un état de marginalisation où leur est refusé le droit à l'existence. Il nous faut reconnaître cette marginalisation de la nature, son exclusion de plus en plus grande de la vie humaine, de la même manière que Jésus l'a fait face aux exclus de son époque: les pécheurs, les lépreux, les femmes, les enfants, les infirmes, etc. L'«option préférentielle de Jésus pour les pauvres», les petits, les faibles, s'étend logiquement à toutes les créatures dont l'existence est aujourd'hui menacée, toutes ces espèces animales et végétales en danger d'extinction à cause de l'envahissement humain de la planète. L'*intendance* de Jésus se manifeste aussi dans la réhabilitation et la réintroduction des «comptés pour rien» de la communauté créaturelle. La spiritualité de saint François, qui reconnaissait un «frère» ou une «sœur» dans tout être, illustre cette ontologie de compassion/communion où chaque être a sa place.

La crise écologique est l'aboutissement d'une vision dualiste, d'une rupture de l'interrelationnalité des êtres (entre Dieu et la créature, entre la créature et la création, entre les créatures). L'*intendance* consiste donc à redonner une vision unitaire de toute la création et à rétablir la communion brisée. La participation à l'*intendance* du Christ implique un effort pour refaire l'unité du monde. L'*intendant* est celui qui, dans toute sa créatureté, travaille à restaurer la relationnalité fondamentale du monde. S'appuyant sur son incorporation à l'œuvre de réconciliation du Christ venu «tout rassembler sous un seul chef», «tout réconcilier au ciel et sur la terre», l'*intendant* exerce le rôle de médiateur dans la création.

Un rapport à la nature inspiré de Jésus Christ est donc fondé sur le salut et la réconciliation. Son *intendance* est de «tout rassembler en lui» (*anaképhalaiosis*)[91] pour faire vivre davantage en libérant le monde de tout ce qui le divise (*diabolos* = «celui qui désunit»), de toutes les forces de désintégration qui l'entraînent à retourner au chaos, de tout ce qui l'empêche d'être un lieu de communion.

L'*intendance* est donc aussi la participation à la réconciliation entre tous les êtres inaugurée par la mort-résurrection du Christ. Le Dieu de l'alliance qui se réconcilie les humains et les réconcilie entre eux est aussi le Dieu qui réconcilie toutes les créatures entre elles (2 Co 5, 19). La vision eschatologique d'Isaïe annonce une restauration de l'harmonie originelle où les luttes entre l'humain et la nature auront disparu (Is 11, 6-9)[92]. Il revient à l'humain-*intendant*, à la suite du Christ, de faire qu'en lui et en son monde, «le loup habite avec l'agneau» et que «ni mal ni violence» ne soient faits.

*L'*intendance *du Christ comme* agapè

Sans entrer dans une étude exégétique approfondie du concept biblique d'*agapè*[93], on peut affirmer à partir de son utilisation dans la Bible que l'*agapè*, «vu sa qualité essentiellement divine, est purement gratuit et descendant, à savoir de Dieu vers les hommes[94]». L'idée d'une «supériorité» bienfaisante, d'une «condescendance» — débarrassée de son interprétation péjorative de mépris et d'arrogance —, est présente dans l'*agapè* qui se met au même niveau que le plus petit, dans un amour fait de respect, de générosité, de bienveillance, de tendresse. L'*agapè* est ce «mouvement de vie» unidirectionnel qui va de Dieu à l'être humain: par grâce, il descend de Dieu pour rejoindre l'être humain, et ce n'est qu'à cause de cette initiative divine qu'il peut retourner à Dieu en se répandant autour de l'humain. Non seulement Dieu «a» de l'amour, il «est» amour. L'être de Dieu est *agapè*. Paul (1 Co 13) s'inscrit dans cette compréhension: «Si je n'ai pas l'*agapè*, je ne suis rien [...]» (je n'existe pas). L'ontologie de communion, au sens fort, trinitaire, est une ontologie de l'amour, une «*agapè*-ontologie».

Si l'*agapè* est ce qui définit Dieu, il est aussi «l'expression de la nature intérieure du chrétien[95]». Voilà ce qui fait la spécificité de l'éthique chrétienne: aimer de l'amour même de Dieu.

«L'amour des chrétiens ne peut être que participation à cet *agapè* théocentrique et théologal[96].» C'est donc par une participation surnaturelle à l'être de Dieu, qui «est en lui-même *agapè*», comme le déclare l'apôtre Jean (1 Jn 4, 16), que nous sommes à notre tour rendus capables d'*agapè* incarné[97]. L'*agapè* est un «don de Dieu» fait à l'être humain qui rend possible une «manière-d'être-pour-l'autre» qui, sans Dieu, ne serait pas «naturellement» accessible. C'est une manière d'être radicalement «divine»: seul le «puissant» sait ce que signifie aimer d'*agapè*, c'est-à-dire se déposséder pour l'autre, se sacrifier, se rendre vulnérable. L'incarnation et la crucifixion du Christ sont «une épiphanie de l'*agapè* du Père[98]». Cet *agapè*, à l'image du Christ qui «s'est livré pour nous», implique l'idée d'un renoncement et d'une mort à soi-même, d'une *kénose*. Seul celui qui est «riche» peut délibérément s'appauvrir pour l'autre: «comment de riche le Christ s'est fait pauvre pour vous» (2 Co 8, 9). Seul l'être humain, parmi tous les êtres de la nature, riche de ses capacités cognitives et volitives, peut choisir de ne pas faire ce dont il se sait capable, au nom du respect d'un plus faible.

Si l'*agapè* est l'essence même de la vie chrétienne, alors il a «une extension universelle et l'on ne peut imaginer un domaine qui lui soit étranger, pas même les plus humbles rapports familiaux[99]», pas même celui nouvellement conscientisé des rapports à la «nature». Dans l'Esprit agissant dans ce «signe des temps» qu'est la crise écologique, la révélation de l'*agapè* de Dieu pour toutes ses créatures se poursuit. L'*agapè* se déploie à l'infini dans les conjonctures les plus diverses où se trouve l'humain habité par Dieu, en l'occurrence dans le respect bienveillant d'une création souffrante. L'amour-*agapè* dû à la création ne pouvait se révéler que dans le contexte actuel; et c'est dans ce même contexte qu'il doit s'actualiser. L'*intendance* est l'engagement historique, contextualisé, «amoureux», à faire advenir la communion entre tous les êtres que Dieu, en Jésus Christ, a inaugurée en notre monde. La prise en compte de la radicalité de l'incarnation exige que soit reconnue la participation cosmique au grand commandement de l'*agapè*. Car, ultimement, l'*intendance* ne peut être interprétée que «comme amour: l'amour (*agapè*) sacrificiel, qui se donne[100]». C'est pourquoi le concept d'*intendance* est incompréhensible sans la notion d'*agapè* qui en est le fondement: «être» dans le monde comme Dieu est en lui-même et pour le monde.

Si l'*agapè* de Dieu est dirigé vers nous par tous les éléments de la réalité, alors l'*intendance* de la vie chrétienne n'est rien d'autre que la réponse d'*agapè* à Dieu dirigée vers tous les points de la réalité, vers chaque «autre», que ce soit mon prochain humain ou n'importe quelle créature non humaine. Inutile à ce moment de recourir à des concepts comme ceux de «biocentrisme» ou de «spiritualité centrée sur la création»; l'*intendance du Christ* inclut nécessairement la valorisation du monde extra-humain et une spiritualité cosmique. Le «ministère écologique» ou «cosmique» (= *intendance*) chrétien fait partie intégrante du ministère chrétien fondamental qui consiste essentiellement à manifester l'*agapè* de Dieu dans l'*agapè* de l'autre. La «nature», c'est-à-dire l'ensemble des créatures non humaines, constitue certainement la forme la plus radicale d'altérité, ce qui ne les exclut pas pour autant du grand commandement de l'*agapè*.

Une véritable conversion de la relation de l'humain avec la nature, impliquant une reconceptualisation théo-anthropologique autour de l'image de l'*intendant*, passe nécessairement par une transformation spirituelle. Il n'y a aucune possibilité de s'ajuster dans notre rapport au monde sans avoir été rejoint et imprégné de cet amour-*agapè* gratuit de Dieu pour le monde. L'*agapè* de la nature représente la seule attitude authentiquement chrétienne qui s'inspire de la vie et de la personne du Christ. L'autolimitation de la puissance vis-à-vis de la nature et la compassion devant l'aliénation des créatures naturelles ne sont que des expressions concrètes de l'*intendance* «agapètique» de l'humain en Christ. Une existence humaine vraiment écologique, c'est-à-dire une *intendance inconditionnelle de la vie* qui actualise l'*agapè* de Dieu pour toute sa création, ne nous est offerte que *par* le Christ, *avec* le Christ, et *en* Christ, seule image parfaite d'une humanité bienveillante et libérante pour la nature, réconciliée et en communion avec son *oïkos*. Forts de cette identification spirituelle au Christ, les chrétiens et les chrétiennes devraient être des leaders dans ce virage, dans cette «conversion anthropologique».

Notre objectif dans ce dernier chapitre était de comprendre la fonction d'*intendance* de la nature dans une perspective christologique. J'ai démontré la cohérence et l'enrichissement possible, autant pour l'*intendance* que pour la christologie, à penser l'*intendance* à partir de la personne du Christ et le Christ comme *intendant*. D'une part, le développement de la dimension christologique de l'*intendance* lui permet de trouver son expression plénière et parfaite (paradigmatique) en Jésus de Nazareth, cet homme dont l'existence ne fut qu'«être-moins» (*kénose*), «être-avec» (*pathos*) et «être-pour» (*agapè*), bref une «vie donnée» afin de «donner la vie». D'autre part, la christologie se trouve ainsi réinvestie de son déploiement «cosmique», essentiel à l'intégralité et à la contextualisation de Celui que nous reconnaissons comme le Christ, le «Seigneur de l'univers». Ainsi, les notions de *kénose*, de *pathos* et d'*agapè*, comprises comme modes d'être avec la nature, révèlent leur dimension «*intendancienne*».

L'*intendance* interprétée christologiquement devient ainsi le lieu d'intégration de notre «être-au-monde», le fondement d'un rapport vraiment «chrétien» avec la nature. Loin d'être assimilée au sens commun du mot, la «domination» de la nature par l'humain qu'inaugure le Christ renverse le schéma habituel de la «puissance» et, dans l'*agapè* qui conditionne toute relation chrétienne à un plus démuni que soi, prend la forme d'un «service de la vie» fondamentalement gratuit, ce que le contexte actuel appelle à grands cris.

Notes

[1] Comme si seul le premier article du credo professant Dieu comme «le Créateur du ciel et de la terre» (en référence à Genèse) pouvait avoir une incidence sur le rapport humain/nature.

[2] Ici encore, il faut reconnaître que ce n'est pas le cas de la théologie écologique orthodoxe dont la doctrine cosmologique est profondément christocentrée.

[3] Voir K. Rahner, «Problèmes actuels de christologie», *Écrits théologiques*, Paris, DDB, 1959, p. 148s: l'anthropologie est une «christologie déficiente» et la christologie est une «anthropologie réalisée».

[4] J. McCarthy, «Le Christ cosmique et l'âge de l'écologie», *Nouvelle Revue Théologique*, 116, 1994, p. 27.

[5] D.J. Hall, *Imaging God*, p. 187.

[6] *Le secret historique de la vie de Jésus*, Paris, Albin Michel, 1961 [1906].

[7] Moltmann critique aussi cette tendance marquée de la théologie qui, partant du principe que la nature contient déjà la grâce et la gloire, conduit au «triomphalisme» (*Dieu dans la création*, pp. 20-21).

[8] Selon Anne Clifford, «la Seigneurie du Christ a un passé d'interprétation impériale qui a souvent voilé son association avec l'amour sacrificiel de Jésus. À son crédit, Hall reconnaît cette difficulté et lui porte attention, mais je ne crois pas qu'il la résolve de façon convaincante. Puisque l'impérialisme humain vis-à-vis de la nature a provoqué la crise écologique à laquelle nous faisons face, l'impérialisme associé avec le symbole de la Seigneurie du Christ mérite d'être considéré plus sérieusement que Hall ne le fait.» («Feminist Perspectives on Science. Implications for an Ecological Theology of Creation», *Journal of Feminist Studies in Religion*, 8 (2), 1992, p. 83) Je ne suis pas d'accord avec cette critique. Au contraire, Hall prend assez au sérieux cette difficulté pour être conduit à proposer une autre figure du Christ, celle de l'*intendant*, qui fait justement contrepoids à l'impérialisme christologique.

[9] D. J. Hall, «Luther's Theology of the Cross», p. 12.

[10] «Rien n'égale le triomphalisme du résurrectionnisme chrétien (je ne dis pas la "résurrection"). Le résurrectionnisme réalise le coup de grâce de la religion triomphaliste: il permet à la déité de paraître, pour un moment, avoir été vaincue — et par conséquent cela rend le triomphe du pouvoir et de la gloire encore plus impressionnant.» (D.J. Hall, *Confessing the Faith*, p. 528)

[11] Hall fait souvent référence à la célébration liturgique de Pâques comme culte privilégié d'une culture officiellement optimiste, convaincue que la résurrection du Christ était la fin prévisible de son histoire tumultueuse. «Une culture basée sur la "Religion du Progrès" (G. Grant) et captivée par l'idée de "gagner" demande des symboles de triomphe. C'est pourquoi Pâques, réinterprété sur la base du credo de la modernité, est la principale célébration cultuelle de la "chrétienté" nord-américaine.» («Easter Preaching in a North American Context», *Journal for Preachers*, 15 (3), 1992, p. 10. Voir aussi: «At Easter: Bunnies, Daffodils and — oh, yes! — the Cross», *The United Church Observer*, avril 1980, p. 11.)

[12] *Ibid.* p. 14.

[13] Voir D.J. Hall, *God and Human Suffering*, p. 16: «[...] la réponse à la souffrance humaine qui provient de la tradition de Jérusalem n'est rien de moins que la souffrance de Dieu».

[14] D.J. Hall, «Creaturely Being», p. 208.

[15] D.J. Hall, «The Integrity of Creation: Biblical and Theological Background of the Term», dans *Reintegrating God's Creation*, p. 33.

[16] D.J. Hall, *Professing the Faith*, partie III: «Jesus the Christ, Savior», pp. 363-553.

[17] *Ibid.*, pp. 506-548.

[18] D.J. Hall, *The Steward*, p. 43, citant R. D. Petry, *Partners in Creation: Stewardship for Pastor and People*, Elgin (Ill.), Brethren Press, 1980, ch. 1.

[19] *Ibid.*

[20] D.J. Hall, *Imaging God*, p. 186.

[21] D.J. Hall, *Confessing the Faith*, p. 351.

[22] D.J. Hall, «Creaturely Being», pp. 350-351.

[23] *Ibid.*, p. 185.

[24] D.J. Hall, *The Steward*, p. 43.

[25] M. N. Wildiers, «World Picture and Theology in the Work of Teilhard de Chardin», dans *The Theologian and His Universe. Theology and Cosmology from Middle Ages to the Present*, New York, The Seabury Press, 1982, p. 203.

[26] K. Rahner, «Problèmes actuels de christologie», p. 136.

[27] M. N. Wildiers, «World Picture and Theology on the Work of Teilhard de Chardin», p. 190.

[28] Voir par exemple: Pierre Teilhard de Chardin, *Le phénomène humain*, Paris, Seuil, 1955; *La place de l'homme dans la nature*, Paris, Albin Michel, 1956.

[29] Voir par exemple: *Le christique*, 1955; *Science et Christ*, Paris, Seuil, 1965; *Le milieu divin* (3e partie), Paris, Seuil, 1957.

[30] Selon un modèle de pensée que représentera bien J. Monod: *Le hasard et la nécessité*, Paris, Seuil, «Points», 43, 1970.

[31] Ce que K. Rahner conçoit comme «l'auto-transcendance du cosmos dans l'homme» («La christologie à l'intérieur d'une vision évolutive du monde», «Problèmes actuels de christologie», p. 140).

[32] Voir M. Albrecht, «Teilhard's Pan-Christism», *Update*, 6 (3), 1982, pp. 96-107.

[33] Pour une étude très fouillée concernant le Christ dans l'œuvre de Teilhard, voir: P. Schellenbaum, *Le Christ dans l'énergétique teilhardienne*, Paris, Cerf, «Cogitatio Fidei», 58, 1971.

[34] M. N. Wildiers, «World Picture and Theology in the Work of Teilhard de Chardin», p. 209.

[35] M. Barth, «Christ and All Things», dans *Paul and Paulinism. Essays in Honor of C. K. Barrett*, éd. par M. Hooker et S. Wilson, Londres, SPKC, 1982, p. 165.

[36] Voir C. Sykes, «Teilhard de Chardin and the Cosmic Christ», *Theology*, 78 (655), 1975, p. 468: «[...] la nouvelle cosmologie demande une nouvelle christologie».

[37] M. N. Wildiers, «World Picture and Theology in the Work of Teilhard de Chardin», p. 202.

[38] Ni Teilhard, ni après lui K. Rahner qui a réfléchi à cette question, n'étaient conscients — comme nous le sommes aujourd'hui — de la gravité de la crise. Il s'agissait pour eux de rendre compte de la pertinence de la foi chrétienne dans un monde maintenant pensé comme terme d'une évolution biologique plutôt que comme création divine.

[39] J. L. Segundo formule ainsi l'interrogation: «Nous sommes confrontés à un problème *objectif* qui ne s'est jamais manifesté de manière si urgente et radicale dans le passé, et qui ne peut plus être évité maintenant. Étant donné le silence relatif des Églises, nous en venons logiquement à nous demander si Jésus de Nazareth peut avoir encore quelque signification pertinente devant ces questions [écologiques]. Et si oui, laquelle exactement?» (*An Evolutionary Approach to Jesus of Nazareth*, New York, Orbis Books, 1989 [1982], p. 11)

[40] Voir J. Sittler, «Rhetoric of Cosmic Extension», dans *Essays on Nature and Grace*, Philadelphie, Fortress Press, 1972, pp. 36-50.

[41] Voir M. Barth, «Christ and All Things», pp. 161-162.

[42] H. Berkhof précise que «l'extension cosmologique des actes salvifiques de Dieu ne fut d'aucune manière niée, que ce soit dans la théologie médiévale ou dans la Réforme, mais elle n'avait pas d'effet» (H. Berkhof, «Christ and Cosmos», *Nederlandse Theologisch Tijdschrift*, 22 (6), 1968, p. 423).

[43] G. A. Maloney, *The Cosmic Christ. From Paul to Teilhard*, New York, Sheed and Ward, 1968, pp. 15-16.

[44] J. Moltmann, *Jésus, le Messie de Dieu*, p. 376.

[45] *Ibid.*, p. 378. Par «bien avant», il veut sûrement dire «quelques décennies».

[46] J. Sittler, «Called to Unity», *The Ecumenical Review*, 14, 1961-62, pp. 177-187.

[47] J. Moltmann, «Le Christ cosmique», p. 378.

[48] J. Sittler, «Called to Unity», p. 183.

[49] *Ibid.*, p. 186.

[50] M. Buber, *Je et Tu*, Paris, Aubier, 1969.

[51] N. A. Scott, «The Pœtry and Theology of Earth: Reflexion on the Testimony of Joseph Sittler and Gerard Manley Hopkins», *Journal of Religion*, 54, 1975, p. 116.

[52] J. Sittler, «Called to Unity», pp. 177-187.

[53] Chez plusieurs auteurs orthodoxes, on parle de «cosmologie christologique», ce qui peut être considéré comme équivalent.

[54] D. G. Hallman, *A Place in Creation*, p. 82.

[55] Harold H. Oliver, «The Neglect and the Recovery of Nature in the Twentieth-Century Protestant Thought», *Journal of the Academy of Religion*, 60 (2-3), 1992,

p. 391. J'ai déjà signalé comment la théologie orthodoxe se distingue de la tradition occidentale sur ce point.

[56] J. SITTLER, *Essays on Nature and Grace*, pp. 12-13.

[57] *Ibid.*, pp. 52-65.

[58] Voir Thomas BERRY, *Teilhard in the Ecological Age*, publié par The American Teilhard Association for the Future of Man, Chambersburg (Pa.), Anima Books, «Teilhard Studies», 7, 1982; *The Dream of the Earth*, San Francisco, Sierra Club Book, 1990.

[59] On peut penser entre autres à Matthew FOX, *Le Christ cosmique*, Paris, Albin Michel, 1995 [©1988, version anglaise].

[60] Denis EDWARDS, *Jesus and the Cosmos*, New York, Paulist Press, 1991, p. 34.

[61] Quoiqu'il ne faille pas opposer «nature» et «histoire», comme le pense Moltmann.

[62] L. PODEUR, «Qu'est devenue la problématique de Teilhard?», *Catéchèse*, 106, 1987, p. 57.

[63] Thomas BERRY et Thomas CLARK, «Christology», *Befriending the Earth. A Theology of Reconciliation Between Humans and the Earth*, éd. par S. Dunn et A. Lonergan, Mystics (Conn.), Twenty-Third Publications, 1991, p. 86.

[64] C'est justement à cause «de l'échec du monde chrétien à reconnaître comment Dieu s'est radicalement engagé dans la nature à travers le Christ» que la théologie n'a pu contribué à la promotion de l'*intendance* humaine de la création (L. WILKINSON, «Cosmic Christology and the Christian's Role in Creation», *Christian Scholar's Review*, 11 [1], 1981, p. 19).

[65] Hall note qu'un aspect particulier de cette vocation consiste à faire «la distinction entre la souffrance qui est nécessaire au devenir créaturel (la souffrance intégratrice) et la souffrance qui diminue la vie (la souffrance désintégratrice)». La tâche de cet «être discernant» est de conduire la création de Dieu vers son épanouissement en «réduisant l'attraction de la mort qui est liée au principe de vie, en accentuant les forces intégratrices, et donc en diminuant le pouvoir de la dimension désintégratrice» (*God and Human Suffering*, pp. 68-69).

[66] Voir L. WILKINSON, «Le Christ: Créateur et Rédempteur», *L'environnement et le chrétien. Pistes de réflexion tirées des Écritures*, éd. par C. B. DeWitt, Québec, Éd. La Clairière, coll. «Sentier», 1995, p. 39: «Mettre nos pieds dans l'empreinte des siens quant à la gestion et à la sauvegarde de la création, c'est aussi se livrer à la mort.»

[67] J. MOLTMANN, *Dieu dans la création*, pp. 120-129. On trouve la même référence à la tradition hébraïque dans la théologie orthodoxe: «[L'univers] est créé, radicalement neuf, du "néant", le *ouk on* (et non le relatif *mé on*) des Septante (2 M 7, 28). Le concept de néant est ici un "concept-limite", pour suggérer que Dieu, qui n'a pas d'"en dehors", le fait apparaître, provoque un *diastèma*, un distancement, une altérité "non par le lieu mais par la nature", permet en somme l'apparition d'une réalité autre, par une démarche que la mystique juive nomme un "retrait" (*tsimtsum*) et la théologie orthodoxe une première *kénose*; ainsi le lieu métaphysique de la création est-il l'amour, l'amour suprêmement inventif et par là même sacrificiel de Dieu.» (O. CLÉMENT, *Le Christ: Terre des vivants*, pp. 256-257)

[68] J. Moltmann, *Dieu dans la création*, p. 123.

[69] Dans la perspective postmétaphysique d'une «ontologie faible» où l'être est conçu dans sa dissolution, G. Vattimo pense la modernité et la sécularisation de l'Occident comme le sens de l'incarnation: «L'incarnation, et donc l'abaissement de Dieu au niveau de l'homme, ce que le Nouveau Testament appelle la *kénose*, s'interpréteront comme le signe que le Dieu non violent et non absolu de l'époque postmétaphysique a pour trait distinctif cette vocation à l'affaiblissement dont parle la philosophie heideggérienne.» (Gianni Vattimo, *Espérer croire*, Paris, Seuil, 1998 [original italien,1996], pp. 33-34)

[70] O. Clément, *Le Christ: Terre des vivants*, p. 323.

[71] J. Moingt, *L'homme qui venait de Dieu*, Cerf, Paris, «Cogitatio Fidei», 176, 1993, pp. 692-693.

[72] *Ibid.*, p. 693.

[73] J. Moltmann parle de la création comme d'une «communauté de droit». *Jésus, le Messie de Dieu*, pp. 419-425. Aussi G. Alter, «La communauté des créatures, une communauté de droit», *Concilium*, 236, 1991, pp. 69-80.

[74] Le respect de l'autre et l'*agapè* prendront nécessairement la forme de la justice, puisque l'*intendance* est une manière d'être équitable, de traiter l'autre comme un égal, d'établir un juste rapport aux choses. Toute cette question de l'éco-justice aurait mérité un développement substantiel qu'il n'est pas possible d'entreprendre ici. On pourra lire par exemple: A. J. Gittens, «Ecology and World Poverty: A Christian Response», *Spirituality Today*, 1986, pp. 19-30; D. Christiansen, «Moral Theology, Ecology, Justice, and Development», *Covenant for a New Creation. Ethics, Religion, and Public Policy*, éd. par C. R. Robb et C. J. Casebolt, New York, Orbis Books, 1991, pp. 251-271; *After Nature's Revolt. Eco-Justice and Theology*, éd. par D. T. Hessel, Minneapolis, Augsburg Fortress, 1992; W. Link, «EcoBible: The Bible and Ecojustice», *Theology Today*, 49 (4), 1993, pp. 465-477.

[75] Sur ce thème de la sollicitude comme articulation fondamentale de l'éthique, voir: P. Ricœur, *Soi-même comme un autre*, Paris, Seuil, 1990, pp. 211-226.

[76] Moltmann a souligné cette idée capitale: une fois que la puissance fut posée comme principal attribut de Dieu, il est tout à fait logique que «la *conquête de la puissance*, l'*accroissement de la puissance* et l'*assurance de la puissance*» soient devenues «les valeurs effectives des civilisations modernes» (*Dieu dans la création*, p. 43).

[77] Hall considère que la dimension sacrificielle de l'*intendance* de la nature comme un des lieux importants où la tradition chrétienne a été négligente (*Imaging God*, pp. 195-198).

[78] L. Wilkinson écrit aussi: «On ne peut exagérer la transcendance de Dieu, mais on peut la comprendre faussement en déclarant par exemple impossible l'engagement immanent de Dieu dans sa création.» («Le Christ: Créateur et Rédempteur», p. 28)

[79] L. Wilkinson, «A Response to "Stewardship of Environment"», p. 502.

[80] *Ibid.*, p. 502.

[81] Ce que j'ai méthodologiquement évité à cause de mon option pour le «devoir-être» en tant que fondement du «devoir-faire».

[82] O. Clément conclut sa cosmologie en montrant «la nécessité de l'ascèse pour lutter contre les instincts d'appropriation et d'asservissement qui entraînent notre propre servitude, et pour transformer l'*éros* en force de réunification, de retour à la vie [...]. Il est certain que seuls les hommes de haute ascèse, "usant comme ne possédant pas", pourront maîtriser la civilisation de consommation et lui donner une orientation créatrice.» (*Le Christ: Terre des vivants*, p. 321)

[83] H. Jonas, *Le principe responsabilité. Une éthique pour la civilisation technologique*, Paris, Cerf, 1990.

[84] Thème qui est entre autres repris par H. Küng, *Projet d'éthique planétaire*, Paris, Seuil, 1991.

[85] Marie-Dominique Chenu réaffirme «l'univers solidaire des corps et du cosmos» dans «la divine incorporation du Dieu incarné» (*Théologie de la matière*, Paris, Cerf, 1967, p. 7).

[86] «Comme le dit Grégoire de Nazianze, ce qui n'a pas été assumé n'est pas non plus racheté; mais ce qui a été uni à Dieu a été sauvé. Or tout est assumé, car le Christ est vraiment homme, fils d'Adam. Il a vraiment mené une existence humaine selon toutes ses dimensions. Il est vraiment devenu une étoile de ce cosmos où tout se tient, une fleur de cette terre que nous aimons. Et c'est pourquoi toutes choses, sans confusion ni séparation, doivent entrer dans la vie éternelle; devenir non seulement un ciel nouveau, mais une terre nouvelle.» (K. Rahner, *Mission et grâce,* t. 2: *Serviteurs du peuple de Dieu*, Paris, Mame, 1963, p. 56)

[87] F. Leenhardt, *L'épître de saint Paul aux Romains*, Neuchatel, Delachaux et Niestlé, «Commentaires du N.T.», 4, 1957, pp. 128-129.

[88] *Ibid.*, p. 130.

[89] R. Burggraeve, «Responsable d'un "ciel nouveau" et d'une "terre nouvelle"», *Concilium*, 236, 1991, p. 130.

[90] Voir A. Birmelé, «Souffrance de la création et croix du Christ», *Positions Luthériennes*, 3, 1988, pp. 170-183.

[91] Je renvoie ici à mon mémoire de maîtrise, *Le thème biblico-anthropologique de l'image de Dieu comme clé d'interprétation chrétienne de la domination de l'humain sur la nature*, en particulier pp. 52-63 où j'ai développé davantage cette idée que le *kurios* (le seigneur) n'agit pas en *kata-kurios* (le pouvoir qui descend d'en haut pour écraser) mais plutôt en *diakonos*, et même *doulos*, pour réaliser *l'anaképhalaiosastai* de la création (le pouvoir qui attire tout à lui pour rassembler).

[92] Voir A. M. Dubarle, «L'épître (Rm 8, 18-23). Lois de l'univers et vie chrétienne», *Assemblée Chrétienne*, 58, 1964, p. 17: «Les prophètes partagent la conviction d'une solidarité et d'une conformité de destin entre l'homme et la nature matérielle. [...] Tout au long du livre d'Isaïe [...] revient l'annonce que les luttes entre les vivants prendront fin [...]. Une fécondité, une luxuriance extraordinaires régneront dans ce monde rénové (voir: Am 9, 13-15; Os 2, 23-25; Jl 2, 21; *etc.*). Bien plus, le désert fleurira [...] (Is 35, 1-2; 41, 19; Ba 5, 8).»

[93] Voir la recherche exhaustive qu'en a fait C. Spicq, Agapè *dans le Nouveau Testament*, t. I-II-III, J. Gabalda et Co. éd., «Études bibliques», 1966 [1958].

[94] J. Coppens, «La doctrine biblique sur l'amour de Dieu et du prochain», *Ephemerides Theologicae Lovanienses*, 40, 1961, p. 290.

[95] C. Spicq, Agapè *dans le Nouveau Testament*, t. I, p. 314.

[96] C. Spicq, Agapè *dans le Nouveau Testament*, t. III, p. 323, note 3.

[97] «L'amour divin descend au cœur de l'homme comme la semence s'enfonce dans la terre, et il pousse en une plante qui porte un fruit abondant.» (J. Leenhardt, *Morale naturelle et morale chrétienne*, Genève, 1946, p. 18)

[98] C. Spicq, Agapè *dans le Nouveau Testament*, t. III, p. 318.

[99] C. Spicq, Agapè *dans le Nouveau Testament*, t. I, p. 314.

[100] D.J. Hall, *Imaging God*, p. 186.

CONCLUSION

L'«*INTENDANCE* DE SOI»: EXIGENCE D'UNE ÉTHIQUE ÉCOLOGIQUE

La crise écologique, à cause de sa complexité et de son ampleur planétaire, est incontestablement un des défis majeurs de l'humanité moderne. L'aborder dans toute sa globalité et sa profondeur, c'est-à-dire au-delà des seuls réaménagements de notre «commerce» avec la nature, entraîne une réflexion sur les présupposés anthropo-cosmologiques qui lui sont sous-jacents. Or les images fondatrices que nous avons de nous-mêmes et du monde sont principalement le fruit de traditions religieuses. Puisque le christianisme a fortement dominé l'histoire occidentale, il est clair qu'il a été impliqué dans la formation et la transmission d'une représentation de l'être humain compris comme «maître de la nature». Cette image est aujourd'hui devenue mortifère et il est impérieux de susciter une «conversion anthropologique» proposant une nouvelle image de l'humain plus respectueuse de l'*oïkos* — et de l'*anthropos*. Devra-t-elle nous venir, comme plusieurs le prétendent, des religions orientales non chrétiennes ou de spiritualités plus «primitives» et plus sensibles à la dimension cosmique? J'ai montré que la tradition chrétienne est porteuse d'autres représentations, en particulier celle de l'*intendant*, qui peuvent être inspiratrices d'un tout autre rapport humain/nature et qu'il est urgent de faire valoir.

L'image de l'*intendant* est particulièrement féconde pour comprendre notre identité et notre vocation dans le monde. Le Nouveau Testament nous indique que Dieu, en se donnant un peuple, une communauté qui témoigne de son projet de réconciliation avec toute la création, appelle ainsi tous les êtres humains à participer à la guérison du monde. Devant une planète qui court vers la destruction, l'«*intendance* de la vie», qui prend la forme d'une «gérance responsable» de la création, est sûrement un des aspects les plus décisifs de la mission actuelle de l'Église.

> C'est dans l'assomption urgente et sérieuse de son identité et de sa mission en tant qu'*intendant* que toute la création sera unifiée sous le règne de Dieu en Jésus Christ. L'Église, par conséquent, doit incarner dans sa vie l'identité et la mission des *intendants* de Dieu de manière à amener toute la création à affirmer dans la joie: Voici! La création tout entière a été renouvelée[1].

Mais l'*intendance* n'est pas réservée aux chrétiens et chrétiennes; elle est une invitation pour tous les hommes et toutes les femmes de bonne volonté à s'engager pour faire grandir la vie. L'efficacité de l'*intendance* pour exorciser la crise tient au fait qu'elle offre une «puissance opératoire», c'est-à-dire une capacité d'engendrer des changements d'attitude, tant chez des chrétiens que chez des non-chrétiens, puisqu'elle est soutenue tant par la tradition biblique que philosophique[2].

L'appel à la communion avec la nature va de pair avec l'appel à l'unité entre les humains. Il s'agit de deux aspects inséparables d'une grande communion. La même solidarité est exigée dans notre «vivre-ensemble» avec les autres (en Église et en société) et dans notre «vivre-ensemble» avec la nature (écosystèmes). La même communion, fondée sur le respect de l'altérité, est à réaliser simultanément dans la communauté ecclésiale/sociale et cosmique (créationnelle).

D'une manière très concrète, plus que jamais dans l'histoire, «la vie ou la mort sur terre dépend de l'attitude humaine par rapport à la réalité matérielle du monde[3]». Il en est de même sur le plan de la vie «spirituelle»: l'accomplissement eschatologique du monde repose sur la réponse humaine à l'appel de l'Esprit de Dieu qui veut vivifier toutes choses, à commencer par chaque personne. L'*intendance* de l'humain, en tant que «microcosme», est de récapituler, d'abord en lui (en son propre corps), l'univers tout entier pour le faire retourner définitivement à Dieu d'où il est jailli. Mais puisque nous avons vu que l'*intendance* a été pervertie par le péché, il devient alors plus clair que la réponse positive à cette «recréation», dont la nécessité est mise en évidence par la crise écologique, ne sera pas le fruit du seul effort humain. «Seule une transformation radicale, qui dépasse nos moyens d'action, peut conduire au terme auquel nous aspirons[4].» Voilà pourquoi l'issue à la crise écologique ne peut être l'aboutissement d'une *intendance* purement humaine; elle nécessite l'intervention «recréatrice» de Dieu. «Le Christ, Verbe incarné, centre dominateur du monde matériel et spirituel, demeure le seul qui puisse assurer l'unification de l'univers par l'achèvement de l'humanité[5].»

J'ai montré que le concept d'*intendance* est une clé non seulement pour comprendre la crise écologique, mais pour la comprendre en registre christique. Le contexte écologique et la tradition christologique se rencontrent dans le concept d'*intendance*. L'éthique écologique chrétienne, que j'ai interprétée comme *intendance*, ne se comprend qu'en tant qu'agir découlant directement d'une ontologie christique: un «service de l'être» qui suppose un «être-en-Christ».

Au terme de cette étude théologique du rapport humain/nature, nous sommes renvoyés au postulat de départ: la crise écologique étant une crise spirituelle qui commence dans le «cœur de l'humain», le «lieu» où s'amorce la conversion ne peut être que le soi personnel. C'est l'affirmation fondamentale de la foi chrétienne — reprise aussi par Hall — que l'enjeu véritable du rapport humain/nature se situe à l'intérieur même de l'être humain. Sa rupture avec le reste de la création est d'abord intérieure, bien avant qu'elle ne se manifeste dans des phénomènes concrets. Aucune innovation technique, aucun discours (politique ou autre), aucune disposition économique, aucune législation, aucun système philosophique (ou religieux) ne pourront engendrer l'*agapè* nécessaire à la réconciliation et à la pacification des êtres. Seul «l'*agapè* de Dieu répandu dans le cœur humain» (Rm 5, 5) par l'Esprit peut rendre possible le renversement d'attitude qui est à la racine de tout acte respectueux de la vie. C'est à ce niveau que se situe la véritable *metanoia*: une nouvelle manière d'être (en Christ) qui engendre une nouvelle manière d'«être-dans-le-monde».

L'intelligence croyante qui cherche à comprendre sa foi dans le contexte d'un monde en désintégration et souffrant doit reconnaître qu'en bout de piste la transformation requise par son renouvellement et par sa guérison se situe au niveau du «soi». La même logique qui m'a poussé à développer le concept d'*intendance* dans une perspective christologique me conduit maintenant à l'appliquer au sujet-*intendant*, c'est-à-dire à soi-même en tant qu'objet d'*intendance*[6].

Le précepte central de l'Évangile, «aime ton prochain comme toi-même», pose, comme référence ultime de l'*intendance* «agapètique» envers le prochain, l'*agapè* de soi. Rien n'est plus nécessaire pour la survie de notre culture — de notre espèce et de la nature! — que de réaffirmer et de réorienter la notion d'«amour de soi». En effet, l'individu occidental glisse en général dans deux excès contraires: 1) la *dispersion* hors de soi où il oublie totalement, dans sa course effrénée à la réussite sociale et à la prospérité, ce qu'est le respect minimal de sa nature humaine, physique et spirituelle, ou, à l'inverse, 2) la *centration* sur soi, qui élève le «soin de soi» en véritable culte égocentrique du moi. Un tel soin de soi qui n'est que «pour soi» reste stérile et rend malade. Que ce soit dans l'absence ou dans l'excès, le soin de soi s'en trouve alors complètement perverti.

Le soin de soi est un besoin fondamental que redécouvre péniblement l'humanité moderne, devenue aussi «malade» que la nature qui l'entoure[7]. Lorsque compris comme une *intendance*, il permet d'éviter de tomber dans l'égotisme, dans la culture narcissique du «Je» érigé en absolu, ce qui contredit l'essentiel de l'*intendance*: «être-pour-l'autre» en vue de la communion. Le «service de soi» n'est pas à confondre avec l'«idolâtrie du moi» caractéristique de nos sociétés modernes — ce à quoi Hall réagit avec virulence. Au contraire, l'*intendance* de soi se présente à la fois comme instance critique vis-à-vis de la contrefaçon que véhicule la culture nord-américaine et comme condition d'exercice d'une *intendance* efficace. La véritable «*intendance* de soi» ne fait pas du développement de sa propre personne une fin en elle-même, mais un moyen en vue d'une fin plus grande: le soin de l'autre. La juste *intendance* de soi devient ainsi le lieu d'accomplissement du soin de l'autre.

«Être-avec» la création a pour point de départ «être-avec-la-création-que-je-suis». Pour paraphraser le vieux dicton populaire: «*intendance* bien ordonnée commence par soi-même». La première parcelle de la création dont l'être humain a la charge est lui-même; il a la responsabilité du «micro-cosmos» qu'il est. Parce que tout l'être humain est un «lieu écologique», on peut dire que l'éthique écologique chrétienne est «égo-logique». Notre propre être nous est confié comme un jardin à cultiver, à préserver, à garder en santé[8]. «Être-avec-la-création-que-je-suis» implique «être-avec» toutes les dimensions de son être: physique[9], psychologique, spirituelle, dans leur indissociable interconnexion qui nous fait ce que nous sommes. C'est la totalité des «puissances», des possibilités dont nous sommes pourvus, qui ont à être perfectionnées, exploitées et mises au service de la communion. Un développement unidimensionnel, comme il s'en produit de plus en plus dans notre culture[10], contredit le principe même de l'«être-avec» de mon être constitué d'une double appartenance (physique et spirituelle), et qui se manifeste par la complexité et la polyvalence. Ni le culte du corps qui étouffe la dimension spirituelle de l'être, ni la spiritualisation de la personne dans le rejet de l'appartenance biologique, pas plus que l'hypertrophie d'une aptitude particulière, ne respectent notre intégrité psychosomatique fondamentale et le déploiement de potentialités qui en découlent. Seul un développement intégral (écologique) de toute la richesse d'une personne témoigne d'une authentique *intendance* de soi.

L'*intendance* de la nature commence donc par une *intendance* de soi, de sa propre personne, de sa nature spirituelle et somatique, bref de tout notre être en son unité indissociable. Mais cette «*intendance* de soi», comme celle du prochain, n'est possible qu'en Celui qui est *agapè*, compassion et espace de vie: Jésus le Christ. L'appel à représenter Dieu auprès de soi, loin de nous enfermer dans la suffisance du moi, nous entraîne dans un mouvement de conversion: attendre de Dieu lui-même qu'il nous donne de vivre en véritables *intendants* de nous-mêmes. Il s'agit finalement d'avoir pour la «terre de son propre être» le même *agapè* que Dieu a pour toutes ses créatures et que nous devrions avoir pour les autres. Encore une fois, seul l'«être-en-Christ» peut rendre possible une attitude d'*intendance* envers soi qui ne verse pas dans l'égocentrisme, mais dispose et prépare à l'*intendance* de l'autre. Tel est le but: être attentionné pour sa propre vie afin de mieux être au service de celle de l'autre.

Cette recherche a voulu contribuer, grâce au concept biblique et théologique de l'*intendance*, à une compréhension religieuse, spirituelle, chrétienne et christologique de la problématique écologique. Je pense que c'est là la racine de la crise et je crois que le premier pas vers une éthique écologique chrétienne est de développer une authentique *intendance*, seule capable d'engendrer les changements, personnels et collectifs, profonds et durables, nécessaires à l'établissement d'une plus grande communion entre toutes les créatures.

Notes

[1] B. Dominguez, «Biblical Viewpoint: New Testament. Call for a New Responsibility (Luke 16, 1-13)», p. 87.

[2] Ce recours à des catégories plus «séculières» a l'avantage de permettre une ouverture plus grande que de s'en tenir aux concepts strictement judéo-chrétiens. L'emploi de la notion d'*intendance*, qui est d'origine biblique, s'est beaucoup sécularisé, de sorte que le concept a perdu de sa résonance chrétienne. Ce mot, qui est maintenant utilisé sans aucune référence religieuse, peut servir de pont entre croyants et non-croyants. Voir H. Skolimowski, *Eco-philosophy. Designing New Tactics for Living*, New York et Londres, Marion Boyars, 1981, p. 54.

[3] Stephanos Charalambidis, «Cosmologie chrétienne», dans *Initiation à la pratique de la théologie*, t. III, Paris, Cerf, 1983, p. 18.

[4] A. M. Dubarle, «L'épître (Rm 8, 18-23)», p. 26.

[5] J. Huby, *Saint Paul, épître aux Romains*, Paris, Beauchesne, coll. «*Verbum Salutis*», 10, 1940, p. 300.

[6] Nous renvoyons ici encore à l'idée de P. Ricœur selon laquelle «soi-même» est considéré comme «un autre» à qui nous accordons la même sollicitude.

[7] On parle à juste titre de «maladies de civilisation», qui ne sont que des symptômes humains du déséquilibre global de la société et de la nature.

[8] Voir mon article: Louis Vaillancourt, «Pour une écologie de la santé», *Présence Magazine*, 3 (21), 1994, pp. 18-19.

[9] Le corps, par exemple, a droit au même respect que toutes les autres créatures. D'ailleurs, le non-respect de ma réalité somatique (micro-cosmique) n'est que la contrepartie humaine du non-respect de la nature en général (macro-cosmique). La soi-disant «domination» de l'esprit sur le corps est contraire à la véritable *intendance* qui cherche à tenir compte de tout ce qui compose la réalité vivante. Notre être, comme tous les êtres de la création, a des limites qu'on ne peut franchir sans risquer d'entraîner — à une échelle peut-être plus «personnelle» mais tout aussi «cosmique» — des déséquilibres systémiques qui portent atteinte à notre intégrité — et par conséquent à la qualité de notre *intendance*! La reconnaissance de la dignité fondamentale de notre corps implique donc le renoncement à l'omnipotence de l'esprit, à ce désir d'utiliser la force de manière à le faire produire au-delà de ses capacités «naturelles», pour entrer dans une relation de «compagnonnage» avec soi-même.

[10] Cela n'est pas sans rapport avec l'hyperspécialisation qui caractérise la modernité.

BIBLIOGRAPHIE

1. SOURCES (DOUGLAS JOHN HALL)

Ouvrages portant sur le rapport humain/nature

HALL, Douglas John, «Man and Nature in the Modern West: A Revolution of Images», dans *Man and Nature on the Prairies*, éd. par Richard Allen, Canadian Plains Research Center, University of Regina, «Canadian Plains Studies», n° 6, 1976, pp. 77-92.

________, *This World Must Not Be Abandoned! Stewardship: Its Worldly Meaning*, Toronto, Church World Development and Relief, 1981, 35 p.

________, «Mission As a Function of Stewardship», dans *Spotlighting Stewardship*, éd. par M.J. Parr, Toronto, Canec, 1981, pp.18-44.

________, «Christian Faithfulness on a Polluted Planet», dans *Signs of Times: Resources for Social Faith*, éd. par Virginia Rose Smith (United Church of Canada, Toronto), Kitchener, Ainsworth Press Ltd., 1984, pp. 41-43.

________, *Imaging God. Dominion as Stewardship*, Friendship Press/Eerdmans Pub. Co., New York/Grand Rapids, 1986, 248 p.

________, «The Integrity of Creation: Biblical and Theological Background of the Term», dans *Reintegrating God's Creation: A Paper For Discussion*, éd. par World Council of Churches, Genève, Church and Society Documents, 3, 1987, pp. 25-36.

________, «Introduction», dans *Reintegrating God's Creation: A Paper For Discussion*, éd. par World Council of Churches, Genève, Church and Society Documents, 3, 1987, pp. 5-9.

________, «The Spirit to the Churches: Justice, Peace and Integrity of Creation» Sixteenth General Synod (Minutes), éd. par The United Church of Christ, Cleveland, 1987.

________, «JPIC: The Message and the Mission», *The Ecumenical Review*, 41 (4), 1989, pp. 492-500.

________, *The Steward: A Biblical Symbol Come of Age*, New York/Grand Rapids, Friendship Press/ Eerdmans Pub. Co., 1989, 258 p.

________, «The Integrity of Creation», *Ecumenism*, 100, 1991 [©1990], pp. 5-8.

________, «The State of the Ark: Lessons From Seoul», dans *Between the Flood and the Rainbow. Interpreting the Conciliar Process of Mutual Commitment*

(Covenant) to Justice, Peace and Integrity of Creation, éd. par D.P. Niles, Genève, WCC Publications, 1992, pp. 34-48.

________, «Creation in Crisis», *Dianonia*, 2 (2), 1991, pp. 1-21.

________, «Response to Responses», *Dianonia*, 2 (2), 1991, pp. 53-63.

________, «Poets of Creation», *The Lutheran*, 6 (5), 1993, pp.14-16.

Livres

HALL, Douglas John, *Hope against Hope. Towards an Indigenous Theology of the Cross*, éd. par David L. Swain, World Student Christian Federation, Genève (ce numéro a été publié au Japon), 1971, 63 p.

________, *The Reality of the Gospel and the Unreality of the Churches*, Westminster Press, Philadelphie, 1975, 190 p.

________, *Lighten Our Darkness: Towards an Indigenous Theology of the Cross*, Philadelphie, Westminster Press, 1976, 253 p.

________, *The Canada Crisis: A Christian Perspective*, Toronto, Anglican Book Center, 1980, 123 p.

________, *Church of the Cross:* Ecclesia Crucis, Chicago, Chicago Community Renewal Society and St. Paul's Church, 1980, 47 p.

________, *Has the Church a Future?*, Philadelphie, The Westminster Press, 1980, 190 p.

________, *God and Human Suffering. An Exercice in the Theology of the Cross*, Minneapolis, Augsburg Publishing House, 1986, 223 p.

________, *When You Pray. Thinking Your Way into God's World*, Valley Forge (Pa), Judson Press, 1987, 158 p.

________, *The Christian Mission. The Stewardship of Life in the Kingdom of Death*, Grand Rapids, Eerdmans Pub. Co., 1988, 144 p.

________, *The Future of the Church: Where Are We Headed?*, Toronto, The United Church Publishing House, 1989, 108 p.

________, *God and Human Suffering: A four-Part Series* (Reprinted from *The Lutheran*), Minneapolis, Augsburg Pub. House, 1989.

________, *Thinking the Faith: Christian Theology in North American Context*, t. I, Minneapolis, Fortress Press, 1991 [©1989], 456 p.

________, *Professing the Faith: Christian Theology in North American Context*, t. II, Minneapolis, Augsburg Publishing House, 1993, 565 p.

________, *A Modest Science* (The Birks Lectures, 3 parts: 1-«Christian Theology, the University and the Church»; 2-«From Sovereignty to Service»; 3-«The University as (Friendly?) Critic)», Montréal, McGill University, Faculty of Religious Studies, 16-17 oct. 1995, 82 p.

________ et Rosemary RADFORD RUETHER, *God and the Nations*, Minneapolis, Fortress Press, 1995, 110 p.

________, *Confessing the Faith: Christian Theology in North American Context*, t. III, Philadelphie, Fortress Press, 1996, 534 p.

________, *The End of Christendom and the Future of Christianity*, Trinity Press International, 1997.

________, *Why Christian? For Those on the Edge of Faith*, Minneapolis, Fortress Press, 1998, 182 p.

________, *Remembered Voices, Forgotten Words: The Unclaimed Legacy of Neo-Orthodoxy*, Westminster/John Knox, 1998, 166 p.

Chapitres de livres

HALL, Douglas John, «Trends in Theology», dans *Canada and Its Future* (42nd Annual Report), éd. par The Board of Evangelism and Social Service, Toronto, The United Church of Canada, 1967, pp. 106-111.

________, «A Generalization on the Theological Situation of Protestatism in Quebec», dans *Theological Education in the 80's*, Toronto, The United Church in Canada, 1978, pp. 13-16.

________, «The Significance of Grant's Cultural Analysis for Christian Theology in North America», dans *George Grant in Process: Essays and Conversations*, éd. par Larry Schmidt, Toronto, House of Anansi Press, 1978, pp. 120-129.

________, «Rethinking Christ», dans *Antisemitism and the Foundations of Christianity*, éd. par Alan Davies, New York, Paulist Press, 1979, pp. 167-187.

________, «Towards an Indigenous Theology of the Cross», dans *A Christian Declaration on Human Rights*, éd. par A.O. Miller, Grand Rapids (Mi.), Eerdmans Pub. Co., 1979, pp. 107-128.

________, «Developing a Critical Theology», dans *A Covenant Challenge to Our Broken World*, éd. par Allen O. Miller (World Alliance of Churches, Caribbean and North American Area Council), Atlanta, Darby Printing Co., 1982, pp. 211-220.

________, «The Cross and Contemporary Culture», dans *Reinhold Niebuhr and the Issues of Our Time*, éd. par Richard Harries, Oxford, A.R. Mowbray and Co., 1986, pp. 183-204.

________, «Theology Is an Earth Science», dans *Faith That Transforms. Essays in Honor of Gregory Baum*, éd. par Mary Jo Leddy and Mary Ann Hinsdale, New York/Mahwah, Paulist Press, 1987, pp. 99-112.

Articles de revues

HALL, Douglas John, «Towards an Indigenous Theology of the Cross», *Interpretation*, 30 (2), 1976, pp. 153-168.

________, «On Being the Church in English Montreal», *The Ecumenist*, 15 (6), 1977, pp. 85-86.

________, «On Being the Church in Quebec Today», *ARC*, 5 (1), 1977, pp. 8-10.

________, «Canada: Separate Stairways», *ARC*, 5 (2), 1978, pp. 2-4.

________, «English Canada Should Build a Country. La Question Nationale», *The Chelsey Journal*, 5 (1), 1979, pp. 4-6.

________, «Rethinking Christ. Theological Reflections on Shusaku Endo's "Silence"», *Interpretation*, 33 (3), 1979, pp. 254-267.

________, «For and Against a Theology of Liberation», *ARC*, 7 (2), 1980, pp. 39- 55.

________, «Barmen: Lesson in Theology», *Toronto Journal of Theology*, 1 (2), 1985, pp. 180-199.

________, «Beyond Cynicism and Credulity: On the Meaning of Christian Hope», *Princeton Seminary Bulletin*, 6 (3), 1985, pp. 201-210.

________, «On Contextuality in Christian Theology», *Toronto Journal of Theology*, 1 (1), 1985, pp. 3-16.

________, «Religion and Empire: Triumph or Trap?», *Alternatives (An Alternative Lifestyle Newsletter)*, 13 (3), 1987, pp. 14-20.

________, «A Venerable Tradition. Looking Back at the New Theology», *Toronto Journal of Theology*, 4 (2), 1988, pp. 251-265.

________, «George Grant (1918-1988), a Tribute», *Grail (An Ecumenical Journal)*, 5 (2), 1989, pp. 73-80.

________, «Luther's Theology of the Cross», *Consensus (A Canadian Lutheran Journal of Theology)*, 15 (2), 1989, pp. 7-19.

________, «Reinhold Niebuhr: An American Theologian», *Journal of Theology for Southern Africa*, 79, 1992, pp. 3-12.

________, «Remembering Reinhold Niebuhr: Letters of Reinhold Niebuhr and Ursula M. Niebuhr», *Theology Today*, 49 (2), 1992, pp. 257- 260.

________, «A View From the Edge of Empire: Prophetic Faith and the Crises of Our Time», *ARC*, 20, printemps 1992, pp. 21-33.

________, «*Ecclesia Crucis*: The Theologic of Christian Awkwardness», *Dialog*, 32 (2), 1993, pp. 113-121.

________, «The Future of the Church» (The William DuBose Lectures) (3 parts: 1) The Rise and Fall of Christendom, 2) Responses to the Humiliation of the Church, 3) The Cruciform church: Its Possibilities and Temptations), *Sewanee Theological Review*, 36 (4), 1993, pp. 463-492.

________, «From Queen of Sciences to Servant of Humanity», *Grail (An Ecumenical Journal)*, 10 (1-2), 1994, pp. 63-74.

2. PUBLICATIONS CONCERNANT D.J. HALL

BAUM, Gregory, «La théologie contextuelle de Douglas Hall», *Laval Théologique et Philosophique*, 46 (2), 1990, pp. 149-165.

VAILLANCOURT, Louis, «La crise du Canada à la lumière de la "théologie contextuelle" de D.J. Hall», *Laval Philosophique et Théologique*, 51 (3), 1995, pp. 589-604.

3. CONTEXTE ET CRISE ÉCOLOGIQUE

COMMISSION MONDIALE SUR L'ENVIRONNEMENT ET LE DÉVELOPPEMENT, *Notre avenir à tous* (Rapport Bruntland), Montréal, Éditions Fleuve, 1988.

WARD, Barbara et DUBOS, René, *Nous n'avons qu'une terre (Report on the Human Environment)*, Paris, Denoël, Documents, nº 38, 1974.

4. THÈME DE L'*INTENDANCE* (*STEWARDSHIP*)

ATTFIELD, Robin, «The Tradition of Stewardship», dans *Ethics of Environmental Concern* (2e éd.), Athens, The University of Georgia Press, 1991, pp. 34-50.

BLACK, John, «The Concept of Stewardship», dans *The Dominion of Man. The Search for Ecological Responsibility*, Édimbourg, Edinburg University Press, 1970, pp. 44-57.

COLLISON, J.G.F., «Biblical Perspectives on Stewardship of the Earth's Resources», *Bangalore Theological Forum*, 18 (4), 1986, pp. 153-160.

COSTE, René, «Gérance de la création», dans *Paix, Justice, Gérance de la création*, Paris, Nouvelle Cité, 1989, pp. 79-102.

DE LA CRUZ, A.A., «Scriptural Basis for Ecology: A Mandate for Environmental *Stewardship*», *Taiwan Journal of Theology*, 10, 1988, pp. 211-223.

DOBEL, J.P., «Steward of the Earth's Resources: A Christian Response to Ecology», *The Christian Century*, 94, 1977 (12 oct.), pp. 906-909.

DOMINGUEZ, Ben, «Biblical Viewpoints: New Testament. Call for a New Responsibility (Luke 16, 1-13)», dans *The Human and the Holy*, éd. par E.P. Nacpil et D.J. Elwood, New York, Orbis Books, 1978, pp. 81-88.

DUBOS, René, «Franciscan Conservation versus Benedictine Stewardship», dans *Ecology and Religion in History*, éd. par D. et E. Spring, New York, Harper and Row, 1974 [1972], pp. 114-136.

DYRNESS, W., «Stewardship of the Earth in the Old Testament», dans *Tending the Garden. Essays on the Gospel and the Earth*, éd. par W. Granberg-Michaelson, Grand Rapids, Eerdmans Pub. Co., 1987, pp. 50-65.

GOUDZWAARD, B., «Creation Management. The Economics of Earth Stewarship [part 1]», *Epiphany*, 8 (1), 1987, pp. 37-45.

________, «Creation Managment. The Economics of Earth Stewarship [part 2]», *Epiphany*, 8 (2), 1988, pp. 67-72.

HENRY, C.F.H., «Stewardship of the Environment», dans *Applying the Scriptures. Papers from the International Council on Biblical Inerrancy (Summit III)*, éd. par K.S. Kantser, Grand Rapids, Zondervan Publishing House, 1987, pp. 473-502.

JEGEN, M.E. et MANNO, B.V., *The Earth is the Lord's. Essays on Stewardship*, New York, Paulist Press, 1978, 215 p.

PASSEMORE, J., «Stewardship and Co-operation with Nature», dans *Man's Responsibility for Nature. Ecological Problems and Western Tradition*, Londres, Gerald Duckworth and Co., 1974, pp. 28-40.

WILKINSON, Loren, *Earthkeeping. Christian Stewarship of Natural Resources*, Grand Rapids, Eerdmans Pub. Co., 1980.

________, «Global Housekeeping: Lords or Servants?», *Christianity Today*, 24 juin 1980, pp. 26-30.

________, «A Response to Stewardship of Environment (of Carl F.H. Henry)», dans *Applying the Scriptures. Papers from International Council on Biblical Inerrancy (Summit III)*, éd. par K.S. Kantser, Grand Rapids, Zondervan Pub. House, 1987, pp. 473-502.

________, *Earthkeeping in the 90's. Stewardship of Creation*, Grand Rapids, Eerdmans Pub. Co., 1991, 390 p.

5. RESPONSABILITÉ DU CHRISTIANISME

AMERY, Carl, *Fin de la providence*, Paris, Seuil, 1976 [1972 pour l'édition allemande].

BENNETT, B., «On Responding to Lynn White: Ecology and Christianity», *Ohio Journal of Religious Studies*, 5 (1), 1977, pp. 71-77.

DERR, T.S., «Religion's Responsibility for the Ecological Crisis (Lynn White and his Magical Essay)», *Worldview*, 18 (1), 1975, pp. 39-45.

DREWERMANN, Eugen, *Le progrès meurtrier. La destruction de la nature et de l'être humain à la lumière de l'héritage du christianisme*, Paris, Stock, 1993 [édition originale allemande, 1981].

ELSDON, R., «Christianity and the Environmental Debate», dans *Bent World. A Christian Response to Environmental Crisis*, Downers Grove (Ill.), Intervarsity Press, 1981, pp. 9-16.

LEE ICE, Jackson, «The Ecological Crisis», *Religion in Life*, 64 (2), 1975, pp. 203-211.

PEACOCKE, A.R., «On "The Historical Roots of Our Ecological Crisis"», dans *Man and Nature*, éd. par Hugh Montefiore, Londres, Collins, 1975, pp. 155-158.

SANTMIRE, H.P., «The Liberation of Nature: Lynn White's Challenge Anew» *The Christian Century*, 102, 22 mai 1985, pp. 530-533.

TOYNBEE, Arnold, «The Genesis of Pollution», *Horizons*, 15 (3), 1973, pp. 5-9.

________, «The Religious Background of the Present Environmental Crisis», dans *Ecology in Religion and History*, éd. par D. et E. Spring, New York, Harper and Row, 1974, pp. 137-149.

TRIBLE, Phyllis, «Ancient Priests and Modern Polluters», *Foundations*, 17 (2), 1974, pp. 158-163.

WHITE, Lynn Jr., «The Historical Roots of Our Ecological Crisis», *Science*, 155 (3767), 10 mars 1967, pp. 1203-1207.

________, «Continuing the Conversation», dans *Western Man and Environmental Ethics*, éd. par Ian Barbour, Reading (Mass.), Addison-Wesley, 1973, pp. 55-64.

WRIGHT, R., «Responsibility for the Ecological Crisis», *Christian Scholar's Review*, 1, 1970, pp. 35-40.

WRIGHTSMAN, B., «Man: Manager or Manipulator of the Earth?», *Dialog*, 9 (4), 1970, pp. 200-214.

YOUNG, R.V., «Christianity and Ecology (*Genesis* 1,28 and All That)», *National Review*, 26 (51), 20 déc. 1974, pp. 1454-1458.

6. THÉOLOGIE ÉCOLOGIQUE

ALTER, G., «La communauté des créatures, une communauté de droit», *Concilium*, 236, 1991, pp. 69-80.

BEAUCHAMP, André, *Pour une sagesse de l'environnement. Essai sur une éthique et une spiritualité chrétienne de l'environnement*, Ottawa, Novalis, 1991.

________, «Écologie et création», *Fêtes et Saisons*, 474, 1994.

________, *Crise de l'environnement et représentations de la place de l'être humain dans le cosmos*, Commission épiscopale des affaires sociales de la Conférence des évêques catholiques du Canada, Montréal, Concacan Inc., 1995, 39 p.

BOFF, Leonardo et ELIZONDO, Virgil, éditorial du numéro thématique «Le cri de la terre, cri des pauvres», *Concilium*, 261, 1995, pp. 7-10.

CARMODY, John, «"Sagesse écologique" et tendance à remythologiser la vie», *Concilium*, 236, 1991, pp. 115-225.

CLIFFORD, Anne, «Feminist Perspective on Science. Implications for an Ecological Theology of Creation», *Journal of Feminist Studies in Religion*, 8 (2), 1992, pp. 65-90.

D'AGOSTINO, Francesco, «Écologie» (1ère partie: Dimension philosophico-théologique), dans *Dictionnaire de la Vie Spirituelle*, éd. par Stephano de Fiores et Tullo Goffi, Paris, Cerf, 1983, pp. 280-284.

DERRICK, Christopher, *Merveilleuse création. Pour une théologie de l'environnement.* Paris, Téqui, 1983 [original anglais 1972].

DEWITT, Calvin B., *L'environnement et le chrétien. Pistes de réflexion tirées des Écritures*, éd. par Calvin B. DeWitt, Québec, Éd. la Clairière, coll. «Sentier», 1995.

DUREL, Bernard, «La création tout entière gémit. Une terre blessée et divisée», *Le Supplément (Revue d'éthique et de théologie morale)*, 192, 1995, pp. 114-120.

FOX, Matthew, *Original Blessing*, Santa Fe, Bear and Co., 1983.

________, *Le Christ cosmique*, Paris, Albin Michel, 1995 [©1988, version anglaise].

HALLMAN, David G., *A Place in Creation. Ecological Visions in Science, Religion and Economics*, Toronto, The United Church Publishing House, 1992.

JACQUEMIN, Dominique, «La crise écologique: une chance pour l'éthique?», *La Foi et le Temps*, 24 (2), 1994.

________, *Écologie, éthique et création. De la mode verte à l'éthique écologique*, Louvain-la-Neuve/Montréal, Artel/Fides, «Catalyses», 1994.

JEAN-PAUL II, «La paix avec Dieu créateur, la paix avec toute la création», *Documentation Catholique*, 87, 1990, p. 10.

KEHM, G.H., «Priest of Creation», *Horizons in Biblical Theology*, 14 (2), 1992, pp. 129-142.

Moltmann, Jürgen, *Dieu dans la création. Traité écologique de la création*, Paris, Cerf, 1988.

Nash, John, *Loving Nature. Ecological Integrity and Christian Responsibility*, Nashville, Abingdon Press, 1991.

Peacocke, A.R., «A Sacramental View of Nature», dans *Man and Nature*, éd. par Hugh Montefiore, Londres, Collins, 1975, pp. 132-142.

Peelman, Achiel, «Spiritualité et conscience planétaire», dans *Spiritualité contemporaine. Défis culturels et théologiques*, éd. par C. Ménard et F. Villeneuve, Montréal, Fides, «Héritage et projet», nº 56,1996, pp. 21-53.

Siegwalt, Gérard, «Écologie et Théologie. En quoi les problèmes d'environnement concernent-ils notre pensée, notre foi et notre comportement? (1ère partie)», *Revue d'Histoire et de Philosophie Religieuses*, 4, 1974, pp. 341-365.

________, «Écologie et Théologie: en quoi les problèmes d'environnement concernent-ils notre pensée, notre foi et notre comportement? (2e partie)», *Revue d'Histoire et de Philosophie Religieuses*, 4, 1974, pp. 507-521.

________, «Les fondements du monde contemporain: un défi pour les sciences et la théologie», *Revue d'Histoire et de Philosophie Religieuses*, 59, 1979, pp. 19-35.

________, «La crise écologique: un défi pour la pensée, pour la foi et pour la *praxis*», *Le Supplément* (*Revue d'éthique et de théologie morale*), 169, 1989, pp. 88-100.

________, *Dogmatique pour la catholicité évangélique. Système mystagogique de la foi chrétienne*, t. III: *L'affirmation de la foi*, nº 1: «Cosmologie théologique: Sciences et philosophie de la nature», Paris/Genève, Cerf/Labor et Fides, 1996.

Spinsanti, Sandro, «Écologie» (2e partie: Dimension spirituelle), *Dictionnaire de la Vie Spirituelle*, éd. par Stephano de Fiores et Tullo Goffi, Paris, Cerf, 1983, pp. 285-293.

Vaillancourt, Louis, *Le thème biblico-anthropologique de l'«image de Dieu» comme clé d'interprétation chrétienne de la domination de l'humain sur la nature*, mémoire de maîtrise, Université de Sherbrooke, 1993.

7. RELIGION ET CRISE ÉCOLOGIQUE

Hoekman, R., «The Ecological Degradation: A Challenge to Religions», *Angelicum*, 67 (1), 1990, pp. 57-62.

Hofbeck, Joseph, «La référence aux religions non chrétiennes dans les discours écologiques: un premier défrichement», dans *Gestion de l'environnement, éthique et société*, éd. par J.A. Pradès, R. Tessier, J.-G. Vaillancourt, Montréal, Fides, 1992, pp. 141-157.

Klostermaier, K., «World Religions and the Ecological Crisis», *Religion*, 3, 1973, pp. 132-145.

Vachon, Robert, «Relations de l'homme à la nature dans les sagesses orientales traditionnelles», *Cahiers de Recherche Éthique*, nº 9, 1983, pp. 151-167.

8. JUDAÏSME

ALFARO, Juan, «The Land – Stewardship», *Biblical Theology Bulletin*, 8, 1978, pp. 51-61.

BELKIN, S., «Man as Temporary Tenant», dans *Judaism and Human Rights*, éd. par M.R. Konvitz, New York, W.W. Norton, 1972, pp. 251-258.

BLIDSTEIN, Gerald J., «Man and Nature in the Sabbatical Year», *Tradition*, 9 (4), 1966, pp. 48-55.

CHALIER, Catherine, *L'alliance avec la nature*, Paris, Cerf, 1989.

CLIFFORD, Richard J., «The Hebrew Scriptures and the Theology of Creation», *Theological Studies*, 46, 1985, pp. 507-523.

CRAIGIE, P.C., «Hebrew Thought about God and Nature and its Contemporary Significance», *Canadian Journal of Theology*, 16 (1-2), 1970, pp. 3-11.

EHRENFELD, D., «Some Thoughts on Nature and Judaism», *Environmental Ethics*, 7 (1), 1985, pp. 93-95.

________ et BENTLEY, P.J., «Judaism and the Practice of Stewardship», *Judaism*, 34, 1985, pp. 301-311.

FREUDENSTEIN, Eric G., «Ecology and the Jewish Tradition», *Judaism*, 19, 1970, pp. 406-414. Repris dans *Judaism and Human Rights*, éd. par M.R. Konvitz, New York, W.W. Norton, 1972.

GORDIS, Robert, «"The Earth is the Lord's" – Judaism and the Spoliation of Nature», *Keeping Posted*, 16 (3), 1970, pp. 5-9.

________, «Ecology and the Jewish Tradition», *Midstream*, 31 (8), 1985, pp. 19-23.

HELFAND, Jonathan, «Ecology and the Jewish Tradition: A Postscript», *Judaism*, 20, 1971, pp. 330-336.

________ «The Earth is the Lord's: Judaism and Environmental Ethics», dans *Religion and Environmental Crisis*, éd. par Eugene C. Hargrove, 1986, pp. 38-52.

HUGHES, J.D., «Ancient Israel and the Natural Environment», dans *Ecology in Ancient Civilizations*, Albuquerque, University of Mexico, 1975, pp. 43-47.

KAY, Jeanne, «Concepts of Nature in the Hebrew Bible», *Environmental Ethics*, 10 (4), 1988, pp. 309-327.

LAMM, Normand, «Ecology in the Jewish Law and Theology», dans *Faith and Doubt. Studies in Traditional Jewish Thought*, New York, Ktav Pub. House, 1971, pp. 162-185.

LIMOURIS, G., «New Challenges, Visions and Signs of Hope. Orthodox Insights on JPIC», dans *Between the Flood and the Rainbow. Interpreting the Conciliar Process of Mutual Commitment (Covenant) to JPIC*, éd. par D.P. Niles, Genève, WCC Pub., 1992, pp. 110-127.

PERELMUTER, Hayim G., «"Do not Destroy" –Ecology in the Fabric of Judaism», dans *The Ecological Challenge. Ethical, Liturgical and Spiritual Responses*, éd. par R.N. Fragomeni et J.T. Pawlikowski, Collegeville (Minn.), The Liturgical Press, 1994, pp. 129-138.

POLLARD, Nigel, «The Israelites and their Environment», *The Ecologist*, 14 (3), 1984, pp. 125-133.

SCHAFFER, Arthur, «The Agricultural and Ecological Symbolism of the Four Species of Sukkot», *Tradition*, 20 (2), 1982, pp. 128-140.

SCHWARZSCHILD, Steven S., «The Unnatural Jew», *Environmental Ethics*, 6 (3), 1984, pp. 347-362.

9. AUTOCHTONES

TINKER, George E., «The Integrity of Creation», *The Ecumenical Review*, 41 (4), 1989, pp. 527-536.

________, «Creation as Kin. An American Indian View», dans *After Nature's Revolt. Eco-Justice and Theology*, éd. par Dieter T. Hessel, Minneapolis, Augsburg Fortress, 1992, pp. 144-153.

10. ORTHODOXES

CHARALAMBIDIS, Stephanos, «Cosmologie chrétienne», dans *Initiation à la pratique de la théologie*, t. III, Paris, Cerf, 1983, pp. 9-51.

CLÉMENT, Olivier, *Le Christ: Terre des vivants. Essais théologiques*, Maine et Loire, Abbaye de Bellefontaine, «Spiritualité orientale et Vie monastique», 17, 1976.

CONSTAS, Nicolas P., «Commentary on the Patriarchal Message on the Day of Protection of the Environment», *Greek Theological Review*, 35 (3), 1990, pp. 179-194.

DAECKE, Sigurd, «Profane and Sacramental Views of Nature», dans *The Science and Theology on the 20th Century*, éd. par A.R. Peacocke, Notre Dame, University of Notre Dame Press, 1986, pp. 127-140.

DIMITRIOS I, Patriarche, «Message on Environmental Protection Day» (1er septembre 1989), *Greek Orthodox Review*, 35 (1), 1990, pp. 1-3.

EVDOKIMOV, Paul, «Nature», *Scottish Journal of Theology*, 18 (1), 1965, pp. 1-22.

GREGORIOS, Paulos, *The Human Presence. An Orthodox View of Nature*, Genève, World Council of Churches, 1978.

GUROIAN, Vigen, «"Cleansers of the Whole Earth". The Ecological Spirituality of the Armenian Church», *Greek Orthodox Theological Review*, 36 (3-4), 1991, pp. 263-276.

HABGOOD, John, «A Sacramental Approach to Environmental Issues», dans *Liberating Life. Contemporary Approaches to Ecological Theology*, éd. par C. Birch, New York, Orbis Books, 1990, pp. 46-53.

HARAKAS, Stanley S., «The Integrity of Creation and Ethics», *St-Vladimir's Theological Quaterly*, 32, 1988, pp. 27-42.

________, «Ecological Reflections in Contemporary Orthodox Thought in Greece», *Epiphany*, 10 (3), 1990, pp. 46-61.

HIMES, Micheal J. et HIMES, Kenneth R., «The Sacrament of Creation. Towards an Environmental Theology», *Commonweal*, 26 janv. 1990, pp. 42-49.

IRWIN, Kevin W., «The Sacramentality of Creation and the Role of Creation in Liturgy and Sacraments», dans *Preserving the Creation. Environmental Theology and Ethics*, éd. par K.W. Irwin et E.D. Pellegrino, Washington, Georgetown University Press, 1994, pp. 67-111.

KEENAN, Joseph, «The Importance of the Creation Motif in a Eucharistic Prayer», *Worship*, 53 (1), 1979, pp. 341-356.

KHALIL, Issa J., «For the Transfiguration of Nature. Ecology and Theology», *Epiphany*, 10 (3), 1990, pp. 19-36.

LEBEDEV, Lev, «On the Spiritual Transfiguration of Creation in Orthodox Liturgy», *The Journal of the Moscow Patriarchate*, 11, 1983, pp. 69-77.

LIMOURIS, Gennadios, *Justice, Peace and the Integrity of Creation. Insights form Orthodoxy*, Genève, WCC Pub., 1990.

MANTZARIDES, George, «The Divine Liturgy and the World», *The Greek Orthodox Review*, 26 (1-2), 1981, pp. 62-70.

MEYENDORFF, John, «Creation in the History of Orthodox Theology», *St-Vladimir's Theological Quaterly*, 27, 1983, pp. 27-37.

MURATORE, S., «Earth Stewardship. Radical Deep Ecology of Patristic Christianity», *Epiphany*, 10 (1-2), 1989-90, pp. 121-133.

ROSSI, Vincent, «Christian Ecology: A Theocentric Practice», *Epiphany*, 8 (1), 1987, pp. 8-13.

________, «Theocentrism: The Cornerstone of Christian Ecology», dans *Ecology and Life*, éd. par W. Granberg-Michaelson, Waco, Word Book, 1988, pp. 151-160.

STANILOAE, D., «The World as Gift and Sacrament of God's Love», *Sobornost*, 5 (9), 1969, pp. 662-673.

TIMIADIS, E., «God as Creator and Man as Steward of Creation», dans *The Nicene Creed: Our Common Faith*, Philadelphie, Fortress, 1983, pp. 34-37.

WARE, Kallistos, «The Value of the Material Creation», *Sobornost*, 6 (3), 1971, pp. 154-165.

ZIZIOULAS, John D., «Preserving God's Creation. Three Lectures on Theology and Ecology (1ère partie)», *King's Theological Review*, 12 (1), 1989, pp. 1-5

________, «Preserving God's Creation. Three Lectures on Theology and Ecology (2e partie)», *King's Theological Review*, 12 (2), 1989, pp. 41-45.

________, «Preserving God's Creation. Three Lectures on Theology and Ecology (3e partie)», *King's Theological Review*, 13 (1), 1990, pp. 1-5.

11. CHRIST ET TEILHARD DE CHARDIN

ALBRECHT, Mark, «Teilhard's Pan-Christism», *Update (New Religious Mouvements)*, 6 (3), 1982, pp. 96-107.

BERKHOF, Hendrikus, «Christ and Cosmos», *Nederlandse Theologische Tijdschrift*, 22 (6), 1968, pp. 422-436.

Berry, Thomas et Clark, Thomas, «Christology», dans *Befriending the Earth. A Theology of Reconciliation between Humans and the Earth*, éd. par S. Dunn et A. Lonergan, Mystics (Conn.), Twenty-Third Publications, 1991, pp. 65-91.

Berry, Thomas, *Teilhard in the Ecological Age*, The American Teilhard Association for the Future of Man, Chambersburg (Pa.), Anima Books, «Teilhard Studies», n° 7, 1982, pp. 1-33.

Birmelé, André, «Souffrance de la création et croix du Christ», *Positions Luthériennes*, 3, 1988, pp. 170-183.

Bonifazi, Conrad, «Teilhard and the Natural Mouvement. Pierre Teilhard de Chardin's Contribution to the Christian Understanding of the World and to the Human Relationships Within the Natural Environment», dans *Cry of the Environment. Rebuilding the Christian Tradition*, éd. par P.N. Joranson et K. Butigan, Santa Fe, Bear and Co., 1984, pp. 311-320.

Bovon, François, «De Jésus de Nazareth au Christ Pantocrator», *Foi et Vie*, 85 (5), 1986, pp. 87-96.

Coutagne, Paul-Henri, «Le Dieu cosmique de Teilhard de Chardin», *Lumière et Vie*, 161, 983, pp. 61-73.

Edwards, Denis, *Jesus and the Cosmos*, New York, Paulist Press, 1991.

Maloney, George A., *The Cosmic Christ. From Paul to Teilhard*, New York, Sheed and Ward, 1968.

McCarthy, John, «Le Christ cosmique et l'âge de l'écologie», *Nouvelle Revue Théologique*, 116, 1994, pp. 27-47.

Moltmann, Jürgen, «Le Christ cosmique», dans *Jésus, le Messie de Dieu*, Paris, Cerf, «Cogitatio Fidei», 1993, pp. 375-425.

Muratore, Stephen, «The New "Teilhard" at the NACCE (North American Conference on Christianity and Ecology)», *Epiphany*, 8 (2), 1988, pp. 6-14.

Rahner, Karl, «La christologie à l'intérieur d'une vision évolutive du monde», dans *Science, évolution et pensée chrétienne*, Paris, Desclée de Brouwer, 1967 [1962], pp. 121-168.

Rossi, Vincent, «Christian Ecology is Cosmic Christology», *Epiphany*, 8 (2), 1988, pp. 52-62.

Sittler, Joseph, «The Rhetoric of Cosmic Extension». In: *Essays on Nature and Grace*, Fortress Press, Philadelphie, 1972, pp. 36-50.

Sykes, Colin, «Teilhard de Chardin and the Cosmic Christ», *Theology*, 78 (655), 1975, pp. 467-474.

Teilhard de Chardin, Pierre, *Le phénomène humain*, Paris, Seuil, 1955.

________, *Le christique*, 1955.

________, *La place de l'homme dans la nature*, Paris, Albin Michel, 1956.

Wildiers, Max N., «World Picture and Theology in the Work of Teilhard de Chardin», dans *The Theologian and His Universe. Theology and Cosmology from Middle Ages to the Present*, New York, The Seabury Press, 1982, pp. 188-212.

WILKINSON, Loren, «Cosmic Christology and the Christian's Role in Creation», *Christian Scholar's Review*, 11 (1), 1981, pp. 18-40.

12. OUVRAGES GÉNÉRAUX

BUBER, Martin, *Je et Tu*, Paris, Aubier, 1969.

CHENU, Marie-Dominique, *Théologie de la matière. Civilisation technique et spiritualité chrétienne*, Paris, Cerf, «Foi vivante», 59, 1967.

COX, Harvey, *La cité séculière. Essai théologique sur la sécularisation et l'urbanisation*, Tournai, Casterman, «Cahiers de l'actualité religieuse», n° 23, 1968.

DUQUOC, Christian, «Théologies contextuelles», *Catholiscisme: Hier, Aujourd'hui, Demain*, n° 68, Paris, Letouzey et Ané, 1996, col. 1086-1099.

GIRARD, Marc, *La louange cosmique. Bible et animisme*, Paris/Montréal, Desclée/Bellarmin, 1975.

JACQUARD, Albert, *Voici le temps d'un monde fini*, Paris, Seuil, 1991.

TABLE DES MATIÈRES

Collection — **BRÈCHES THÉOLOGIQUES**

1. UNE ÉGLISE DE BAPTISÉS, Rémi Parent
2. L'ÉGLISE MYSTÈRE DE COMMUNION, Marc Pelchat
3. QUAND JE DIS MA FOI, Jean-Pierre Béland
4. PRÊTRE: UN MÉTIER SANS AVENIR?, Jean-Guy Pagé
5. SÉCULARITÉ ET INSTITUTS SÉCULIERS, Solange Lefebvre
6. PERSPECTIVES ORTHODOXES SUR L'ÉGLISE-COMMUNION, Gaëtan Baillargeon
7. LE CHRIST, AVENIR DU MONDE, Jean-Guy Pagé
8. FÉMINITÉ DU PEUPLE DE DIEU, Gilberte Baril
9. L'ÉGLISE À SON PRINTEMPS, Jean-Guy Pagé
10. L'EUCHARISTIE DU PEUPLE DE DIEU, Laurent Côté
11. LIBÉRER LA MORALE, Jean Desclos
12. PRÊTRES ET ÉVÊQUES, Rémi Parent
13. LES CHRÉTIENS ET LES IMAGES, Stéphane Bigham
14. DE NARCISSE À JÉSUS, Jean-Marc Charron
15. LA PAROISSE POST-MODERNE, André Chevalier
16. L'HOMME QUI DIVINISE, Réal Tremblay
17. LES POUVOIRS DANS L'ÉGLISE, Gilles Routhier
18. LE DÉFI DE LA COMMUNION, Gilles Routhier
19. LE POLITIQUE DANS L'ÉGLISE, Robert Mager
20. RESPLENDIR DE VRAIE LIBERTÉ, Jean Desclos
21. THÉOLOGIE DES CONFÉRENCES ÉPISCOPALES, François Guillemette
22. DIEU DE NOS PAROLES, Jean-Claude Breton
23. LA BIBLE AU PIED DE LA LETTRE, Luc Chartrand
24. DIEU LIVRÉ AU PARDON DES HUMAINS, Robert Jacques
25. CRÉATION ET LIBERTÉ, Ramón Martínez de Pisón Liébanas
26. JÉSUS LE CHRIST ENTRE L'HISTOIRE ET LA FOI, Madeleine Laliberté
27. À CE MONDE AIMÉ DE DIEU PROCLAMER L'ÉVANGILE, Eugène Lapointe
28. L'UNIVERSALITÉ CATHOLIQUE, Lucien Vachon (dir.)
29. LA CONVIVIALITÉ, Denise Desrochers
30. COMPRENDRE CE QUE JE CROIS, Marie-Thérèse Nadeau
31. PAUL EVDOKIMOV, Jean-François Roussel
32. LE PÉCHÉ ET LE MAL, Ramón Martínez de Pisón Liébanas
33. QUELLE MARIE AIMONS-NOUS?, Marie-Thérèse Nadeau
34. COMMUNAUTÉS CHRÉTIENNES, Eugène Lapointe
35. UNE MÉMOIRE SANS PAREILLE, Marie-Thérèse Nadeau
36. LES CULTURES À LA RESCOUSSE DE LA FOI, Jean Bacon
37. L'UNIVERS ESTHÉTIQUE DE LA THÉOLOGIE, Marcel Viau
38. DU *REGARD* À LA *CONTEMPLATION*, Ramón Martínez de Pisón Liébanas
39. LE SALUT COMME DRAME TRINITAIRE, Achiel Peelman
40. L'INTENDANCE DE LA CRÉATION, Louis Vaillancourt

Achevé d'imprimer
en août 2002 sur les presses de
Imprimeries Transcontinental inc.,
division Métrolitho

Imprimé au Canada — Printed in Canada